周祝瑛——著

當X世代遇到Z世代的大學教學

University teaching in great transition:
When Gen X meet Gen Z

上大學到底為了什麼?
現在的大學生有什麼不一樣?
大學教授如何面對網路世代?
X世代遇到Z世代會进出什麼火花?

謹以此書紀念
數十年來以愛與智慧照亮臺灣教育的
黃光國教授（1945—2023）

謝 詞

本書的出版要感謝許多貴人的協助：

政大圖資所王梅玲教授的出版推薦；教育系胡悅倫主任多年來對作者的知遇之恩；加拿大西安大略大學梁灝文博士候選人在百忙中惠賜序言；政大歷史系黃柏諺、教育系林錦廷、林梓霓、毛彥瑜、許家敏、王柱勝等同學，在寫作過程中的大力協助。政大林進山，臺大徐式寬、王秀槐，銘傳王立天及師大梁恆正等教授，先後對大學的教學提供寶貴意見。

新北市新店七張禮拜堂周獻崇牧師、陳秀英傳道，以及許多教會的姊妹弟兄的代禱，都為本書寫作帶來安定力量。而我的好友建國中學郭麗華老師，總在作者面臨寫作困頓與人生挑戰時伸出援手，以友誼與愛鼓勵渡過難關。

三十多年來，作者有幸在母校政治大學優質的環境中，滋養與茁壯，在課堂中教學相長。而俗話說：「一個人走，可能走得快，但是一群人走，才走得遠。」二十餘年來與教改總體檢論壇（簡稱「教改論壇」）共同打拚的夥伴們，包括：師大吳武典、東吳劉源俊、臺大劉廣定、長庚邱韻如等大學教授，與中山女高段心儀老師，還有在今年（2023）7月30日清晨睡夢中離開我們的臺大黃光國教授。這些同好，都是筆者此生最珍貴的同行師長與益友！

本書得以順利出版，要歸功於元華文創編輯團隊與陳欣欣女士的幕後協助。此外，家人對於作者撰寫此書的支持，從最初作者親子間的對話甚至辯論，讓筆者有機會反思，重新真正認識新世代的想法，並學習

予以尊重。這些世代交流的碰撞歷程及經驗,都成為本書重要的靈感與支柱。至於始終扮演最忠實讀者與粉絲的陳膺宇教授,感謝他的支持、協助與同行。

祝大家平安喜樂!

周祝瑛

謹誌於臺北木柵指南山城 2023/8

推薦序

大學課堂中的比較教育課程

　　我有幸在大學二年級（2014）於政治大學選修了周老師的「比較國際教改」這門課。時至今日，回想起當年課堂上的討論、活動、期中期末報告／作業，以及老師時常邀請在國外工作、讀書的學長姐經驗分享，我認為這是在政大教育學院求學期間，最令我印象深刻並深受啟發的課程之一。

　　不同於北美的大學，臺灣研究型大專院校的教育學院設有大學部。在美國與加拿大，多數設有教育學院的大學並沒有設立大學部，主要以研究所課程為主。北美的大學生若對教育學院開設的課程感興趣，或者未來想要從事教書育人的工作，可以選擇在大學主修之外，或者大學畢業之後，另外申請修習教育學院開設的師資培育（簡稱師培）課程。學生會在修習合格畢業之後同時獲得教育學學士（Bachelor of Education, B.Ed.）的學位。跟教育研究所的課程相比，師培課程更多著重在基礎的教育心理學，教育／教學原理，以及課程規劃，授課技巧等實用課程，目的是培育未來教師的職場教學能力。因此類似「比較國際教改」這樣的課程，很少會有大學教授願意在大學部開設。一方面，該課程屬於跨領域（interdisciplinary）學門，從更宏觀的國際發展視角探討全球驅力（global forces）對各國教育發展的影響。在「比較國際教改」的課程中，周老師帶領我們討論的不止限於教育議題，更從歷史、文化、社會、地緣政治（geopolitics）與經濟

發展的多元角度，探討國際化對教育系統（educational systems）、教育政策，以及對教育等機構（institutions）的影響。另一方面，這一門課程更著重學術研究的思維與語言基礎訓練，因此大學教授更願意在研究所開設這類型課程，而非大學部。很幸運的，在大學期間，我能遇到周老師願意在大學部開設類似課程，啟發了我對教育研究的興趣與熱情，並且奠定了日後到美國訪學，與到加拿大攻讀碩、博士學位的學術訓練基礎與能量。

北美與臺灣的大學課堂異同

臺灣的高等教育的發展一直深受北美大學影響。在人文社會科學領域，大一大二較多為大班講座（lecture）教學，包括全校通識課程，或是學院內開設的必修課程，而大三大四會開設更多選修性質的小班專題討論課程（seminar），聚焦於特定研究方向與議題討論。大學裡的講座課程更符合多數臺灣學生從小到大的學習經驗，是以教師為知識傳授中心，學生被動接受的教學模式。由於師生比例的懸殊差異（講座課程的修課人數可達上百位學生），師生之間互動的機會有限，多數課堂時間以老師講課為主。反觀專題討論課程，小班制的前提下師生之間會有更多的互動機會，並且學生被要求需要有課堂貢獻（in-class contribution），即需要針對課程的內容提出問題，參與討論，回應同學與老師的見解，並且提出自己的見解。這樣的上課形式對多數臺灣學生而言相當之陌生，因為在國中與高中的教育階段，我們習慣這種被動接收知識的學習模式，並透過考試來檢視自己的學習成效。到了大學階段，部分學生對專題討論課程的上課模式會感到陌生與不適應，甚至覺得教授沒有認真準備課程，一直讓學生課堂討論與報告，上完課後好像沒有學到系統性的知識。其實，這種教學模式

在北美大學課堂非常普遍，因為大學教授的角色不再僅限於傳統意義上的教師，而大學生也被視為有獨立思辨能力的成年人，因此大學老師的責任是帶領與幫助學生思考，並從課堂討論中得到豐碩的成果。這樣的教學方法源自於希臘哲學家蘇格拉底的「問答法」（Socratic questioning，又名「提問法」或是「反詰法」），即拋出問題，透過不斷的思考和辯論，在一來一往的對話中耕耘學生的心智與思考問題的方式，打開學生的視野，接受世界的變動性與多元性（Hirst, 2019）。這種批判思考（critical thinking）的訓練是人文社會科學領域研究的基礎，而我有幸在「比較國際教改」的課堂上體驗了這樣的上課模式，對我日後在北美研究所求學有很大的幫助。

　　在「比較國際教改」的課堂上，除了課程一開始探討基礎理論與研究架構，及介紹比較教育學科發展歷史外，其餘時間大多是老師拋出議題，讓學生以個人或者小組的形式，蒐集資料，並分別報告自己的發現與感想，互相提問，進行討論與思考。「比較國際教改」議題很多元，我們探討世界大學排名機制以及對高等教育的影響，討論經濟合作暨發展組織（Organization for Economic Cooperation and Development, OECD）每隔三年針對全球 14-15 歲青少年進行的國際學生能力評量計畫（Programme for International Student Assessment, PISA），也討論不同國家教育系統的優勢與劣勢等。這門課程帶領學生走出教育研究領域的局限性，理解研究各國的教育制度時，不能忘記有時校外的事物比校內的事物更重要。教育發展跟當地的社會文化脈絡息息相關（Bereday, 1964）。透過思辨與自主探索，我認為這堂「比較國際教改」課程帶給學生的是一種思考問題的方式，在自主學習的過程當中，學生能瞭解到很多教育議題和社會議題並沒有所謂正確答案。因此，我們必須學習如何接納自身的侷限性與可能存在的偏見，對一切事物存疑，在持續的探索與反覆的辯證當中建構自己獨立

的價值與知識體系。

大學教育、大學教師與大學生

在高等教育研究領域，大學師生之間的關係經常受到關注與討論。大學老師的工作與責任比外界想像的還要繁忙與沈重，除了教學之外，更需要花費大量的心力與時間從事研究工作、發表著作、申請研究項目與經費、定期接受學校的考核與升等評量，並從事社會服務，例如擔任公益機構的顧問或者學會的幹部等。近年來，不少大學老師的開課品質受到質疑，認為教授們只顧著做研究，發表論文，輕忽對學生的關心與責任。當然，也有不少討論指出大學教師的艱難處境，認為是學術圈的惡性競爭文化讓大學老師力不從心，只能犧牲授課數量和品質。我認同當今的教育政策以及大學的經營模式，有許多值得探討與改進空間，包括對世界大學排名的盲目崇拜以及對新進大學教師「非升即走」的殘酷評量指標等結構性問題。然而，在討論大學教師的教學責任時，我們不妨從另外一個角度重新審視臺灣社會對大學教育的要求與期待。

大學除了作為教育機構之外，也可被視作為社會中的學習組織。高等教育發展與國家的社會發展息息相關。Venessa de Andreotti 等學者（2016）探討大學教育在歷史上的社會角色，並對西方大學的發展總結了大學的四種社會意象（social imaginary）：學術意象（scholastic imaginary）、古典意象（classical imaginary）、公民意象（civic imaginary），以及企業意象（corporate imaginary）（de Andreotti et al., 2016）。大學的學術意象借鑑了希臘傳統和基督教教義，將大學視為培訓專業人士和神職人員以保留教會世俗權力的社會機構。大學的古典意象強調高等教育的菁英主義

（elitism），認為大學的社會責任在於培養政治菁英與領導者以服務國家建設。大學的公民意象將高等教育視為促進公民參與的方法，認為通過擴大接受高等教育的機會，能教育出高素質的公民服務國家安全和經濟建設（Scott, 2006）。大學的公民意象同時更強調大學作為培養人力資本（human capital）的社會責任。最後，大學的企業意象強調大學的社會責任是生產知識，並透過知識生產獲取交換價值。例如，支持國內產業，培養國家的國際競爭力。這種企業意象強調了大學在全球資本主義（capitalism）和新自由主義（neo-liberalism）脈絡下的社會定位（Scott, 2006）。若從這四種社會意象來探討臺灣社會對大學教育、大學教師，以及大學生的認知與期許，臺灣當前的高等教育政策著重於大學老師的學術發表與專業能力，強調大學生產知識、培育優秀人才、服務國家建設等社會責任。然而在西方資本主義和新自由主義的全球脈絡底下，學生與家長作為類似大學的「消費族群」更加重視高等教育所帶來的「投資報酬率」，希望大學教育能培養個人作為人力資本的競爭力，以及大學文憑所附帶的經濟交換價值，例如幫助提升就業競爭力與國際競爭力等。這樣的分歧導致了大學教師的兩難：一方面，他們必須要在自己的專業領域上不斷生產具有創新性的知識；然另一方面，大學教師在設計課程時，又必須顧及學生所期待的務實性、交換性經濟價值，和就業導向性。

　　作為教育系的學生，我在大學時期的專業必修學分並沒有特別多，因此多出許多的空間與時間去探索自己感興趣的課程與職涯規劃方向。大一的時候，身邊許多同學對於突然多出來的時間很不適應，因此參與許多校內外的社團活動，或是用課後兼職來填補這些多出來的空閒。大一時我也曾經到補習班兼職，但卻發現這個經驗並沒有自我充實的機會，未來我也並不想從事補教行業。因緣際會下，得知周老師要找學生擔任研究助理，我抱著初生之犢不畏虎的心態到老師的研究室「應聘」研究助理工作，並

從升大二的暑假開始，到老師的研究室工作。從大二到大四，周老師的研究室和研究大樓四樓是我最常停留的地方，幾乎佔滿了我的大學時光。我參與不少對大學生而言難能可貴的研究計畫，和老師與研究所的學長姐出國參與大型國際學術會議，並在大學期間認識了來自世界各地的研究生，以及和周老師始終保持聯繫的優秀畢業學長姐。大學畢業後，在老師與研究室學長姐的鼓勵下，我也決定踏上了學術研究這條道路，並到北美讀研究所。

對部分大學生來說，大學四年竟然是他們最輕鬆，甚至有一點空虛、停滯的階段。沒有嚴格的課業要求，不用像中學生一天十幾個小時待在學校，積極的同學可能在大學階段體驗各式各樣的實習與工讀機會；活潑的同學可能投入社團活動，擴大交友圈，談一場美好的校園戀愛。但也有少部分比較內向、消極的學生，可能躲在宿舍打電動、看綜藝節目、看連續劇，大學四年就這麼過去了。我亦曾耳聞不少以前的同學抱怨在大學中習得的知識對畢業求職一點幫助都沒有，當年學的專業知識跟現在的工作內容毫不相關。這在人文社會科學領域尤其常見。然而，正如我前面所說，這樣的矛盾並不能完全歸咎於大學教師，而是必須看見學校政策對老師的要求，大學的社會責任與大學生之間的分歧。與很多同學相比，我是個幸運的學生，因為我對教育研究的興趣，以及未來從事學術相關工作的職涯規劃，讓我能受益於政大這樣以人文社會科學領域為主的公立研究型大學，並有幸遇到像周老師這樣對學術研究與教學充滿熱忱的教授。

回顧與展望

隨著高等教育國際化的趨勢，臺灣的大學借鏡歐美國家的大學課堂經

驗與大學經營模式。以政治大學為例，不少教授都有海外求學的經驗，因此也將歐美大學的教學模式帶回臺灣。然而對部分學生而言，這樣的上課方式是陌生的，甚至可能會產生自己「沒有學到東西」的錯覺，責怪老師沒有認真準備課程。大學教師與大學生之間之所以產生這樣的隔閡，一部分原因源自於臺灣國民基本教育階段的應試教育導向，使得學生習慣被動接受課堂知識，透過練習與背誦在考試上獲得成績，並以成績高低評估學生的學習成效。不同於臺灣中學階段的應試教育文化，北美的中學更加重視學生適性發展，以選修課的方式給予學生自我探索與發展的空間，並且在一般課程中融入專題研究的元素，讓學生參加實地考察、社區志工服務、社團活動等豐富且多元的教育內容。透過這樣的教育方式，北美的青少年更加適應大學生活的彈性與上課形式。近年來隨著中學課程綱要改革，臺灣的高中課堂也有所改變，在各學科當中融入了協助學生多元適性發展的課程內容，升學考試也不再是過去聯考時代的「一試定終身」，而加入了更多元的入學管道，支持不同背景的學生擁有接受高等教育的機會。儘管近年來的課綱改革仍處於「陣痛期」，仍有許多教育問題需要受到更多重視與討論，但相信假以時日，未來的大學生將更能適應大學教育所帶來的不確定性（uncertainty）答案等學習方式，讓大學課堂訓練所培養出的思辨能力，能有助於我們在充滿變動的全球化時代中，擁有問題解決與危機應變的永續性能力。

　　最後，從上述大學的四種社會意象，可以看到臺灣大學教師與大學教育之間具有分歧的情況。現行的教育政策與學校經營策略，過分強調大學老師的學術生產力、知識創新性與創造力，然而大學教育卻在新自由主義的全球脈絡底下面臨「商品化」（commodification）的趨勢（Chen & Lo, 2013;Stack, 2016; Stein, 2018）。大學經營融入了企業的行銷模式，透過營銷大學課程／學程與大學老師們的履歷及全球知名度，來爭取更多學校的

社會資源，招收更多的生源。大學生有朝可能成為大學教育的消費者，而他們希望大學教育所帶來的經濟價值，能提升個人在勞動市場的就業競爭力。或許我們應該重新思考：臺灣社會對大學教育的期待，大學教育的意義和目的為何？是知識生產中心，抑或是大學生的職前培訓機構？大學教師又應該扮演怎樣的角色？是創造知識，引導國家社會進步發展的引路人，抑或年輕世代的職涯發展顧問？

梁瀞文

加拿大西安大略大學（University of Western Ontario）

教育學院博士候選人

參考資料

Bereday, G. Z. F. (1964). Sir Michael Sadler's "Study of Foreign Systems of Education". *Comparative Education Review*, Vol. 7, No. 3 (Feb., 1964), pp. 307-314. https://www.jstor.org/stable/1187111

Chen, D. I., & Lo, W. Y. W. (2013). Internationalization or commodification? A case study of internationalization practices in Taiwan's higher education. *Asia Pacific Education Review*, 14(1), 33-41. https://doi.org/10.1007/s12564-013-9246-0

de Andreotti, V. O., Stein, S., Karen, P., & Nicolson, M. (2016). Social cartographies as performative devices in research on higher education. *Higher Education Research & Development*, 35(1), 84-99. https://doi.org/10.1080/07294360.2015.1125857

Hirst, J. (October, 15, 2019).《你一定愛讀的極簡歐洲史》：蘇格拉底的問答、柏拉圖的譬喻、亞里斯多德的三段論。The News Lens 關鍵評論，retrieved Nov. 1, from https://www.thenewslens.com/article/125691/fullpage

Scott, J.C. (2006). The mission of the university: Medieval to postmodern transformations. *The Journal of Higher Education*, 77(1), 1-39.

Stack, M. (2016). Global university rankings and the mediatization of higher education. Palgrave Macmillan.

Stein, S. (2018). National exceptionalism in the 'EduCanada' brand: unpacking the ethics of internationalization marketing in Canada. *Discourse: Studies in the Cultural Politics of Education*, 39(3), 461-477. https://doi.org/10.1080/01596306.2016.1276884

作者序

多年前，一位來自臺灣新竹高中的大一新生徐〇〇跑來找我，對我抱怨說：

> 大學老師沒有高中老師會教書，讓我感到十分苦惱，甚至考慮要不要繼續留在大學讀書。

往後，這段對話不斷在提醒著筆者：大學教學所謂何來？等問題。尤其，每一年多少都會有類似的大學新生跑來求助，抱怨大學老師的教學品質不如預期等問題。遇到這些情況，筆者總是會對他們說明大學教師這一行業的特質，以及大學教師如何必須在某個領域鑽研，兼具「教學、研究與社會服務」等任務（楊振富，2000；張善楠，2008），不能像中小學老師那樣，必須接受完整的師資培育專業訓練。大學教師比較擅長學術研究等理論與方法論訓練。他們在課堂上的教學技巧與溝通方法，也往往因人而異，不是每個大學教師都擅長於將所學一一傳達給每個大學生。

筆者經常比喻大學教師，就如同管理森林的專業園丁一般，面對多數成年的大學生，他們大多會採取放牛吃草的方式，彷彿讓「動物們」在森林中自由生活與尋找食物，但每隔一段時間會來查看這些「森林小動物們」是否成長安好？能否在新的環境（大學校園）中成長茁壯？相對地，有過教學專業訓練的中小學老師，在教科書、統一進度與定期評量考試等標準下，所有課程安排比較像自助餐或套餐方式，將各種營養成份調配好，將一道道的佳餚擺在學生面前，供其享用。教學方式也能比較統一與步調

一致。但中小學生可以選擇的空間，也比較受限制。相對的，大學校園以自由與自主著稱，大學教授因為將學生視為成年人，所以給予更多的尊重、信任與發展空間。至於所有的課程學習，則需要靠學生個人更多的主動性與自主性。許多大學教授上課時幾乎都不點名，原因在此。

由此可見，大學教師的教學技巧，不見得是個人的強項與事業重心，尤其當前全世界大學都要求大學教授從事知識創新與論文發表等項目，對於原本就不一定是大學教師擅長的教學任務，如今變得更加次要了。儘管如此，多數人還是承認：大學教師的研究，只是成就個人一時的學術表現，但教學卻是培育人才與造就下一代的千秋大業。大學的核心任務原本就在教學與培育人才（金耀基，2000）。從國際上著名大學來看，一位好的大學教師，除了能從事學術研究與發表外，更重要的是可以結合自己的研究成果，作為教學改善的依據。師生間生命經驗的交流，與知識真理的討論及辯證，都需透過大學的課堂來實現「傳道、授業、解惑」的使命。

因此，筆者透過數十年的大學教學經驗，結合相關教學理論與具體案例，分享大學教學的設計與方法。尤其在面對 Z 世代多元需求的學生，如何克服教學上的挑戰與建議。希望拋磚引玉，為提升臺灣的大學教學品質而盡棉薄之力。

從 2020 年以來的新冠肺炎衝擊下，各地大學都歷經實體教學與線上授課輪替等調適過程，為全球大學教學帶來各種嚴峻挑戰，但也出現許多新的教學契機。這本《當 X 世代遇到 Z 世代的大學教學》的出版，也是在這樣的後疫情時代下完成，歡迎各界不吝指教。

周祝瑛

謹誌於　臺北木柵指南山城

2023 年　春天

參考資料

楊振富（譯）（2000）。**學術這一行**（Academic Duty, Donald Kennedy）。臺
　　北：天下文化。

張善楠（譯）（2008）。**大學教了沒：哈佛校長提出的 8 門課**（Our
　　Underachieving Colleges, Derek Bok）。臺北：天下文化。

金耀基（2000）。**大學之理念**。香港：牛津大學出版專區。

目　次

謝　詞

推薦序

作者序

第一章　大學與教學 ································· 1
　　第一節　大學教學的起源 ···················· 1
　　第二節　中外大學教學舉隅 ················· 5
　　第三節　大學中的文、理之別 ············· 16
　　第四節　大學的歸納式與演繹式教學 ····· 22
　　第五節　大學教學回顧 ···················· 24

第二章　變遷中的大學生 ····················· 41
　　第一節　變遷中的大學教學 ··············· 41
　　第二節　東西方人才培養 ·················· 44
　　第三節　我們面對什麼樣的大學生 ········ 49
　　第四節　大學教師如何因應 Z 世代大學生 ··· 59

第三章　大學教學理論與概念 ················· 75
　　第一節　學習（經驗）金字塔理論與布魯姆分類法 ···· 75
　　第二節　翻轉教室 ························· 79

第三節　多元智能 ………………………………………… 81

第四節　習慣領域 ………………………………………… 85

第五節　心智圖 …………………………………………… 89

第六節　合作學習與同儕評量 …………………………… 91

第四章　大學教學常見的棘手問題 …………………… 103

第一節　如何面對學生的申訴 …………………………… 103

第二節　當學生爽約了 …………………………………… 116

第三節　多元背景的 Z 世代學生 ……………………… 119

第四節　大學師生的差異看法 …………………………… 123

第五章　大學教學案例分享 …………………………… 147

第一節　如何上一堂課 …………………………………… 147

第二節　比較教育 ………………………………………… 155

第三節　比較國際教改 …………………………………… 168

第四節　教育史 …………………………………………… 188

第五節　教育概論 ………………………………………… 203

第六節　性別教育你我他 ………………………………… 209

第七節　全球教育發展趨勢：衝突國家地區的文教交流

　　　　（英語授課）…………………………………… 220

第六章　當 X 世代遇到 Z 世代的大學教學 ………… 253

第一節　當 X 世代遇到 Z 世代 ……………………… 253

第二節　大學課堂中的世代交流 ………………………… 255

第三節　大學生也渴望遇到良師 ………………………… 258

附錄一 大學教學其他相關書籍 ⋯⋯⋯⋯⋯⋯⋯⋯⋯⋯⋯⋯⋯283

附錄二 一、從秦子到秦教授——為作育英才而寫 ⋯⋯⋯⋯⋯⋯285

二、恩師群像一生情 ⋯⋯⋯⋯⋯⋯⋯⋯⋯⋯⋯⋯⋯⋯⋯290

第一章　大學與教學

第一節　大學教學的起源

一、現代大學教學的緣起

　　我國大學的原型，可追溯自西元前三世紀的先秦時代，與西元前二世紀的西方希臘時期，至於現代形式的大學，則可溯源自中古世紀（476-1453）的歐洲大學（university）。大學原只是如同一般職業行會的學者聚徒講學之所，屬於學者與學生所組成的一種「基爾特」（guild）行會組織。

　　至於現代大學教育，則是到了中古時代世紀晚期才開始發展。起初為教會收藏經典的地方（類似現代的圖書館功能），強調追求真理，以教導紳士為主。其中，十二世紀中法國的巴黎大學（Université de Paris）、義大利的勃隆那（Bologna）等為最早的機構之一，堪稱西方中古大學之原型。其他如英國的牛津（Oxford）、劍橋（Cambridge）、義大利的薩里諾（Salerno）、德國的海德堡（Ruprecht-Karls-Universität Heidelberg）、科隆（Universität zu Köln）等，都算是中古大學的代表學府。這些大學間享有共同的語言（拉丁文），信仰共同的宗教（基督教），教師和學生可以自由地雲遊四方，在共同的宗教世界，使用古典文獻教學，授課內容包含傳統的自由七藝，即：文法、修辭、邏輯等三藝（trivium），與幾何、算術、天文學、音樂等四藝（quadrivium）。

　　反之，中國古代的大學教育，自古即有分科之說，如孔子門生

（551BC-479 BC）即分：德行、言語、政事、文學四科。南朝宋文帝（407-453）將大學分為「玄」、「儒」、「文」、「史」等四學，由此可看出東西方大學教育各有不同的培育人才重心（金耀基，2000；楊亮功，1965）。東方的中國大學強調經世致用的人文與社會之博學；而西方除了宗教外，還融入科學與藝術的紳士培養等。

二、英國的大學「教學」與德國的「研究」使命

到了十九世紀，現代大學制度開始演變，英國牛津大學的學者紐曼（John H Cardinal Newman, 1801-1890）在 1852 年的《大學的理念》（*The Idea of a University*）著作中，認為大學是一個提供博雅教育（liberal education），培養具有修養且見識廣博的文化人（紳士）的地方。大學的目的在於傳授知識（教學），而非發展知識（研究）（Newman, 1996）。這樣的教育理想影響英國高等教育甚鉅，成為劍橋與牛津的教育方針，著重於對古典文化的保存（延續）。

十九世紀末，大學開始有巨大的轉變，此改變始於德國，在洪堡德（Von Humboldt, 1767-1835）等人的革新下，柏林大學（Berliner Universitaet）（又稱柏林洪堡大學）擺脫傳統，徹底改制，主張以大學為研究中心的新理念，大學教師的首要任務是自由從事創造性任務，此與英國紐曼主張大學應以教學為主的理念截然不同。此研究理念後來影響歐洲各國，並傳入美國，在新殖民地得到闡揚，改變了美國大學原本只是學習英國模式的傳統，約翰霍布斯金大學（The Johns Hopkins University）等開始模仿德國大學負有創造新知等研究導向的使命（金耀基，2000；楊亮功，1965）。

其中，美國教育學者佛蘭斯納（Abraham Flexner, 1866-1959）在 1930 發表《大學》（*Universities*）（Flexner, 1930）一書，雖肯定大學教師從事研究的價值，但同時強調教學的重要性，認為大學中兩者都不可偏廢。不

過，他卻反對大學開設職業訓練班，訓練實務人才，認為大學不應該成為社會的服務機構。

二次大戰德國戰敗（1945），德國學者耶士培（Karl Jaspers, 1883-1969）的《大學理念》（*The Idea of the University*）（Jaspers, 1959）一書卻認為大學應同時擁有：1.教學、2.研究、3.創造文化生活等三個元素。耶士培更有鑑於二次世界戰期間，希特勒集權統治下，大學學術自由完全被剝奪殆盡，因此，他大力提倡大學的學術自由，更認為大學不可遺世而獨居，必須融合技術教育，讓大學同時兼具學術與技術人才的培養。

三、美國大學對「社會服務」的影響

美國加州大學柏克萊分校（University of California, Berkeley）首任校長克爾（Clark Kerr, 1911-2003）曾指出，二戰以後美國大學逐漸超越歐洲的英、德模式，發展出獨特的高教性格。他於 1960 年代就提出美國當時的大學與傳統歐洲大學（uniersity）迥然不同，已發展成特殊的多元的「綜集大學」（plural multiversities）型態（Kerr, 2001），具有現代化的多層次與多功能，且對全民開放（open to all）的高等教育機構。其中最具代表性的是美國威斯康辛大學（University of Wisconsin），在教學與研究之外，更加入了原先傳統大學未曾有的社區服務功能。藉此希望師生能參與到社會中，成為傳統歐洲大學所輕忽的另一種知識與社會服務機構。

隨著大學功能與結構的逐漸複雜化，許多大學課程數量快速擴張，教授專業更是朝隔行如隔山的精細化方向發展。教授行業越來越以研究為重心，教學任務相對有被忽視的趨勢。尤其在強調教授研究與產出的功績主義（accountability）下，教授們不再只對當前任教的大學效忠，而是擴大到與個人研究專業有關的資助機構，或合作夥伴等對象的關係建立。教授合作夥伴經常來自其他大學或國外同行，其活動範圍也不再只限於校內

的研究、教學，與社區服務，同時還負責對外的各種專業諮詢、政策顧問與校外、境外的跨領域合作等。總之，大學在社會潮流快速發展的驅使下，大學文化、組織結構、成員組成、師生活動等各方面，早已有別於傳統的高教機構（周祝瑛、卓澤林，2022）。

四、二十一世紀的大學教學

在全球化（globalization）、新自由主義（neo-liberalism）與新管理主義（neo-managerialism）等浪潮下，當前高等教育的全球想像（global imaginary of higher education）已經發展出許多新興的樣態（Kamola, 2019）。高等教育受到西方資本主義、新自由主義等市場經濟所影響，學術逐漸與市場結合，大學中的傳統功能，如教學任務，早已發生重大改變，甚至受到市場競爭所影響。大學從最初中古世紀的「學者聚徒講學之所」、大學是社會中的「公共財」（public goods）等角色，轉變到今日，大學充滿了各種知識生產與社會服務站等社會性格，包括：必須面對學生未來就業而準備、大學教授必須以研究成果來爭取政府與企業資源。至於大學教師的教學任務，如今反而淪為次要地位。尤其在世界一流大學排行的競爭壓力下，各國大學更是以學術論文發表等指標，作為教師工作表現的評鑑與升等依據，導致大學教學品質普遍受到嚴重影響（周祝瑛，2014）。

儘管如此，仍有許多如同二戰後德國學者耶士培（Karl Jaspers）所主張的呼籲，認為大學也應同時兼顧教學、研究與創造文化及生活等任務。尤其，大學的教學與研究關係，應該相輔相成。教師應透過研究來充實教學品質，教學又將研究成果擴大化，更能與年輕世代心靈交流及經驗傳承。大學教師不可只偏重研究，否則大學將淪為缺乏照顧年輕靈魂的功利機構。大學教師同時也要自我提醒，在教學任務上如何超越中小學教師的教學技巧與學生輔導能量，為社會培養人才。

誠如以色列希伯來大學教授馬丁‧布伯（Martin Buber, 1878-1965），在其〈品格教育〉（education of character）一文中（Buber, 1963）指出：教育主要在協助學生品格教育的養成。而品格養成不能只靠教師的「說教」，而必須靠教師以身作則的「身教」，才能創造一個心靈（學生）與另一個心靈（教師）真誠的相遇，且彼此相互產生感染力的機會。

因此，大學教師對學生最大的作用，不應只是透過課堂抽象與無關痛癢的說理，而在如何針對學生遇到切身問題時，能為他們提出教師親身的經驗分享，進而教導他們如何分析與判斷這類問題，從旁指導學生面對問題的態度及解決困境的能力。大學教師不再只是單純的教導學生分辨是非善惡，還要引導學生如何面對問題，能理解所處環境的挑戰，進而給予機會教育。而大學課堂與校園環境，正是創造此種師生心靈激盪和對話的絕佳場所。

第二節　中外大學教學舉隅

一、重視大學教學的美國名校

與幾個世紀以前相比，今天的大學在校園設施、各項設備與各種新課程開設上都有顯著的提升；從電腦投影到各式的線上課程，讓學生可以自由的收看與下載；全世界各種資訊幾乎隨手可得；無論實體或線上課程，都能夠讓學生隨時隨地透過網路繳交作業，與教授進行線上溝通，取得回饋。儘管大學各方面硬體條件獲得改善，但許多人仍會質疑：大學的教學品質是否也跟著有所提升？尤其在新興科技下，學生的學習動機、思維能力與學習成效，是否也跟著增強了？

根據「學習型組織」（learning organization）（Yeo, 2005） 學說，認為各種學習型組織，其中的成員都會不斷追求自我突破，培養創新與前瞻思維，並透過持續的學習，來開創足以讓組織成員認同的成果與理想。如果以上述特質，來檢視當前大學組織中的各個成員，他們是否能不斷的自我學習調整，找出組織問題之所在？願意排除不合時宜與缺乏成效的舊組織文化，隨時引進有效的新思維與做法，開創新的認同成果與理想，來改造大學結構與運作（Candy, 2006 ; Friedman, et.al., 2005; Khamis Ali, 2012）？在全球化浪潮下，大學仍有許多沒能跟上時代腳步的地方（邱珍琬，2018；顧敏，2009）。大學依然扮演著長久以來評估其他社會機構的顧問角色，教授們還是經常透過研究和實驗成果，提供改善與解決社會問題的諮詢工作。相反的，大學卻鮮少顧及自身機構與內部人員的問題，尤其是關於社會上對於提升大學教學品質的呼籲。有許多教授也很少感受改變的壓力，而主動投入檢討行列。所謂：事關己則亂，或許這也是大學教學品質難以提升的原因之一吧！？

為此，美國多所名校越來越重視大學教學品質的良窳這件事。前哈佛大學校長伯克（Derek Bok）早在《大學教了沒？哈佛校長提出的 8 門課》這本書，就提出美國大學教育的「教」與「學」這類問題。他認為大學生正值人生可塑性最高峰的階段，大學教師們應協助這群年輕人，把握充分成長與發展自我的機會。面對二十一世紀的科技快速變化，他建議應協助學生取得以下八種能力，來因應社會挑戰（張善楠，2008）：

1. 寫作與口語溝通能力。
2. 理性的思辨能力。
3. 道德推理能力。
4. 履行公民義務的能力。
5. 面對多元社會的文化包容度。

6. 迎接全球化趨勢的能力。

7. 擁有廣泛的興趣。

8. 具備就業能力等。

伯克校長建議：大學必須建立明確的教育目標，來引導課程、教學、課外活動與社區服務等整體運作。透過好的大學教學，來提升學生的書寫及口語表達能力。協助學生培養釐清問題及爭議所在，蒐集相關事實與資訊，來解決問題。同時，擁有較高的道德推理和實踐標準，及因應多元社會的包容性和全球理解的能力，且擁有廣泛的興趣，以及未來就業中所需的技能等。唯有在一個自由與蓬勃發展的大學社群中，年輕學生才能獲得良好的大學教育經驗，為個人未來的幸福生活作準備，也足以履行社會公民的挑戰。

然而在現實環境中，如何提升大學教學品質等討論，依然遭遇許多教授的反對，甚至消極抵制。大學教師們堅稱課堂中的授課活動，屬於個人工作上的隱私，因此刻意避開教授審核機制（faculty review）等考核。這些有關教學方面的檢討，之所以較難引起關注與付諸行動，除了源於整個高教體系重視他們的學術研究成果與對外爭取資源能力外，多數大學科系將重點擺在「必修」與「選修」課的配置上，長期著重在如何開設新的課程？誰來教？教什麼知識？等相關課題，鮮少關心授課教師應如何掌握這些學分的教學技巧與品質等重要層面（張善楠，2008）。

此外，許多人認為大學生已經成年，自己應該對個人行為負責，只要走進教室上課，就能夠學到上課內容，不像中小學生那樣，需要有好的教師與教學方法，才能學習。然而事實正好相反，大學教師如果沒有好的吸引學生參與學習的教學方法與策略，許多年輕人就會覺得上課很無聊，坐在課堂只是浪費時間而已。

根據美國國家訓練實驗室（the National Training Laboratory）所發展的學習金字塔理論（learning pyramid），多數學生只能記住閱讀教科書中的 10%內容，但如果上課過程中能有教別人的機會，反而可以提高到近 90% 的學習保留量。這顯示不同的教學方法與學習方式，會帶來截然不同的效果與記憶保留量（Letrud, 2015）。

如果檢視大學課堂中經常採取的講述法（包括大量的放映投影片等），導致學生上課只停留在「聽與看」階段，其效果不禁令人質疑。反觀一些與學生興趣、價值觀或認知能力有關的內容，如能在課堂中採取討論分享、動手操作練習等方式，學習效果則大幅提升。尤其是經由學生自己努力思考所得的觀念或知識能力，保留量更高更久。

因此，大學教育讓學生真正有收穫的，不是在於大學生修了哪些課，而是如何透過好的課程安排與教學方式，讓學生可以學到什麼樣的關鍵知識，刺激個人心智成長，而不是記憶量有限的學科內容。如同美國耶魯大學校長蘇必德（Peter Salovey）所提醒的：大學教師最重要的是幫助學生學會理解各種事物間的關聯、檢驗事實、評估不同想法，區別理性與感性思考的差異，及其適合應用的場合等（Lassila, 2018）。

如何改善大學教學品質，應該是大學的校務會議中必須共同討論的課題。大學課堂中除了好的學科內容，仍需要有好的教學方法相互搭配，才能發揮最好的效果。就好比身體「進補」一樣，如果沒有調整好消化系統，「進補」就無法有效吸收，效果必將大打折扣。

二、中外大學名師的經驗談

回想當年筆者求學過程，有幸先後受教於中外名師，他們的課堂教學各有特色，即使到了今日，仍然具有參考價值。例如：在美國 UCLA 留學時，曾經遇到幾位相當著名的教授,其中名氣很大的 Alexander Astin 教授,

著作等身，堪稱美國高等教育界重量級學者。他於 1966 年創辦美國高等教育研究中心（Higher Education Research Institute, HERI）及合作機構研究計畫（Cooperative Institutional Research Program, CIRP），每年進行全美大一新生調查資料庫建置與研究（freshman survey），出版美國許多大學生與投入理論（involvement theory）相關研究。這位著作等身、塊頭高大，笑起來有小酒窩的老師，逢年過節都會邀請學生到家裡過節。每逢飯後都會吹薩克斯風，與彈奏電子琴、來自娛娛人。他在太平洋沿岸有一間小木屋，每逢假日都會讓學生帶著論文，到海灘木屋找他們夫婦討論。他喜歡在課堂上分享他的研究成果。經常三小時的課，他會上到四到五個鐘頭，還欲罷不能。他進到教室經常帶著笑容，一開講就生龍活虎，且考試可以讓學生不斷重考，考到會為止。學生在他的課堂上，享受師生間高度活潑的對話與智慧交流。每週的教師輔導時間（office hours），學生們都搶著登記，真是一位難求！這位身兼經師與人師的教師，無論研究、教學或輔導學生各方面，都展現出他的教育熱忱，並透過風趣與樂觀的談話，建立個人風格，可說是一位備受愛戴與景仰的學者。

另一位 Burton Clark 教授，美國高等教育管理模式大師，1983 年發表《高等教育體系：從跨國角度看學術機構》（*The Higher Education System: Academic Organization in Cross-national Perspective*）一書，透過比較流暢與吸引人的筆調，闡述近年來在經濟發展逐漸主導各國高教發展之際，重申高教本質的重要性。他更提出學術寡頭（the academic oligarchy）（大學）、國家與市場所建構的「三角架構」概念，以此分析歐美等高教系統之差異，開啟日後高等教育研究的新視角，對各國高等教育發展的制度分析，產生重大影響（Clark, 1983；姜麗娟，2005）。

這位先後任教於史丹佛、哈佛、加州柏克萊、耶魯與 UCLA 等五所名校，提出「克拉克三角協調系統」（Clarkian tringel of coordination）的美國

高教大師。他擅常提出前瞻性的研究分析理論與架構，上課面帶笑容的他，講課時聲調平穩單調，少有肢體語言變化。上課過程很少與學生互動對話。一學期下來，同學對於教授印象雖然不深，課堂收穫雖然有限，但是透過閱讀他的書籍，反而備受啟發！他應該是一位不太擅長教學，喜歡著書立說的名師吧！

　　第三位 Don Nakanishi 教授，在 UCLA 三十多年間，創建了「美國亞裔研究中心」，透過教學、研究與投入各式亞裔相關議題與社會運動，成為全美著名的亞裔高等教育學者。這位和藹可親、瞭解學生需求、經常伸出援手，協助學生度過難關的好老師，透過身教，為我們示範什麼是一位影響學生生命的「良師」。例如，他每次上完編號 299 的論文寫作練習課程，都會出作業讓學生在課堂寫作，隔週發還作業時，哪怕只是一、兩頁學生的上課心得或關於個人論文寫作的提問，教授都會在每份作業上，詳細寫出比學生提問還要多一兩倍、切中要害的評語與回答。這位很樂意花時間給學生、在每份作業上提供深入回饋的教師，在美國高教界應屬罕見。我們從他課堂上學到的，不只是對於學生真誠的關心與引導，更重要的是他如此看重學生每一份作業，透過深入淺出的語言及文字，即時回覆學生的疑惑與盲點。他講課的技巧也許不夠幽默風趣，也不是口若懸河型的教師，但他對於學生作業的重視程度真是與眾不同。比起許多作業繳交後石沉大海，之後只得到冰冷的成績，這位教授如此用心的批改作業，對於學生的幫助更具體。難怪校園中的亞裔學生，遇到問題都會找他幫忙，將他視為學生保姆與救星！

　　至於另一位社會學教授，每次上課都要求學生出題目來向老師挑戰。連期中與期末考，都由老師事先提供各種考試的「答案」，再讓學生根據這些答案，來出合適的題目，以此來考老師。這樣的教學方式，可說完全顛覆了傳統的大學教學規範，徹底翻轉了「教師出題、學生回答」的模式。

結果該門課成為筆者生平以來挑戰最大、準備最多、用功最深的課程。一學期下來，我們的學術功力大增，整體思維能力也跟著大幅提升。

同樣地，在大學讀書的時候，筆者也曾遇到一些上課喜歡照本宣科、黑板抄寫滿滿的「三板教授」：黑板、地板、天花板。其中，一位每次上課只會按照桌上資料卡抄寫到黑板上，師生間毫無互動的教師。結果有一次，一位按捺不住的同學，趁著老師下課休息外出時間，偷偷調換了他的資料卡與泛黃的講義順序，讓這個照本宣科的老師，只好提前下課的窘境。遇到此類教師，也會讓部分學生發憤圖強，自力救濟，自行重讀課程，產生了心理學上的「昇華效應」。

直到作者自己進入大學課堂授課以後，才發現不同世代學生的需求與關注，變化越來越大。尤其隨著網路與新興科技的快速發展，每隔幾年就會出現不同的學生世代，越來越挑戰大學教師的教學技巧與科技能力。例如：某門課安排在上午 10 點到下午 1 點，橫跨中午午餐時間。這門課最初幾年，都是由教師認真的準備各種材料，節錄教科書內容，透過整理過的投影片一張一張的講授課程內容。三個小時下來，發現臺下個個同學們精神不濟、飢腸轆轆。勉強撐到下課時分，同學都迫不及待的趕緊離開教室，毫無留戀。

後來，該教師吸取了「翻轉教育」的理念，採用部分翻轉教室的技巧，改變過去「教師中心」的教法，課前宣佈下次上課的討論範圍與題目，並提供相關的內容讓學生提前預習，透過分組報告形式，以學生為主體，教師扮演挑戰提問與整合資訊等角色。實施不久，發現同樣課程，同學們到了下午 1 點鐘下課後還常常留在課堂討論與提問。同樣一門課，採取不同的教學方法與策略後，教學效果竟然出現如此大的轉變，為師者不可不謹慎啊！

三、重視教學品質的哈佛大學[1]

（一）前言

　　「今日美國」（USA Today, 2006）曾公佈全美 741 所公私立大學的社會捐款總額，發現哈佛大學早在 2004 年就募到 221 億美元，高居全美第一，足見美國社會大眾及哈佛校友對於該校的認同與重視。哈佛不但歷史悠久，且擁有龐大的校務基金。2005 年，哈佛大學獲得的捐贈資金更高達 349 億美元（Morgenstern & Nolan, 2006），超過了英國全部大學所獲捐款的總和，也比很多中小型國家年生產總值都要高，稱得上「富可敵國」。哈佛捐贈資金之所以如此龐大，主要當年分別由一萬多個獨立的基金組成，而且很多基金都有專門的用途，並由一家「哈佛經營公司」負責監管和經營。

　　哈佛也是全美最昂貴的大學之一，大學部 2023 年所需費用約 54,269 美元，一般人很難進去。但由於擁有巨額捐贈資金，哈佛大學近來宣佈，所有家庭年收入在 85,000 到 150,000 美元之間、獲得入學資格的學生將得到獎助學金補助，讓該校成為勞工和中產階級家庭優秀孩子的首選。（引自 https://college.harvard.edu › admissions › why-harvard）。

　　換言之，哈佛校方除了看重學校研究與社會各方面的聲望外，也很重視學生的照顧，願意提供豐富的資源給有需要的學生。如：規定全部大一新生住校，提供全方位的服務與輔導。其他年級也有高達百分之九十五以上的住校率。如此的設計，正好符合美國加州大學洛杉磯校區（UCLA）的 Astin 教授提出的「學生投入理論」。他認為：如果大學生能夠投入校園生活，願意花較多的時間在學習上，他們將會有實質的收穫，也對校園生活更加滿意（Astin, 1984）。此研究正好印證了哈佛為什麼要投入那麼多的

1　本文改寫自周祝瑛（2008）。重視教學品質的哈佛大學。**研習資訊**，第 25 卷 6 期，137-146。

資源在非課程的設計上。高比例的住宿率同樣為哈佛日後帶來龐大的校友捐款，對提升學校品質產生一定的影響。

此外，哈佛大學設「波克教學與學習中心」（Derek Bok Center for Teaching and Learning, DBC），該單位成立於 1975 年，隸屬於文理學院，目的在於提高哈佛大學大學部的教學品質。這個組織對哈佛來說是一個重要的教學資源單位，不論是學生或教師都可在此獲得課堂中所需的一些資訊。此外，哈佛也提供弱勢背景學生的獎助。哈佛大學前校長傅思特（Drew G. Faust）在 2007 年 8 月就職演說中即引用美國開國元勳 Thomas Jefferson 的教育理念，作為哈佛未來的教育理念，認為在教育平等大前提下，哈佛從原先招收較高社經地位的族群，逐漸開放給貧窮的菁英學生，將打破低收入戶的孩子進不了哈佛的不公平現象（引自李振清，2007）。

（二）「波克教學與學習中心」的架構與功能

1. 波克教學中心簡介

該中心成立於 1975 年，隸屬於文理學院，目的在於提高哈佛大學大學部的教學品質。教學中心提供各式教學資源來幫助校內教師、學生，及對教學有興趣的參訪者。並且常年舉辦的「新進教師輔導與協助」機制，以便讓新進教師在哈佛教學時，更能落實大學裡的教材教法。哈佛規劃此單位的理念與認知是：沒良好的教學成效，就不會有理想的學生學習表現，也不會有進一步的學術研究訓練、人格教育、品德培養、國際宏觀與視野。

如同大多剛剛獲得博士學位，就應聘成為助理教授的大學教師一般，這些人並未如中、小學教師一般的教師養成訓練，大多不懂得如何進行有效教學與學生輔導的基本方法。因此，很多新進教師在缺乏教學理念，不熟悉如何引發學習動機與學生輔導，班級經營欠缺經驗等情況下，影響大

學生的學習效果。為了改善此種狀況，哈佛大學透過設 DBC，傳授新進教師教學方法與理念、師生互動策略、多媒體科技運用外，並由具有卓越教學經驗的教師，擔任新進教師的教學顧問。為了直接協助全體教師，DBC 將教學卓越、經驗豐富的教授之課程錄製下來，在網站上公佈供全體老師參考。外校的菁英教師，也應邀成為 DBC 的「訪問學者」，分享教學經驗與方法。學生則可隨時上網參考、複習名師及任課老師的教學。這種創新的教學方式，更加提升哈佛的教學品質。為此，1990 年代以後美國各州立大學也普遍仿效哈佛 DBC 的腳步，開創教師發展以落實教學成效的機制（李振清，2006）。

DBC 於開學前兩週所舉辦的研討會，專門為新手及資深的老師設計各種研討會，以如何促進學生主動學習及教師自我成長為主軸，由哈佛教職員、經驗豐富的教師和一些其它機構聘來的講員一同分享交流。而在學期間也會依教師的需求，提供相關的研討會，並加以錄影，協助無法參加的教師參考。

2. 學生個人及團體的諮詢

DBC 提供教學夥伴，讓每位學生可以在學期甚至寒暑假中，尋求諮詢，以個別或團體安排和 DBC 諮詢人員約談。諮詢的內容是完全保密，許多老師也會透過諮詢來尋求包括教學中所遇到的問題。

3. 研究所寫作助理（graduate writing fellows）

哈佛的大一新生，會被要求選修一個學期的寫作課，學習如何透過草擬和修正、分析內文的證據、使用各種不同的資源來完成寫作，並安排具說服力的想法。但是要精熟這些技巧並不容易，通常需要額外的幫忙和指導。DBC 提供研究所寫作助理計畫（The Graduate Writing Fellows Program），針對大一新生的寫作，提供寫作助理指導。由研究生參加研究

所寫作助理計畫，在學期開始前參加一系列的工作坊，並在學期間重聚數次。在工作坊中，他們學習如何有效且有效率地對寫作提出一些鼓勵或批判性的建議。

4. 大學部選課指引委員會（Committee on the Undergraduate Education Guide, CUE）

在大學部選課指引委員會可以看到很多關於全校課程的資料，如每一堂講義費用和教科書的費用是多少？或是教授規定的課程大綱與教材，都可以提供學生作為選課的參考。哈佛在 2005～2006 年開始實施網路教學評鑑，透過五分量表，針對課程安排和學習難度、教學進度、作業難易度，在期末進行網路教學評鑑。實施以來，有些老師表示這評鑑不太公平，以中東研究課程為例，在教學評鑑上平均每位老師得分都超過 4.5，這現象有點不太合理，被質疑有分數灌水的虛假現象。還有教授建議若是將五分改成七分量表，會更客觀的反映實際教學狀況。這份教學評鑑可以顯現哈佛教師們除了注重研究外，也對教學品質有相當高的要求。哈佛教授們必須按照規定，要求學生上網填教學問卷，作為反映哈佛教學品質的重要指標。

CUE 曾要求一堂課超過 5 個人就要接受教學評鑑，引起教授們反彈，他們表示學生那麼少會有樣本取樣不足的疑慮。另外，哈佛學生也反映他們沒有太多時間完成問卷，因為填教學評鑑問卷都是在期末考前一週，他們沒有太多心思在填問卷上面。這樣情況下的作答比較不準確，所以 CUE 也考慮將填問卷時間加長，且增加一些誘因來吸引學生填問卷，譬如：提供 i-pod、MP3 之類的抽獎活動。CUE 除了蒐集學生的填答之外，還想增加對於課程相關訊息的蒐集，讓課程建立一個評鑑標準。

另外，CUE 的教學評鑑會影響老師升等。通常當一位老師想要升等

時，難免教學品質會受影響，哈佛校方為了改善這情況，加入了這項升等考核指標，讓老師在研究之餘也要注意教學品質。

（三）結語

從上述可以看出哈佛大學不但在研究上具有國際一流水準，並且也相當重視教學，尤其是對於大學部教育品質的提升不遺餘力，透過學校的行政組織架構、宿舍的安排與輔導、社團與課外活動的強調、教師教學及評量的制度化、導生制度的落實、大學生寫作及讀書方法的輔助，全方位的協助全校師生在教學、學習與生活等各方面品質的全面提升。

第三節　大學中的文、理之別

一、兩種文化

誠如上一節所提到的，大學是一個複雜的綜合體，因為科系屬性與知識體系的差異，形成不同的大學文化。其中著名的英國斯諾爵士（Charles Percy Snow, 1905-1980），在 1959 年出版了《兩種文化與科學變革》（*The Two Cultures and the Scientific Revolution*）一書。該書陳述長久以來劍橋與牛津等傳統大學「文、理隔閡」的問題。當時這些大學教授仍維持穿著正式禮服、一同在學校餐廳用餐的傳統，只是席間出現文、理教授只會選擇與自己相同領域的同僚同坐一桌的情形。他們在用餐時聊天的話題，也僅限於與個人有關的專業與興趣。換句話說，這群教授只跟自己相近領域的同仁聊天與互動，根本不願跨越文、理科別兩個文化的界線，彼此毫無交集，這種情況在當時各傳統大學中相當普遍。斯諾更進一步批評，許多英國科學家從未讀過著名文學家狄更斯（Charles J. H. Dickens,

1812-1870）的作品；反之，人文藝術學者對於科學相關知識也往往一竅不通（Snow, 1959）。

往後，在大學快速分科趨勢下，文、理兩個文化對壘的情形日益明顯，大學文理科教授之間更出現隔行如隔山的現象。教學上更形成「學術與技術」的分歧現象（金耀基，2000）。大學各項決策，也因為教授們文理學術領域的不同，而出現「雞同鴨講、各說各話」的情況。斯諾最後指出，英國大學中的這兩種文化，長期缺乏交流與聯繫，雙方的巨大鴻溝，影響了科學與人文學者原本可以攜手合作，共同解決世界問題的機會（Snow, 1959）！

直到今日，兩個文化的隔閡依然存在。大學裡人文社會（泛稱文科）與理工醫農（泛稱理科）等科系依舊涇渭分明，缺少彼此真正的溝通與交流。例如：有一年筆者邀請一位海外歸國的醫學院教授來演講，主題是「日據時代的臺灣教育」。主講人準備充分，三小時上課滔滔不絕。只是，課後這群大學部學生反映：課堂中這位習慣在醫學院授課的教授，三節課中連續放了近二百張投影片，不但速度很快，且過程中幾乎沒有時間給同學討論或發問。這種以提供大量訊息、圖片，一氣呵成的醫科講授方式，對這群習慣於師生互動、與上課討論的文科學生而言，相當不適應（Chou & Ching, 2012）。後來，筆者有機會到其他理工科系課堂旁聽，才發現上述教授的講課方式，在理工醫農科系中相當之普遍。文、理科系中存在學科本質上的差異，導致大學課堂中相當不同的授課方式！

二、兩種文化存在的差別

回顧歷史發展，理科在二十世紀初稱作「實科」，如 1909 年清朝學部奏請分科後的文、實科教學內容觀之：文科以講經讀經、中國文學、外國語、歷史、地理為主課；實科（理科）則以外國語、算術、物理、化學、

博物等為主要課程（吳根洲、劉希偉，2009）。可見當時的實科為今日理科的前身，而這也說明了理科是一門實用的學科。通常理科學生，學習動機非常明確。在理科課堂中，教師主要著重於觀念的釐清，並配合大量的實例來舉證（黃柏諺，2022）。然而當臨場遇到和範例不同的狀況時，教師就必須發揮像「引水人」般的角色，讓學生知道如何在不同的情況下運用相同的觀念或理論。

因此，在大學理科教學與文科的課堂差別也很大。例如：以一位曾經任教於牙醫系、公衛系、物理治療系、職能治療系、學士後護理系的生理學教授為例，每週授課時間為 4.5 個小時（時段為 13:20～17:20），主要以教師單向授課為主，並會上滿整個上課時間。整學期包含四次實驗課，由生理所的助教帶領操作，沒有討論課。

整學期課程安排的方式，前三次授課先介紹遍及人體各部位的原則性概念（如：細胞膜、電位傳導、肌肉等）；接著分別介紹人體中不同系統的運作（如心臟、呼吸系統、神經系統等）。每一次課程皆由該領域的專業教師授課。因此，每週皆由不同的老師負責講授，並會在當天用四節課的時間完成該單元的進度。至於上課方式，授課老師們以 PPT 講解為主，並會由各系班代表協助印製紙本投影片給同學做筆記，上課時同學的學習方式以紙本筆記或以平板做數位筆記為主。

除了上課之外，較特別的是這門課會有「共筆」的作業。共筆通常是由某一系有志願的同學們，整理教師上課內容所製成的筆記，事後將這份筆記印製給有需求的修課同學。至於共筆者可以酌收一些費用，但並非出於營利目的。以上所述的學習方法是臺灣醫學院相關科系的傳統之一，常見於知識密度高的課程上，且因為課程內容密集與連貫，考試時是非對錯明確，毫無模糊空間。所以，課堂中鮮少預留任何討論時間，更談不上課堂中的師生互動與交流（王柱勝，2022）。

　　相對的，文科教育中，如古典人文教育，其目的在於培養學生發展出基本學習（讀書）、思辨與實行的能力，並藉此塑造出有德性、知識、及具備健全判斷力，從而能夠承擔治國責任的公民（盧曉中，2020；洪濤，2015）。如比較文、理科系的學習目的，可以發現：文科著重培養一個人的思考能力，因此在文科的課堂中，教師有時就像節目主持人一樣，透過各種課程（節目）安排，來引導學生學習與思考，並在課後的作業批改與回饋中，加強學生對於知識思維的建構與詮釋。而理科由於具有實用性質，教師在課堂中則有較多實例的舉證，藉由實際的例子，來培養學生面對眼前現存問題的理解能力（金耀基，2000；洪濤，2013）。

　　其次，文科比較受到各個社會與文化脈絡的影響，很難以量化方式呈現成果與績效。尤其，文、理之間的研究典範與發表形式，存在嚴重的差異。文科教師的研究與教學題材，比較受到所處的社會環境與歷史文化傳統等影響，相對於理科的追求宇宙中一體適用的通則，文科比較難以跨越文化與國家的界線，且過程中經常需要花許多時間克服各地語言、文字與風土民情的隔閡。相對的，理科的研究與教學內容，則較無上述社會與文化的侷限問題，各種主題也比較具有宇宙通則與原理；各地的學科範疇及使用語言，差異相對較小（周祝瑛、邱韻如，2013）。

　　為此，前哈佛大學校長伯克（Derek Bok）認為文科的教授可能比較缺乏關注學生未來職業的需求，在授業過程中比較少關注到他們未來就業的準備。相對的，理科與職業導向系所的教授，也常忽略培養學生更寬廣的教育目標，如：培養年輕世代的道德敏感度和公民責任意識等（張善楠，2008）。因此，文、理兩方面不應該屬於兩個世界。在新世紀中面對千禧等世代，雙方教師必須尋求跨領域的合作，尋求科學與人文的平衡。畢竟教學品質的良窳，需要靠良好的教學方法，以此觸動學生的心靈，這會比「教了什麼」與「教很多」，來得重要。

三、大學文科與教學特質

隨著科技興起，臺灣近年來產業發展逐漸轉向以科技業為重心，以此帶動大專院校理工相關科系的發展，如：電機工程、資訊工程等科系紛紛成為學生心中的熱門選擇（謝明彧，2021）。同時，各大專院校也接連成立外語學院、商學院、社會科學院等。隨著產業轉型需求，當前科技業更需要文科職員來協助解決公司的問題。根據研究（李宛蓉譯，2019）顯示，未來的世界更需要會說故事、溝通、解決問題與能掌握全貌的統整能力，這些都仰賴文科的訓練。文科學生畢業出路雖然看似比理科生弱勢，但本身卻具有時代創新所需的軟實力。為此，以下將介紹文科教育的特質。

文科領域包括「人文及社會科學」（humanities and social sciences），集合了與人類及其行為有關的研究。有別於理解世界及宇宙關係的理科或自然科學（natural sciences，包含：物理、化學、生物、天文、地球科學等五大領域），與自然科學中的非人類生命狀態研究物理科學（physical science，包含物理、化學、天文、地質學、氣象學、海洋學等）。文科或人文社會科學，主要是對人類社會發展過程中，所形成的各種現象進行研究與解釋。文科領域涵蓋了各種與人類有關的經驗、活動、形式、信仰、社會制度等。其中人文領域包括：古代及近代語言、文學、哲學、宗教、歷史、考古學、音樂、藝術等範疇。而社會科學則包括：人類與社會，人類與其他物種之間的相互關係，甚至人類思想與相關理論等（洪濤，2015）。

根據魏鏞（1974）對人文社會科學的定義，認為此領域主要為研究人類各種行為、人與人之間的關係，及人類與周遭生存環境的學科。根據劉季洪（1970）的研究顯示，人文社會科學大約包含十二大領域，分別為：心理學、教育學、統計學、法律學、政治學、行政學、國際關係、經濟學、社會學、人類學、歷史學、地理學等。相較於自然科學領域的「工具型」

知識，人文社會科學等文科著重在處理人類與社會之間的關係，而此種能力如今被稱為是一種「文化軟實力」。根據臺灣大學數位教育實驗林（未出版），人文教育重視培養學生表達、邏輯分析、批判思考、與創意等能力。只是這些能力很難被具體的量化與呈現出來，比較無法直接與職場的需求發生關連。因此，長期以來這些領域的畢業生薪資較低，職場表現也常受忽視。直到最近，許多行業出現員工說話缺乏條理與重點、企劃案思考不夠周全、與人溝通欠缺技巧等問題時，許多文科領域經常強調的各種溝通與思辨能力等培養，才開始獲得重視。人文領域中的軟實力，如今已成為發展硬知識的觸媒，也是協助科技貼近人性的關鍵因素。

美國哈佛大學奈伊（Joseph Samuel Nye）教授提出了「軟實力」（soft power）一詞，藉此區別傳統上以武力威嚇或經濟制裁等強烈手段的硬實力（hard power）。奈伊認為，一個國家的文化、政治價值觀及外交政策上，必須具備說服他國人民的能力，以此吸引別國的支持與認同，如此才能達成自己的目標（Nye, 2004）。後來人們將此概念延伸到許多方面，包括：協調溝通、團隊合作、問題解決能力、創造力等（Cloud, 2009）。比起理科學生，文科同學在大學的學習歷程中，更注重如何處理人際關係與解決問題等能力的養成。所以，日後在職場上更加圓融，更懂得職場需求，能在工作中扮演各方面的溝通橋梁與斡旋者角色（conciliator）（Robbins, 2017）。

第四節　大學的歸納式與演繹式教學

一、歸納式與演繹式教學

　　大學教學一般可分為歸納式教學（inductive teaching）和演繹式教學（deductive teaching）兩種。歸納式教學法源自於十七世紀英國哲學家培根（Francis Bacon），在《新工具論》（*Novum Organum*）一書中提出「歸納法」而聞名。主要概念是針對不同的個別概念中，找尋普遍結論。換句話說，就是將來自於各方不同的事物，用歸納的方式推論出普遍原理。

　　至於演繹式教則同樣來自十七世紀法國哲學家笛卡兒（René Descartes），在其《方法論》（*Discours de la méthode*）書中提出「演繹法」。主要概念由普遍概念（共相），推廣出個別的結論（殊相），從一個被眾人視為理所當然的概念，重新賦予其他的解釋，再從中得出個別結論的這類方法。上述這兩種流派，均對日後的教育思維影響深遠。

　　至於歸納式教學法與演繹式教學法，是如何被應用在大學課堂上？首先，採用歸納式教學法的教師，通常會採用學生分組方式，讓學生根據教師提供的指示，自各方找尋資料，從中得出結論，並在課堂中分享。這樣的上課方式往往以「學生」為主導者，由師生共同發想課堂主題，學生進行資料蒐集、分析與分享，教師成為輔助的角色，從旁協助學生解決疑惑問題等。相反地，演繹式教學法採取的是較直接的授課方式，課堂中以教師為主導者，在講臺前向學生傳達重要觀念與知識等訊息。過程中學生必須自行進行延伸思考，並透過反覆訓練的方式，去熟練教授內容，最後再藉由習得的知識或概念獲得結論。

　　根據研究顯示（程本堯；2021-12-06；Tinajero, et.al., 2011; Witkin, et.al., 1977），以上這兩種流派各有利弊。接受歸納式教學的學生，雖然表面上

學習速度較慢，但延伸學習效果的能力較強，對於變動的環境有較強的敏感度與適應能力。至於接受演繹式教學的學生，因為學習的過程形式較單一，容易在短時間內習得大量知識與概念，透過反覆訓練，在該領域獲得特別突出的學習成效。不過其缺點則是，容易因為環境變遷，缺少應變的習慣與能力，比較容易固守某一些知識經驗，在新時代潮流中，有適應困難之虞。

二、適合文科的教學方法

綜合上述，謹將歸納式教學與演繹式教學做個重點整理（如表 1-1）。根據陳巧柔的研究（2013）發現：在中學生學習英文動詞時，兩種教學法並無顯著差異，但接受歸納式教學的學生，在與相同程度的同儕比較，成績有明顯進步。此外，這些學生更能夠在學習過程中找到樂趣。

相對於中小學階段，大學專業分工，與不必受限於統一進度與統一考試的限制，大學文科教學比較能夠跳脫以往在中學時代較為單一傳講知識的教學模式。課堂中，比較容易透過分組、專題、與提問式教學（problem-posing pedagogy）等合作學習模式，讓學生成為課堂主角。至於教師可在課堂中，透過腦力激盪（brain-storming）、集思廣益等方式，讓學生學習得出結論。

換言之，大學文科教學比較適合採用「歸納式教學」（徐綺穗，2012）。透過歸納式教學，學生在合作學習過程中，學到如何處理人際關係，以及危機應變能力，藉此培養未來出社會的軟實力。其次，學生需要擁有歸納、統整知識的能力，以因應大學教學所涉及的廣大知識範疇（朱乙真，2019）。最後，學生能夠在大學課堂中培養自主意識（self- awareness），與提升個人的溝通及表達等能力。

表 1-1 歸納式教學法 VS. 演繹式教學法

	歸納式教學	演繹式教學
代表人物	培根	笛卡兒
思考模式	從個別概念推論出普遍結論	由普遍概念推導出個別結論
教學中心	以學生為中心	以老師為中心
特點	間接、耗時、緩慢	直接、省時、快速
效果	學生具備延伸能力	學生具備單一能力

（製表：林錦廷）

資料來源：程本堯（2021）。簡析演繹式與歸納式的文法教學的優缺點，及為何我們更需要後者。取自 https://www.miparty.org/mp.aspx?id= 375

第五節　大學教學回顧

一、教授科目與教學模式

　　多年來，作者在教學上秉持專業與嚴謹的態度，每學期上課都會準備完整的課程大綱與教學進度。在課堂中，重視師生互動及溝通：在課程中會針對全班同學的作業與報告，進行批改與發還給同學。透過這些「教師回饋、學生修改」過程，親眼目睹學生如何快速成長。

　　在這些教學經驗中，除了有臺灣學生與大陸學生外，每學期還在政大社科院亞太研究碩博士（IDAS, IMAS）班，開設國際生英語課程。因而，吸引許多對學術研究有興趣的研究生與大學部學生，前來擔任研究（RA）與教學助理（TA），並參與筆者的研究計畫，共同完成許多有趣的學術著作。

　　為了教學需要，筆者也陸續出版幾本教科書，包括：《比較教育與國際教改》（2009）、《網絡時代與青少年教育》（2017）與《翻轉性別教育》（2018）

Cultural and Educational Exchange between Rival Societies（《衝突地區的文教交流》，2020）等書。同時也參與政大磨課師（MOOCs）線上教學計畫，推出「翻轉性別教育」等創新實驗課程。

以下略舉三十年間，筆者在政大與其他國外大學所開設的課程：

（一）大學部

大一入門、國際教育改革（中英文語授課）、性別教育你我他（全校通識課程）、比較教育、高等教育、班級經營（包含大四及畢業生教育實習輔導）、教育史（中西方比較）等。

（二）研究所

政大的中國大陸教育研究（中英語授課）、比較教育專題研究（英語授課）、論文寫作與英文期刊研讀；日本國際教養大學(Akita International University）的 peace and conflict education（和平與衝突教育）；奧地利維也納大學及臺灣政大亞太研究博碩士英語學程講授 cultural and educational exchange in rival societies（對峙區域中的文教交流）；以及日本東北大學的亞洲研究等課程。

（三）線上授課與非同步線上教學

曾教過翻轉性別教育等磨課師課程，與錄製相關之教學影片。

二、教師生涯回顧[2]

（一）博士班的訓練

1987 年 8 月 25 號，我揮別了家人，負笈前往美國加州大學洛杉磯校

---

[2] 本文改寫自周祝瑛（2022/6/16）。我的導師生涯：從美國讀博士到指導兩岸學生。風傳媒。

區（UCLA），展開了攻讀博士的生涯。懷著忐忑不安的心情，生平首度踏上美國第二大城，到處都是高速公路與擁擠的街道，令人震撼！儘管大學校園風景優美，人文薈萃，但各色人種穿梭在各個角落，從一開始的基本家常會話，都讓我嘗到詞不達意的困惑，別說是接下來的上課討論發表意見，以及讀不完的書與寫不完的報告……。一年後，我於是寫下 Eye on America 一文，紀念這段充滿驚嘆號的最初留學生涯！

我的指導教授 John N. Hawkins（他喜歡學生喊他 John），當時正值事業巔峰，在學校負責國際交流事務，是一位風度翩翩、思想敏捷的知名學者。由於工作上的忙碌，他對我們這些學生採取類似「放牛吃草」的指導策略，在重要的關頭，才會出現「搭救」。例如：每學期要修哪些課程；協助學生申請研究生宿舍；提供 work study 助理的機會等。他甚至大方的把研究室借給我使用，讓我在那裡接待各方同學與開會討論，彷彿成了當時的學生領袖。最重要的是他看到我的研究方向過於理想化，在關鍵時刻建議我改變題目，找自己有興趣、熟悉、擅長與可行的（feasible）題目。他認為唯有如此，博士論文才能早日完成，及早畢業！這個建議雖然打破了我多年來憧憬的論文題目，一度讓我痛苦不已，但事後證明：指導教授具有先見之明，且真的瞭解他的學生。

說真的，那幾年，因為 John 的放牛吃草，反而給了我更寬廣的施展空間，無論在學業上，在參加校內研究生與本科學生會活動上，在國際學術交流上，在嘗試學術論文的發表等各方面，他都是採取「遠端遙控」。的信任態度，相信我這個成人能為自己的學習負責。尤其在選擇口試委員時，他知道需要避開哪些人，找哪些人比較合適。我剛畢業時，他建議我要將論文重新整理（squeeze）成幾篇文章發表，更重要的是要出版專書（major publication），他說一本書的壽命將近 30 年，對於文科的人來說，出書非常重要且有影響力。這些話經過了 30 多年後，依然清晰如昨的烙

印在我腦海中，不斷督促在學術道路上前行。

但說真的，他對我的真正幫助，卻是在畢業後的學術生涯中。他總是那位我需要推薦信時第一個想到的人。他甚至為我促成了 2012 年英文著作《十字路口的臺灣教育》(*Taiwan Education at the Crossroad*)，讓我有機會跟當時美國最大的出版社 Palgrave McMillan 合作，歷經三年，出版了這本書，由他寫序推薦。此書的出版，某個程度可說是奠定了筆者日後參與國際學術社會的發言地位。在此之後，各地邀約不斷，讓我能夠分享臺灣教改，甚至結合與比較大陸教育的研究成果。這位指導教授成為協助我踏進國際學術圈的領航人。因為他，我學會了學術工作的批判思考、忍耐研究道路曲高和寡的孤寂、與如何保有不卑不屈的學者風範。所以在他過世後的兩週年紀念中，我含淚完成兩篇中英文的紀念文章，遙祭這位為我奠定學術基礎的貴人（參見附件 1：1）。

（二）我的教師生涯

或許是因為上述的學術訓練與恩師的耳濡目染，我懷著感恩的心回到了臺灣，並且有機會在兩岸學術界進行交流與講學。過程中，我從一個只知道學術理論等大方向、像許多求好心切新科博士那樣，嚴格卻缺乏耐心的菜鳥導師，開啟了指導學生、邊走邊學的新頁。隨著個人角色的轉換（如成為母親與資深教授），筆者逐漸朝向另一個能夠容忍那些挫折容忍力不足、決心不夠的研究生們的天馬行空。我越來越願意花較長時間跟學生討論與論文修改，能夠將心比心的同理他們終日處在論文壓力下的焦慮。作為過來人，我經常請他們來研究室商討，從訂題目、寫摘要、研究主題、研究架構、理論基礎、研究方法、研究發現與討論等的撰寫，一次又一次的讓他們看到自己的盲點，與找到自己寫作的亮點。過程中，一些並非我指導的學生，也會聞風而至，上門來求助。

　　尤其，在臺灣各大學開放陸生，與招收國際學生之際，我有機會接觸到許多不同國家與地區的優秀研究生與交換生。筆者除了用英語授課之外，也指導他們論文寫作。我嘗試在上課過程，邀請他們加入研究團隊，把他們視為未來的學術同儕與專業人士。我們經常舉行圓桌會議，大家坐下來討論各式各樣的課題。每個人針對自己的興趣，在團隊中扮演不同的角色。同學間相互合作，彼此學習。研究過程中建立明確的倫理規範與任務分配，避免單打獨鬥或獨自摸索。之後，我們很自然的完成了許多研究專題，共同發表中、英文專書與論文，甚至筆者還受邀擔任兩期 I 級國際期刊的客座主編。師生間不但維持了學術研究的夥伴關係，遇有適當機會，還會一起出國參加學術會議，共同聯名發表，分享學術成果。

（三）因勢利導中隨處看到學生的亮點

　　博碩士學生中許多都是在職人員，通常都非常的忙碌。儘管如此，筆者在教學上仍維持應有的水準，在教學大綱上明訂所有閱讀資料、上課進度與討論議題、作業報告格式，還有出缺席要求等，都儘量明確清楚。同時在學生撰寫報告的同時，也能協助他們思考未來論文的方向。有些同學修完課後，就能初步確認論文方向，甚至擬出研究架構與章節。

　　專書評論（book review）作業，讓他們有機會學習如何閱讀學術專書，並依照課程規定的架構，進行讀後評論練習。透過教師仔細的批改與建議，讓他們學會如何看別人的論文與評論，進行有目的（purposeful）的論文寫作練習，並進一步為日後投稿發表作準備。

　　學術研究是一個漫長且寂寞的歷程。很多研究生到了某個年齡後，交友圈越來越窄，因此教師要適時鼓勵他們參加社交活動。如果某個學生結婚或家裡增添新成員，我會給予獎勵。如：每一年定期舉辦「周家庄群組」聚餐，邀請以往的學生或助理回來團聚，由老師作東，聯繫感情。

作為老師，最高興的就是看到學生有了下一代，自己終於可以學習做父母，又可以實踐自己的教育理想。

（四）各國學生各展所長

在指導國際學生與兩岸學生中，我發現他們各有特長與優缺點。例如：有些英語系國家的學生，憑著語言的優勢，加上成長過程中獨立自主的教育訓練，許多美國研究生表現出色。他們在臺也比較容易找到課後的兼職機會。歐洲學生多數有工作經驗，學習過程中充滿自信，相當獨立與胸有成竹。有些東歐學生甚至願意參加大學運動社團（籃球或足球校隊）。還有因參加校外宗教團體，而成為素食主義者，回到學校持續推動素食餐廳。至於其他國際學生也大多見多識廣、胸有成竹。不過有時野心太大，理想性過高，反而不懂得學術論文的小題大作。由於新冠肺炎的緣故，若干東南亞與南亞研究生，出現了家人失業，必須將臺灣的獎學金寄回國內的窘境，有些甚至無力繳交租金，必須暫住圖書館的情形，影響了他們在臺的學習效果與生活品質，有的還引發身心等疾病，值得各界關注。

另外，筆者從 1996 年開始接待來臺蹲點研究的大陸學者，與短期交換及攻讀學位的大陸學生，後者給筆者的印象是：大多能夠吃苦耐勞，且樂於學習新事物，聰明且有想法。（參見附件 1：2）大陸學生雖然有時對臺灣學術界，喜歡引用西方理論與研究方法的作法，不太以為然；有些人在選擇論文題目時，也會出現眼高手低的缺點，但多數人學習力很強，挫折容忍度夠，也願意聽從指導教授的意見。相對的，臺灣的碩博士學生，大多數是在職生，比較分心，較難兼顧工作、家庭與學業三方面的壓力。其中，還出現下班後，餓著肚子，來找我討論論文的學生，令人不捨。

（五）求學之外的人生風景

這些年來，筆者透過身教與言教，來傳達學術這一行的使命。學術訓

練除了強調理性思維及批判能力、論述上必須言之有物外，它其實是一個「如人飲水、冷暖自知」的歷程。如果沒有熱情、興趣的支持，很難在學術過程中持久。就好像美國的博士生，據統計有將近 7 成是 ABD（all but dissertation）。尤其讀博士拖得太久，精力與經濟各方面難以為繼，就容易出現半途而廢。因此，一個導師如何給予有形與無形的引導及援助，是很重要的一環。不過當遇到學生無法完成學業時，我也會鼓勵他們：論文之外別有風景，只要十年後不會覺得心裡有遺憾，那就放下吧！

附件 1：1 二戰世代美國中國通 John N. Hawkins 殞落之後

　　近年來，中美貿易戰持續進行，影響雙方的文教交流與學術合作，尤其對於中美雙方大學中裡既有的研究資源與人才培育工作，也受到波及。儘管如此，美國至今仍是全球中國問題研究領域發展較早，人才匯聚的重要國度。尤其自 1980 年代，中國大陸開放海外留學政策，每年數以萬計的留學生與訪問學者湧入美國各知名大學，進行交流與學習。其中，不少人後來選擇留在美國高教服務，為全美中國問題研究加入新血。而促成此種趨勢的幕後推手，應歸功於當年這些人在美求學時的指導教授與授課教業師，透過這些美教授嚴格的學術訓練，包括，西方學者較為完整的知識與理論體系；師生地位比較平等，透過課堂與論文討論過程，進行自由辯證與對話；美師對於周遭環境與世局變化較為關心，藉此訓練學生對研究問題的敏感度、社會建構與科學方法；提供研究助理或教學助理的機會，訓練學生解決問題與獨力作業的能力等。儘管有一些美國中國問題專家對第三世界抱有既定的想像，對中國存在偏見或幻想，甚至因文化與語言等隔閡，將毛澤東的文化大革命等同於西方左派思想等解釋。但也不乏能夠較為客觀與中立研究中國問題的學者，其中之一為加州大學洛杉磯校區的約翰·霍金斯教授（John N. Hawkins, 1944-2020），這位待人謙和有禮的美國知名中國通，曾擔任美國中國研究重鎮之一 UCLA 國際事務部（ISOP 主任），長期致力於該校與東亞地區如：中日韓諸國學術交流，且早在 1980 年中期便開始接受與協助無數來自海峽兩岸的留學生與訪問學者，指導兩岸與國際文教相關議題。退休後更透過夏威夷大學東西文化中心的資深學者論壇，推動與亞洲及中國大陸的各式學術交流與合作課題。其生平經歷堪稱中美近半世紀以來關係發展的最佳見證。

　　霍金斯教授年輕時曾有過與中國傳奇蹟式的相遇，在文革初期因緣際會造訪許多內地城市，親眼目睹當時如火如荼的社會運動。由於是外國人，歸程中難免受阻，最後在火車上被迫高喊「毛主席萬歲」等口號，作為脫身保護傘。不料返回美國後，卻遭安全人員上門盤查，最後遭到護照扣留等處分。後來透過這段類似拘禁時間進大學深造，完成與中國大陸有關的博士論文，更在文革（1966-76）結束前兩年，於 1974 年出版少見的「毛澤東教育思想」專書，封面上更印有獲毛澤東接見的合照，成為美國當年中國大陸領導人教育思想的唯一的著作，也開啟他日後持續在中國教育及社會變遷等議題，投入學術研究與交流實務的旅程，以 UCLA 為據點，拓展美國高教與東亞各國的交流與合作；擔任美國知名的《比較教育評論》（*Comparative Education Review*）期刊主編。在 UCLA 任教三十多年間，指導過無數兩岸與世界各地研究菁英，這些人畢業後遍及各國學界與政界。UCLA 更成為美國研究中國教育的學術重要窗口。

　　如同其他二戰世代的中國通一般，霍金斯教授出生於 1940 年代中期，成長於美國 1960 人權運動年代，也親眼經歷了反越戰年代風潮。由於親身目睹文化大革命，在 1989 年天安門事件發生時，勸阻門下即將前往中國田野調查的博士生，也幫助許多大陸學生完成學業與日後就業。值得一提的是，霍金斯十分關注臺灣的發展，雖不主張兩岸之間的比較研究，但認為臺灣在華人社會中頗具特色，因此大力促成美國最大出版社出版臺灣教育專書。他語重心長的提到：國際與美國的中國研究，大多以大陸為主，對於其他華人社會，如：臺灣，甚少重視與理解，因此有必要增加國際合作，加強臺灣的學術能見度。他這一番談話，提醒世人學術研究不僅限於主流議題，也需抱持關照、理解他者的多元思想與同理心。這是美國中國專家中少見的客觀評論，值得一書。霍金斯退休後更不辭辛勞，每年飛來臺灣中部參加及主持教育領導人員培訓講座，並邀請在臺門生參

與國際學術合作計畫，堪謂退而不休。

根據維吉尼亞大學何漢理教授（Harry Harding）與筆者等的研究發現，美國中國問題研究發展，除了與大環境發展有關，也與其中的中國通的研究重心有關：

（一）1960 年代，由於戰後高等教育的迅速發展，與各種基金會的資金投入，促成美國由傳統的漢學（Sinology）走向中共建政對中國社會等衝擊的中國研究（chinese studies）。

（二）1970 年代，美國經歷越戰與大陸文革的發生，使得美國學者採用批判等理論，由整體觀察轉向城鄉等個案研究，透過各種理論模式，分析中國的政治變化。

（三）1980 年代，受前一年「中美建交」影響，美國學界得以進入中國進行田野調查。

（四）1990 年代迄今，美國研究學者從以往必須借用社會科學的概念與方法，過於仰賴經驗性分析，轉而針對中國特有的環境發展變化，進行探究。此外，此階段因湧入大批中國留美學生，畢業後進入各學術機關工作，使得該領域增添一批通曉中文、瞭解中國文化社會脈絡，且受西方學術訓練的生力軍。然而自 2001 年 911 事件發生後，美國政府預算有所調整，各大學相繼成立中東問題研究中心，影響原有的亞洲事務研究。至於有關中國問題研究，也因更多生力軍的加入，一改過去中國政治外交等重心，轉而朝向經濟貿易等課題，甚至隨著中美高等教育交流的日益頻繁，更多大學加強對中國文化外交等軟實力的施展工作。

綜合上述，美國二戰後中國通世代因年事已高，或退休或辭世。今年（2020）六月中 UCLA 霍金斯教授的過世，令人感嘆這一世代的相繼凋零。他們身後留下的學者風範，與所培育的學生，正在美國、海峽兩岸與世界各個角落，發芽與茁壯。正可謂：哲人日已遠，典型在夙昔。

（摘自：遠見華人菁英論壇：2020/11/10。
https://gvlf.gvm.com.tw/article.html?id=75509）

附件 1：2　與大陸交換生的一席話

　　某學期期末，一位來自武漢華中師範大學的大學生，在離臺前向教授辭行，並分享她來臺交換的心得與建議。從以下的談話，可看到兩岸高等教育發展上極大的差異，尤其在大學生學習動力上的問題。

　　這位學生在多次肯定來臺灣交換後的成長時，十分羨慕臺灣的大學上課非常自由，教師授課方式靈活，課堂中師生互動良好，課業負擔不像大陸般沉重。因為是來交換，這位同學一學期只選四門課，覺得上課要求不多，有的課程甚至只要期末錄製 5 分鐘的視頻影片，再進行個人反饋與分享即可。於是她利用空閒到臺灣各地旅遊參訪，校外的收穫更加豐碩。

　　談話最後，她對於臺灣的大學課程有若干建議。例如有一門看似比較重的課程，上課期間必須閱讀中、英文期刊論文，並且學習如何寫評論報告等。過程中還必須來回由教授批改兩、三次，修改之後才能完成繳交。相較下這是上課要求較多的一門。但她卻認為一定要再增加作業份量，也要有期中與期末考試，這樣才能提升學生的讀書動機。她提到，在大陸的上大學每學期通常有二、三十個學分，不但全體住校，上課是從早到晚非常之忙碌，而且每門課至少都要寫五到八千字的書面報告，加上許多考試與大學生畢業論文。來到臺灣交換，反而覺得上課輕鬆，作業要求太少，同學的學習鬥志似乎不太高。

　　從這位交換生的對話中，看到這些年來臺灣的大學生權利意識漸長，不少人上課會跟老師討價還價，希望減少作業份量與考試規定，幾乎沒見過有學生反其道而行，要求增加上課份量與考試！

　　相較於二，三十年前的學生，多數大學教師在授課時比較能夠嚴格把關。隨著臺灣各大學民主化歷程與廣設大學的結果，大學課程學分與必修課不斷降低，同時增加選修課程，每門課有選修人數的最低規定，人數不

足即無法開課。後來又引進注重學生評分的教學意見調查，以及強調教師發表期刊論文等研究導向的升等辦法，大學教學逐漸淪為第二順位。另外為了保護學生權益，讓學生對上課或學期成績不滿時，可以對老師提起申訴，造成教師間的寒蟬效應。這些因素都造成大學教師逐漸放寬教學的把關要求，一方面擔心太嚴格會影響選課人數，導致無法順利開課；另一方面如果教學份量過重，也會影響學生的教學評量成績。因此，許多教師只好逐漸放鬆授課標準，甚至有些人祭出高分等誘因，讓學生輕鬆過關，以此來吸引學生選課。

隨著網路盛行，大學生的閱讀習慣與學習風格已經與過去迥異，因而類似大學翻轉課堂等革新，不斷推陳出新。不管教學形式如何改變，教育的本質仍然必須維持：在因材施教之外，還需顧及大學必須為國家培育具備國際競爭力的人才，透過良好的教學品質，培養終身學習態度，與人合作及自我突破與負責的勇氣。

從這位大陸交換生的一席談話中，讓人不禁重新省思臺灣目前的大學教育，是否還能因應與世界及海峽兩岸人才競爭的挑戰？臺灣的大學該如何突破「嚴進寬出」，甚至「寬進寬出」的侷限？應是接下來不可迴避的問題。

參考資料

王九逵、王麗雲、周志宏、林玉体、張雪梅、陳舜芬等（譯）（2003）。Gumport. P. J., Altbach. P. G., Berdahl. R. O.（著）。**21世紀美國高等教育——社會、政治、經濟的挑戰**。臺北：高等教育。

王俊秀（2007）。**哈佛通識課程改革——有效因應國際社會變化**。臺灣之音，引自2007年12月11日。http://www.rti.org.tw/News/NewsContentHome.aspx?t=1&NewsID=71225。

王柱勝（2022）。某大學醫學院師生訪談紀錄。未出版。

朱乙真（2019）。雙語國家元年 全臺英語教學資源體檢。**遠見未來 Family 雜誌**。2022/10/30 取自 https://futureparenting.cwgv.com.tw/family/content/index/16084

朱國宏（2002）。**哈佛帝國**。上海：人民教育。

波克教學與學習中心。2007年12月4日 http:// bokcenter.harvard.edu

吳根洲、劉希偉（2009）。民國時期高中文理分科問題研究。**教育評論**，第六期（福州），136-138。

李宛蓉（譯）（2019）。人文學科的逆襲：「無路用」學門畢業生的職場出頭術。臺北：時報出版（Anders, George.2019. You can do anything: The surprising power of a "Useless" liberal arts education, NY: Back Bay Books）

李振清（2006）。建立有效的教學機制。**財團法人高等教育評鑑**，3，9-12。

李振清（2007）。哈佛大學新校長傅思特（Drew G. Faust）就職演說啟示。**高教技職簡訊**，11，14-15。

周祝瑛（2014）。臺灣人文及社會科學領域學術研究評鑑指標問題。**市北教育期刊**，47期，1-20。

周祝瑛、卓澤林（譯）（2022）。**美國高等教育與矽谷產業**（William, R. S. & Kirst, M. W.（編）。臺北：華藝學術出版。

周祝瑛、邱韻如（2013）。橘子和香蕉真的是不能比：反對獨尊 SSCI 連署意見分析報告。**「市場邏輯與高等教育理念：人文社會科學的卓越神話」研討會論文集**。臺北：世新大學出版中心。

林孝信（2007）。哈佛大學通事改革初探。**通識在線**，11，26-30。

邱珍琬（2018）。從資深教師的觀點看：大學生今昔之比較。**高等教育研究紀要**，8，29-50。

金耀基（2000）。大學之理念、性格及其問題。**大學之理念**。臺北：時報出版。2022/08/08 引自 https://blog.xuite.net/wayhorn/blog/65309803

哈佛大學官方網站。200810/01 取自 http://www.harvard.edu。

哈佛校長。羅倫斯・桑摩斯（Lawrence H. Summers）給新進老師的一封信。2007 年 12 月 11 日。http://pdca.arts.tnua.edu.tw/reference/Harvard%20ChineseTF.doc

姜麗娟（2005）。論全球化與跨國高等教育對高等教育國際化的新啟示。**中正教育研究**，4 卷 1 期，67-98。

洪濤（2015）。經史教育與現代大學。2022/10/09 取自 https://read01.com/oPBLQM.html#.Y0J9Bz1Bzxc

范振光（2007）。只要夠優，哈佛學費好談。**聯合報**。哈佛的簡介。引自 2007 年 12 月 6 日，http://www.harvard.edu。

徐綺穗（2012）。大學教學的創新模式──〔行動─反思〕教學對大學生學習成就，批判思考意向及學業情緒影響之研究。**課程與教學季刊**，15（1），頁 119-150。

馬明霞（2005）。由哈佛大學看中南民族大學辦學績效。**吉林廣播電視大學學報**，1，3-15。

張善楠（譯）（2008）。**大學教了沒？哈佛校長提出的 8 門課**。臺北：天下文化。

陳巧柔（2013）。歸納式教學與演繹式教學對於中學生學習英文動詞時態文法之成效。中正大學英語教學研究所碩士論文，未發表。

陳舜芬（2006）。從 Core 回到 Distribution？哈佛大學通識教育課程的最新改革方向。**通識在線**，6，51-55。

程本堯（2021-12-06）。簡析演繹式與歸納式的文法教學的優缺點，及為何我們更需要後者。2022/10/30 取自：https://www.miparty.org/mp.aspx?id=375。

程星、周川（譯）（2003）。Astin, Alexander（著）。**院校研究與美國高等教育管理**〔M〕。湖南：湖南人民出版社。

黃柏諺（2022）。口述訪問政大心理學系和臺大工學院的學生。未出版。

楊亮功（譯）（1965）。**西洋教育史《上下冊》**。臺北：協志工業叢書｜Cubberley, Ellwood P. (1920). The history of education。

臺灣大學數位教育實驗林（n.d.）。人文學科，培育不被時代淘汰的軟實力。2022/09/20 取自 https://vocus.cc/article/5ef1ae83fd897800019c84bd

趙婉君（譯）（2002）。Richard J. Light（著）。**哈佛經驗——如何讀大學**。臺北：立緒。

劉季洪（1970）。**雲五社會科學大辭典**。臺北：臺灣商務印書館。

盧曉中（2020）。現代大學制度構建的人文向度。**中國高教研究**，第 5 期，52-58。

鍾文雄（2021）。文組生闖科技業 必備這些軟實力。2022/10/09 取自 https://www.englishcareer.com.tw/cover-story/industry/students-of-liberal-arts-in-technology-industry/

魏鏞（1974）。**社會科學的性質及發展趨勢**。臺北：臺灣商務印書館。

顧敏（2009）。廣域圖書館時代的大學圖書館。**國家圖書館館刊**，2，1-29。

Buber, Martin (1963). The education of character. In Malcolm Theodore Carron (ed.), *Readings in the Philosophy of Education*. University of Detroit Press.

Burton R. Clark (1983). *The Higher Education System: Academic Organization in Cross-National Perspective*. CA: University of California Press.

Candy, P.C. (2006). Promoting lifelong learning: Academic developers and the university as a learning organization. *The International Journal for Academic Development*, 1(1), 7-18.

Chou, C. P. & Ching, Gregory S. (2012). Taiwan Education at the Crossroad: When Globalization Meets Localization. *International and Development Education*. New York: Palgrave Macmillan.

Field-dependent and field-independent cognitive styles and tTheir educational implications. *Review of Educational Research*, 47(1), 1-64.

Flexner, Abraham (1930). *Universities*. (Reprint of the Oxford University Press, 1994)

Friedman, Hershey H.; Friedman, Linda W.; Pollack, Simch (2005). Transforming a university from a teaching organization to a learning organization. *Review of Business*, 26(3), 31-35.

Harvard worldwide，2008/10/1 取自 http://www.worldwide.harvard.edu/iws/

Jaspers, Karl (1959). *The Idea of the University*. Beacon Press (1st edition).

Kamola, Isaac A. (2019). *Making the world global: U.S. universities and the production of the global imaginary*. NC: Duke University Press.

Kerr, Clark (2001). *The uses of the university*. Harvard University Press.

Khamis Ali, A. (2012). Academic staff's perceptions of characteristics of learning organization in a higher learning institution. International *Journal of Educational Management*, 26(1), 55-82.

Lassila, K. D. (2018). Why a liberal arts education? The value of mental agility in a rapidly changing world. *The Yale Alumni Magazine* (May/Jun). Access on 2022/10/04 at. https://yalealumnimagazine.org/articles/4676-why-a-liberal-arts-education

Letrud, K. (2015). The diffusion of the learning pyramid myths in academia: An exploratory study. *Journal of Curriculum Studies*, 48(3), 291-302.

Marklein, M. B. (2006, 1). College coffers are in the pink, USA TODAY. 2008/10/1 引自 http://www.usatoday.com/news/education/2006-01-11-college-coffers_x.htm

Morgenstern, M. & Nolan, R. (2006). *The Unofficial Guide*. MA:Harvard Student Agencies.

Newman, C. J. H. (1996). The idea of a university (M. M. Garland, S. Castro-Klaren, G. P. Landow, & G. M. Marsden, Eds.). Yale University Press.

Snow, C.P. (1959). The Two Cultures and the Scientific Revolution. New York: Cambridge University Press. (reprint, 2013).

Tinajero, C., Castelo, A., Guisande, A., and Páramo, F. (2011). Adaptive teaching and field dependence-Independence: Instructional implications. rev.latinoam.psicol. vol.43 no.3. 2022/10/30 available at: http://www.scielo.org.co/scielo.php?script=sci_arttext&pid=S0120-05342011000300009

Witkin, H. A., Moore, C. A., Goodenough, D. R. and Cox, P. W. (1977).

Yeo, R.K. (2005). Revisiting the roots of learning organization: A synthesis of the learning organization literature. *The Learning Organization*, 12(4), 368-382.

第二章　變遷中的大學生

第一節　變遷中的大學教學

一、全球化與網路潮流下的大學教學

從 1990 年代以來，在全球化與網際網路等資訊科技迅速的發展下，打破了國與國之間的疆界，縮短了世界各地人與人的距離。人類生活的品質與醫療健康，也獲得明顯的改善（Rosling, 2018）。另一方面，各國社會與經濟等各方面的發展，也越來越兩極化。尤其，在種族、文化、宗教、性別與資源分配等各方面的衝突日趨嚴重。與此同時，全球氣候變遷所造成的極端氣候，陸續在各地造成災害與損失，更增添環境永續發展與人類發展極限的矛盾挑戰。

在教育上，各級學校如何因應當前產業結構的轉型、網路世代興起、少子女化、人口高齡化、與社會貧富差距持續擴大等挑戰？為此，各國政府一方面必須面對全球化競爭中的人才快速流動，另一方面又得面臨資本主義與 AI 崛起中的人才可取代性等競爭浪潮（Benjamin & Komlos, 2022/9/12）。尤其在網路便利的時代，如：2023 年春推出的 ChatGPT (Chat Generative Pre-trained Transformer，可以訓練的聊天轉換器)，愈來愈對傳統的教學方式產生挑戰，也將改變當前的學校系統。二十一世紀的今天，科技已在教室中扮演重要角色，甚至有人質疑未來機器人是否會取代教師角色（Marr, 202/3/27；吳宜蓉，2017/10/3）？虛擬教室、翻轉教室、遠距教學、個別化教學等理念，有朝一日將變得更具體可行。傳統教師角色也

已從知識傳播者轉為知識管理者。尤其在學習型社會中，家長的網路素養，也成為與下一代溝通，輔導與管教的關鍵能力。

二、新冠肺炎下全球大學的挑戰

從 2020 年新冠肺炎（Covid-19）全球蔓延之後，世界各地的大學陸續關閉校園，改採線上授課方式，許多大學生甚至被迫必須返家隔離。讓原本人潮川流不息的校園，一夕間變成空城。

澳洲新南威爾斯大學芬蘭籍的 Pasi Sahlburg 教授（2020/12/10），將此次新冠肺炎中的教育發展困境，比喻為人類歷史上罕見的「全球教育大實驗」（the global educational experiment）。他認為此次為了防止疫情擴散，全世界史無前例的在這麼短的時間內，必須關閉學校，導致全球超過 15 億學童必須仰賴線上或其他形式的遠程教學，也加深過去各國社會中的教育不公等問題。例如，「經濟合作暨發展組織」（OECD）等先進國家，在此次疫情中有超過三分之一孩童，難以透過在家線上學習。有些孩子因家裡缺乏網路設備，必須要藉助社區裡的便利超商或超市等網路連結，來完成學校指定的線上作業。只有經濟狀況較好的家庭，容許家長在家工作，同時可以兼顧到兒女在家學習的教導。相對的，許多中下階層家庭，父母必須外出工作以維持家計，加上本身也可能缺乏教導兒女功課的能力與方法，因此將兒女留在家中，荒廢了他們的學業。

同樣的在高等教育中，這幾年全球各大學歷經線上授課與實體教學等輪流形式。許多人都發現無論是線上、實體或兩者混合教學，效果各有利弊，主要需看課程與科目特性、教師教學風格、學習者的習慣、學校網路設備、線上教學的支援系統，甚至校園或校外住處的網路設備與容納量等條件。遺憾的是，受限於全球各地網路鋪蓋率及品質差異等因素所影響，許多線上授課的順暢與否，必須仰賴網路訊號的穩定性。遇到班級人數

眾多的課程，教師無法在線上看到每個學生的面孔、表情與動作，很難進行有效的溝通與互動。至於像課堂分組討論，與實驗等必須動手操作或親身體驗的課程，也變得異常困難。

與其他地區相比，兩岸與港澳地區的網路普及率相當高，按理可以趁網路教學，大量引進科技來增加學習的創新元素。只是仍有許多大學教師與學生，仍不習慣線上授課方式。有些學校在疫情減緩後，仍然恢復師生重回教室現場上課方式，可見即使在大學階段，線上教學仍舊有其侷限性，一時之間仍難以取代教育現場中師生在知識、情感與技藝等的互動。

為此，各國提出多種疫情紓困方案，加強各級學校的防疫資源分配，以確保學校可以安全無虞地開學與正常上課。例如，美國加州大學系統總校長 Mike Drake 曾提到（Huynh, 2022/12/7）：在全球新冠肺炎疫情尚未獲得有效控制前，大學如要重新開學與實體授課，最重要的是要確保所有大學師生的生命安全。他自上任後就呼籲加州系統九所大學中的近三十萬學生與數萬教職員工，必須依照規定戴口罩、勤洗手與保持社交安全距離。他認為只有等到疫情受到控制，美國的經濟才能夠重新發展，高等教育的正常運作才有可能。其他研究也顯示（Jiang, et.al., 2022/4/25），在這段期間，許多美國大學生因為長期社交隔離，心理疾病比率大幅攀升，造成如服藥過量，甚至發生自殺等不幸事件。

儘管如此，也有研究認為（Brook, et.al., 2021）：年輕人感染新冠肺炎之後症狀較輕，甚至有的是無症狀的感染者。許多大學生，仍然喜歡舉辦各種派對等人潮聚集的社交活動。導致從 2020 年八月全球各大學陸續開學後，新一波疫情在年輕人身上迅速蔓延開來，包括：美國、英國、日本等許多國家的大學，都陸續出現師生新冠肺炎感染而被迫再度關閉校園，重新改成線上授課等情事。

新冠肺炎不僅影響大學的正常教學與運作，更讓許多國際交流與學生

招募為之中斷，造成大學營運重大的財務缺口，加深就學不公與就業困難等問題。包括臺灣在內的許多大學，都因為部分境外學生人數的大量流失，辦學倍感壓力。只是，新冠疫情同時也提供各國公共政策新的省思機會，如：歐、美、日、韓與臺灣等的大學數量是否太多？各國在面對疫情中更需要培養能夠解決問題、願意動手做事的下一代！相對其他歐美國家，德國此次疫情防護得當，透過良好的失業救濟等紓困方案，讓產業不至於大量裁員。基本上保住年輕世代的就業機會，避免造成新一波的社會問題。由於德國重視技職教育的發展，鼓勵十八歲高中畢業生進入職業教育系統，學習個人一生中的關鍵能力，而不是讓學生不顧興趣與性向，在普通大學虛度光陰。可見，新冠肺炎也提供了一個讓大學透過教學與研究，來解決人類防疫困境的機會。

第二節　東西方人才培養

一、傳統中的人才觀

　　「人才」一詞最早出現在中國古代《詩經‧小雅》：「君子能長育人材，則天下喜樂之矣」。可見古今中外，菁英人才都是眾人所期望的對象。相對於社會中的一般人，菁英大多具有較為優勢能力的少數群體，是各行各業尖子的代表。而「菁英人才觀」，則是社會大眾對於所屬環境中，這些少數具有影響社會、能夠造福人群、擁有才識與品德等菁英的態度與看法。而每個社會中的菁英人才觀，會隨著時代轉變與社會需求而改變。無論是儒家講究的「克己復禮」與「學而優則仕」的「君子」；墨家「厚乎德才，辯乎言談，博乎道術」的通達人士；符合法家眼中「任其力而不任

其德」的人才標準。甚至，像道家崇尚無為與追求自然的「聖人」觀，都在說明菁英人才的觀念與看法，會隨著文化而一代傳給一代，也會因著對外交流而增添許多創新因素。到了清末民初，即使中國的菁英人才觀，在面對當時社會是否要全盤西化爭議下，中國文人一向以追求成為「有德行的治國通儒」，與能夠「學而優則仕」的儒家傳統，這些觀念依舊深植人心。

　　相對於日本 1870 年代明治維新中，對於中國儒家以培養通儒的菁英教育，提出了嚴厲的批判。那時日本派遣許多菁英出國，向西方留學取經，除了學習西方民主、自由、平等、博愛等理念外，還提倡科學技術等實用型人才，以「仕而優則學」與「體腦強健」新的人才觀，作為日本現代化的基礎，影響日後日本新世紀人才的培育與聘用方向。

二、國際上的菁英中學如何培養人才

　　根據聯合國教科文組織（UNESCO）的研究報告（2005），中學教育對個人日後的發展具有關鍵性的影響，是型塑青少年興趣、性向與未來生涯發展的最佳時期，所以，各國都十分重視中學教育的改革與完善，提供青少年試探與發展的良好基礎。因此，許多國家都在鼓勵特色中學的發展，希望培育更多各式各樣的人才。

　　綜觀當前各國的特色中學，可以歸納出以下特點：例如，亞洲地區的臺灣、上海、香港、新加坡等地，這些地方的著名中學，大多具有「學科學業表現」與「知名大學升學率」等特色。以臺灣的建國中學為例，該校每年有將近四成左右的畢業生，進入臺灣最高學府臺灣大學就讀，其餘的學生也多半能考進臺灣國內外知名大學與科系就讀，其校風也以開明、自由、多元、與創新等特色著名。上海的復旦附中以民主、踏實、寬厚與自主發展等學風自許，每年有近七成的畢業生考入清華、北大等著名

高校就讀。另有部分學生畢業後進入哈佛、耶魯、牛津、劍橋等知名大學留學，深受上海學生與家長所重視。至於香港地區傳統的菁英中學多以英式書院（college）形式招生，實施能力分班和資優抽離式教學，其中如：皇仁書院、拔萃女書院、拔萃男書院等，皆為香港知名中學。而新加坡的德明政府中學為六年制自治中學，畢業生分別在國內與海外知名大學就讀。由此可見，上述亞洲著名中學，仍肩負著協助學生通過升學考試等學術性導向的任務。

另一方面，歐美國家如：英國、美國和紐西蘭等地區，其菁英中學的辦學，更加多元與以生活技能為導向。例如：擁有不少英國皇室成員校友、創校於 15 世紀的伊頓中學（Eton College），至今僅招收 13～18 歲的男生，入學標準除了學業成績，還重視個人的智力、知識水準、藝術、體育等綜合能力。在學期間重視英語、數學、哲學等學科外，還要學習藝術、音樂等多門課程，且每人需掌握至少兩門外語。學校還經常舉辦世界知名戲劇家、詩人等講座，來提升學生的人文素養，更重視各項體能運動，鼓勵學生從事激烈的肢體撞擊比賽，並頒發獎賞和榮譽。

美國維吉尼亞州的公立托馬斯科技高中（Thomas Jefferson High School for Science and Technology），於 1985 年建校後，以培養科技創新人才作為辦學目標，重視科學、數學和技術多元的課程整合、分科教學與實踐能力，並透過跨領域課程，激發學生認知、技術和情感等潛力。

至於紐西蘭著名的國王學院（King's College），教育宗旨除要求學業表現外，同時重視培養學習者的創造力、體育、藝術鑑賞等能力，選修課程更囊括設計、攝影、美術、媒體、戲劇表演等課程；透過社團活動與住宿安排，提供各種音樂、話劇與體育競賽機會，激發學生自我潛能、興趣與團隊合作精神。透過上述多元的課程與社團活動，這些西方著名中學協助學生尋找適合個人的未來發展道路，期望成為各行各業的社會領導菁英

（周祝瑛、高錦輝，2020）。

三、華人地區的儒家教育傳統

　　隨著中國大陸經濟發展的崛起，加上全球各地具有華人背景的學生，在各種國際學習評量上（如：PISA、奧林匹亞數學競賽等）成績優異，引起國際上對於東亞文化圈「教育成就」與經濟成長等關聯的重視。其中，長期研究全球華人心理學的黃光國（1988）研究指出，影響東亞社會經濟成長的原因，部份歸諸於這些地方能夠訂定符合該社會與文化發展需求的優良政策，以此克服先天上的經濟及地理不利因素 (黃光國，2005)。另外，黃俊傑（2003）歸納傳統儒家社會中的教育基礎：首先，倡導君臣父子等關係，作為社會基礎，以加強國家政權本身在連續性（continuity）、包容性（inclusiveness）、無性戀（asexuality）與權威性（authoritarianism）等特質上的鞏固。其次，利用中國傳統的科舉考試與官僚舉才等制度，形成長期以官僚統治為主的超穩定社會。

　　總之，儒家文化圈常被視為具有以下特質（Chou.& Spangler, 2016；周愚文，2001； Stevenson, et.al., 1994）：

（一）重視高成就動機的群體主義

　　強調人際關係，對其所屬社會群體具有認同感與高成就動機，群體的目標和需求高於個人。

（二）充滿實用導向的教育

　　會透過考試機制，來加深學生積極求學的態度。家長普遍認為努力（effort）勝過資質（innate ability）。求學的目的在於身體力行，應用所學改善社會。

（三）重視維護社會秩序運作的人倫關係

在「以和為貴」等「中庸」思想下，重視群體個人間相互依存等和諧關係，避免「過」與「不及」，以建立社會的穩定秩序。

總之，儒家倫理規範深深的影響後世教育思想與實際。時至今日，華人文化圈仍到處充滿以考試為中心的教學氛圍（王秀槐，2018）。

四、華人地區學生特質

從上述東西方菁英中學的辦學理念與目標來看，華人地區的中學教育，仍深受考試升學的影響，且絕大多學校以升學作為辦學績效的好壞，導致教師授課必須配合考試科目，「考試領導教學」的情況十分普遍。反觀歐美國家，由於整個社會的價值觀與升學制度設計比較多元，加上對於人才觀的要求較為多樣，在辦學上比較注重文學藝術、體能競技與動手操作等能力培養，以符合多元社會的人才需求。

其中，儒家文化圈經常出現許多經過激烈競爭後的學生，到了大學後很快就出現「學習倦怠感」與「習得無助感」等問題。有些年輕人甚至抱持大學可以「由你玩四年」（university）的心態（陳宏益，2022/2/27）。究其原因還是中學階段高壓考試下，求學大多只為應付考試，與尋求標準答案的被動學習習慣。中學生缺乏自我探索與發展興趣的機會，也不清楚個人喜好及特長，對大學科系更是知之甚少。整體而言，多數中學生可說是尚未具備讀大學的準備度及動機（何希慧，2016；陳舜文，2022）。尤其自 1990 年代以後，臺灣的大學數量快速擴充，許多原本適合職業技術導向的學生，也跟著一起進入普通大學。自 2014 年起大學指考錄取率高達八、九成以上，再加上寒假學測的錄取率，整體高教錄取率高達七成以上，形成臺灣 18～22 歲的人口中，約七成的人可以上大學，這個數字僅次於韓國，居世界第二位（Chou & Wang, 2012）。

　　大學錄取率如此之高，除了反映出臺灣民眾仍以「上大學、獲取大學文憑」為優先考量的傳統觀念外，也代表不少原先並不適合念大學的人也進入大學就讀，產生諸多的後遺症，包括：所學與性向、興趣不符，四年下來一事無成，影響原先喜歡動手做的習慣與興趣等。有的甚至在大學養成竟日沉溺網路世界、遲到早退與曉課、抽菸、嗑藥，男女關係混亂等惡習，甚至畢業後還需背負沉重學貸等後果。如果大學新鮮人能在社會上工作過幾年，再回到大學念書，或許他們會更瞭解自己的人生方向，更珍惜上大學的機會。

　　國際上許多研究都指出（Opertti，2010；張善楠譯，2008），未來各國人才競爭力的關鍵，不再是為了通過升學考試而取得更高學歷，而是透過大學學習歷程，來加深人文與藝術等涵養，喜好閱讀及善用知能，懂得與人合作及分享。養成善用科技與網路的習慣，藉此提升個人的創造力及生活品質等新時代所需的公民素養（張善楠譯，2008）。尤其在網路盛行的時代中，品德教育益發重要。如何培養下一代在複雜的環境中，學會邏輯論證、批判思考與解決問題的能力，具備科學態度與人文關懷，已成為各國教育改革的首要目標。

第三節　我們面對什麼樣的大學生

一、Z世代大學生

　　美國皮尤研究中心（Pew Research Center）指出，當前的大學生多屬於 Z 世代（Generation Z, Gen Z），他們出生於 1990 年代後期與 2000 年初期之間，通稱「後千禧年世代」（zoomers）（Parker & Igielnik, 2020/5/14）。

Z 世代在學習等各方面，都與之前的 Y 世代（Generation Y）或稱「千禧世代」（Millennials）不同。由於多數出生於網路盛行的年代，成長於周遭充斥各式 3C 產品的大環境，包括：電腦（computer）及週邊商品、手機等通訊設備（communications），和消費性家用電子用品（consumer electronics）等，這個世代也被稱作「網路原住民」（digital natives）。

根據研究指出，Z 世代在學習與工作上有以下幾個特徵 （McCrary, 2021；蔡宏基，2019/08/05）：

（一）表達直接且坦率

以往的學生對於師長或主管，比較以敬老尊賢的方式對待；與人溝通時候比較遵從師長與長官的意見，盡量避免直接提出不同的想法。相較之下，當前的 Z 世代對於「不合個人想法」的意見或建議，比較容易露出不悅的表情，甚至直接提出不同意。他們大多相信：在團體中有話直說，才能真正解決問題。

（二）要求即時的回饋與具體獎賞

過去的世代大多經歷過貧困生活，他們相信只要肯努力打拚，就有成果，也可以比較快速的累積財富，改善生活。相對的面對今日的全球競爭環境，多數 Z 世代即使終日「爆肝」工作，他們的報酬也趕不上物價波動與薪資貶值。因此，Z 世代普遍要求師長或上司，即時給他們的表現做出回饋，並要求是實質上的績效獎勵。

（三）希望以最小的力氣與較少的時間完成任務

以往的學生上課只要認真聽講、勤作筆記，下課後努力複習，爭取好成績後，就能換取日後的美好前景。與此相比，Z 世代成長於 3C 產品的環境，透過電子產品，能夠隨時進行休閒娛樂，集讀書學習與工作於一身。

許多同學上課時帶著手機與筆電，隨時查詢相關資訊、完成學習筆記，及時分享給其他人。如今年輕世代只要透過相關的軟體，就能達成過去幾個世代望塵莫及的數量與效率。因此，除非與 Z 世代事先溝通清楚，採取白紙黑字約法三章的形式，否則很難要求他們像過去的年輕人一樣遵守上下課（班）時間，甚至超過時間還不敢離開的戒慎恐懼。

（四）容易出現精神焦慮與憂鬱等問題

由於 Z 世代長期暴露在資訊爆炸的網路世界，他們比過去的大學生更容易出現憂鬱、沮喪及焦慮等問題（depression and anxiety）。容易因為情緒不好而發生退縮與缺課情形。根據美國皮尤研究中心的研究報告，從 2007 到 2017 年，美國青少年患憂鬱症的比例增加了近六成，原因包括：學業壓力、過度的完美主義、與缺乏足夠的睡眠等，影響 Z 世代的身心健康。上述研究進一步歸納：長期接觸社交媒體，會嚴重影響年輕世代生活與學習的品質，且容易引起心理健康等問題（Geiger & Davis, 2019）。為此，大學必須提供相關的心理與精神疾病方面的防護與治療設施，來協助有這些大學生。

（五）偏向選修與個人生涯發展有關的課程

以前的大學生，可以為了增廣見聞、拓展興趣，與希望在課堂中求取知識與學問而修課，而且他們主修的專業，也不一定要符合將來就業發展。相對的，由於就業環境的整體改變，Z 世代更重視大學所學能否與未來就業所需技能相關。根據美國 2020 年大學科系調查顯示（McCrary, 2021），有更多大學生選擇與科學、技術、工程與數學（STEM-focused degrees）等相關科系，光是 2014 到 2018 年，就增加了 14,000 個上述領域的畢業生。另外，負責調查全美大學新鮮人的加州大學洛杉磯校區（UCLA）高等教育研究中心（Higher Education Research Institute, HERI）公布，從

1980 年代到 2000 年初的大一新生，上大學是為了滿足個人的興趣；但到了 2008 年以後，Z 世代上大學則是為了找到更好的工作，而不願多花時間去滿足興趣與探索未來。Z 世代傾向於用大學四年來準備未來的就業知識技能，包括：學習日後的創業技能。在此趨勢下，全美大學選修人文領域（如：英語、歷史、哲學與外語）等科系人數下降了 3%；反之，上述 STEM 科系則成為熱門科系。此外，Z 世代更擅長掌握自己的學習歷程與方向，希望大學可以培養未來的創業精神與能力，增加日後找到企業工作的機會，以及為畢業後創業做準備。不少學生甚至期望學校可以按照客製化的商業模式，儘可能照顧到每個學生的需求（Eagan, et.al., 2016）。

（六）校園內需有先進的科技設備與支援系統

有別於之前的世代，Z 世代多期望自己就讀的大學，擁有先進的科技設備，與提供高品質的技術支援，讓他們可以悠遊於日新月異的網路世界裡。對他們來說，各種社教媒體，如：Google、Instagram、Twitter、Line 與微信社交軟體，已成為生活必需品。校園中應該隨時隨地可以提供網路連結，讓他們透過網際網路與外界、甚至全世界聯繫。大學教學現場也隨之出現各種新興型態，如：大學教學改採以電子書、線上影音與電玩為主的學習環境，讓學生能夠透過虛擬世界，來增加體驗各式需要動手操做的實習機會（Hello Campus Blog, 2022/06/10; McCrary, 2021; Yalçin-Incik, & Tolga, 2022）。

（七）多數學生不住宿舍，而住在校外

近年來受到新冠肺炎疫情，與線上課程快速發展的結果，讓許多學生不必到大學上課，成為一種新的大學常態。美國全美教育統計中心資料顯示（National Center for Education Statistics, NCES），從 2004 到 2016 年間，15 到 23 歲的大學生選修線上課程增加了四分之一。到了 2020 年新冠肺

炎爆發後，線上選課的人數更大幅成長。為此，越來越多的學生選擇搬到校外居住，甚至有些學生不再像過去前往外州就讀大學，而寧願選擇離家近的大學就讀，通勤上下課，節省住校的龐大費用。

（八）重視多元與融合的校園環境（diversity and inclusion）

近年來，美國大學校園白人學生人數逐漸下降，取而代之的是愈來愈多的有色人種、成年學生、及各種患有殘疾等弱勢學生進入校園。Z 世代學生擁有更多元的家庭背景，包括：來自單親、隔代教養等。他們具有更多樣的社會價值，對於性別、種族、宗教、政黨、環境議題與社會規範等，都有別於過去的世代。當前的大學，不只被要求要重視性別平等，也要在課程與設施上相互搭配，以回應社會變遷的腳步，落實多元與融合的理想。

由此可見，Z 世代大學生比以往更加務實與科技導向；他們更加在意上大學的花費，日後學貸如何償還等問題。他們更重視上大學是否符合機會成本，與未來工作機會等問題。如何在大學校園中留住這些年輕人，的確是接下來的重大挑戰。

二、當前的臺灣的大學生

《天下》雜誌於 2019 年底刊出了一篇標題驚悚的「臺灣大學生就像一群死木頭」文章，質疑教育部 108 年（2019）實施的新課綱（又稱「108 課綱」），是否能改善臺灣青少年中所謂「無動力世代」的學習動機與士氣？（王一芝，2019-11-05）。文中批評臺灣過去的學校就像工廠一般，透過標準化課程與考試機制，培養出標準化的「模子」。至於多數家長眼中對於成功的定義，似乎還是希望小孩能「考上好學校、找到好工作、賺到錢」相當單一的標準。所以，臺灣整個大學教育體制，幾乎還圍繞在考試計分的填鴨式教學模式，很少注意到學生的學習動機與興趣專長這些問

題。結果一來，降低了臺灣學生上學的熱情、畢業後對工作不感興趣的「無動力世代」（賓靜蓀，2012-04-01；王一芝，2019-11-05）！

　　有學者曾經批評某 T 大學生，中午無視上課，公然吃炸雞的例子！許多大學課堂也經常看到學生趴著睡覺、玩弄手機、做自己的事，甚至乾脆翹課等消極態度與行為！這些缺乏反應與熱忱的大學生上課型態，令許多教師十分苦惱與難以理解！

　　另一方面，從近幾年來大學生休學統計數據來看，108 學年（2019-2020）臺灣連續兩年大學休退學人數超過九萬人（占全體大學生的 15.3%）（教育統計，109/5/19）。有專家指出（葉丙成，2019/1/3），臺灣平均每四個大學生中，就有一人想休學或退學，主要原因是「志趣不合」，還包括：學非所願、缺少目標、無法轉系轉學等因素。另外，因為「學科被當」（不及格）而延長畢業年限（延畢）者，也逐漸成為常態。根據教育部統計（109/5/19），從 103 到 108 學年（2014-2019）五年間，大專校院休學人數約維持 7.7 到 8 萬人，退學人數在 8.7 至 9.2 萬人。其中，休學人數由 103 學年的 7.7 萬人增至 105 學年的 8 萬人，107 學年又降至 7.7 萬人；退學人數由 103 學年（2014）的 8.7 萬人增至 106 學年（2017）的 9.2 萬人。至於休學與退學總人數，108 學年（2019）人數總計 18 萬 6446 人，占全體學生的 15.3%，平均每 20 人就有 3 人休退學。分析其中原因，大多基於工作就業需求、所學與志趣不合等因素。至於退學部分，同一年有 91, 198 人退學，退學率達 7.5%。至於因休學期滿而退學的有 30,258 人，因志趣不合而退學者也達到 23,917 人。由此可見，上大學已經不再是 Z 世代的唯一選擇了！

　　此外，根據教育部 109 學年度公布的統計顯示（教育部統計處，2022），該學年（2020-2021）臺灣的大專校院學生總計 100.5 萬人，其中延畢人數達 4.9 萬人，占整體大專學生總數約 4.9%，占同一屆畢業生約 18.9%。換

言之，每一屆大四學生中，就有接近五分之一的學生選擇延長畢業年限（教育統計，109/5/19）。

至於大學生畢業後的就業狀況，根據 1111 人力銀行針對 29 歲以下青年進行調查（李佩璇，2020/5/28）發現：有 66% 受訪者目前的工作與所學無關。由此可見，這群八年級生中（1990 年出生者）的六成受訪者，所找的工作都和所學科系無關，對工作也缺少熱忱。結果這些人到了中年後，極有可能變成了缺乏生活動力，與抑鬱寡歡的不快樂世代。

從上述這些資料來看，臺灣的大學教育究竟出了什麼問題？長期以來的填鴨式教育，和重視考試分數的結果，影響了中學生的學習動機，導致他們在國際各項學科評量（如 PISA），呈現「高學習成就、低學習動機」的兩極化現象。至於這些中學生為何提不起學習動機？是否與找不到感興趣的事情有關？而這些人到了大學後，要如何刺激他們的學習動機？在大學課堂中，協助他們找到感興趣、想解決的問題？或許是大學課堂中亟需加強的一環。只是在當前臺灣少子女化嚴重的趨勢下，愈來愈多的大學面臨招生不足的情況下，大學課堂的品質管控與淘汰機制，恐怕已難以正常運作。

三、Z 世代的選擇悖論說

大學不只是社會的縮影，也是世代交替的場所。當這群擅用文字抽象思考的 X 世代（戰後嬰兒潮之後），遇到長年活躍在鍵盤與社交媒體的 Z 世代，兩代間的交流與互動，形成大學校園中有趣的畫面。

在網路盛行的年代，Z 世代學生每天面對著大量的聲光影視，生活中充斥著大量無須深思熟慮的「速食資訊」及「短影音」（video clip）。這些經常伴隨驚悚吸睛標題的即時新聞與短影片，使整個生活步調加速且資訊超載，造成年輕人害怕錯過任何一條訊息（fear of missing out），而有著擔

心落單的焦慮。網路資訊太多太雜，年輕人內心充滿了浮躁與不安全感，出現了 Barry Schwartz（2005）所指出的「選擇悖論」（paradox of choice）中的困境。雖然人們每天都在做各種大大小小的決定，包括：吃什麼？穿什麼？做什麼？看似簡單的問題，卻因為資訊太龐雜、選擇機會過多，而變得越來越困難作決定。人們原本期望：選擇變多可以提升個人的滿意度，但實際上當選擇太多之後，反而因擔心做錯決定，可能會帶來更大的機會損失，導致一旦做出決定後，都會產生更多類似後悔等焦慮與壓力。換句話說，當選擇少的時候，人們沒有斤斤計較的多餘空間；一旦選擇增多了，人們反而容易出現臨床上的憂鬱症狀。因為生活中充滿太多的選擇，反而限制了個人的自由意志（too many choices limits one's freedom），造成額外的負擔，讓人陷入難以自拔的不快樂中。

這些林林總總的現象，讓高中畢業生來到大學之後，更加地迷惑。因為中學時代早已習慣於單向吸收「直接」與「短暫」的資訊，導致許多大學生在面對新的問題時，無法像中學時代一樣，可以採取選擇題式的「標準答案」或是非題中的 YES/NO 來因應。對於大學課堂中需要反覆探討、辯證與論述的問題，無法像以往能直接得到結果而感到不安煩躁。這種網路和真實世界、中學和大學兩種不同要求下的兩極化人格發展，加深了「課堂中不開口，網路上眾生喧嘩」的大學生主流文化。當前的 Z 世代，從小就可能面對此種「選擇悖論」的困擾，心理上更容易遇到各種選擇的焦慮。因此，大學課堂中或許應該重新培養學生，如何在生活中學習「抓大放小、把握重點」的策略，藉此擺脫現實生活中「選擇過多、困擾愈大」的問題。

四、選擇悖論中的弱勢族群

曾有大學生反駁上述的選擇悖論看法（黃柏諺，2022），認為臺灣 Z 世代大學生的生活中，選擇變多了之後，按理應該是提供他們更自由的

生活。然而根據上述 Schwartz「選擇悖論」概念中所提出的網路世界中的現實困境，與其說提供了人們更多無遠弗屆的連結自由，不如說最終卻導致個人的不快樂。現今的社會看似有許多選擇，然而實際上卻是犧牲那些無法選擇的人，所付出的代價。例如，網路上的蝦皮、淘寶與亞馬遜等網購平臺上任君挑選的折扣商品，就是建立在那些毫無選擇權、只能選擇繼續依賴生產，方能養活自己的流水線工人上。當然，選擇困難也的確困擾著許多網路世代，因此出現了許多大學生口中的「選擇障礙症」。這些因為面對太多外在環境中所提供的選擇機會，形成了心理壓力的來源。

對於平日習慣於單向吸收「直接」與「短暫」資訊的學生而言，上了大學之後，所處環境中更加複雜，無法再用中學時代一樣的行為模式來處理大學生活。由於無法再像以往一般能很快找到解答，這些大學新鮮人逐漸對大學生活感到焦躁與不安。在此種網路和真實世界、中學及大學兩個世界截然不同要求下的兩極化發展，加深了大學生在課堂中「不開口」、網路上（如 PPS、Dcard）眾聲喧嘩的大學次文化現象。尤其生活周遭更充滿著各種「速食」資訊，像是進入書店暢銷書區，總是充滿各式速成的新手媽媽、成功企業家，抑或變換心情等速成祕訣，但實際上卻很難達成夢想的速食文化環境。

如果比較 Z 世代和戰後嬰兒潮，可發現整個大環境發生了翻天覆地的改變。首先，就時間觀念來看，對於戰後嬰兒潮而言，傳訊息（寄信）也許意味著一週甚至更久的時間。但現在藉由社交平臺，傳訊息去大洋彼岸的美國只需要幾秒鐘。人類先前塑造的時間概念，對於 Z 世代而言，都都變得難以想像的緩慢速度。而這些被壓縮的時間，同樣也反映到生活上。如今許多年輕人，習慣於訊息「快發」，也要求對方能「秒回」。若無法秒讀秒回，有些人甚至會產生焦慮而抓狂發怒。在這樣被壓縮的時間中，「秒讀秒回」甚至成了各種 Z 世代同儕間「事物與關係」的重要指標。

例如在大學課業上，能秒回訊息表示該生對此部分十分瞭解，或者對方十分勤奮，所以能最快找出答案。正因如此，為了要秒讀秒回，才壓縮了原先人們用來「三思而後行」的行為準則與思考方式。所以，才會出現書店的暢銷書奇景，書架中成列著各式速成秘笈等展示。

其次，網路無遠弗屆，使得世界突然變大了許多，於是 Z 世代面對史無前例的競爭壓力。以前，臺灣的父母提醒小孩吃飯要慢一些，因為同一個時間裡，中國大陸、印度與非洲等偏遠地區很多小孩「沒飯吃」，所以必須珍惜食物。現在，臺灣的父母要求小孩珍惜食物的當下，也要他們吃快一點，因為其他地方的很多小孩，即將要來「搶飯碗」了。從「沒飯吃」到「搶飯碗」的發展過程，說明以前只要在臺灣有不錯的成績，基本上就能獲得安身立命的基礎，但在全球化的過程中，在臺灣擁有好成績已經不夠，因為現在要面對的全世界同年齡人的競爭。

由此可見，現今臺灣的 Z 世代大學生，其競爭對手已不再是同桌、同班、同校、甚至國內的同屆同學，而是來自世界各地。如此高強度競爭的環境，形塑了網路世代的巨大壓力。如何提升個人競爭力，大學教育責無旁貸，必須賦予嶄新的功能與使命。例如藉由 AI 讓學生可以充分取得各種資源，並隨時與各地人士進行聯繫交談，但該如何妥善應用資源與分便資訊真偽，更需要大學教授們的經驗傳承與引導，包括：教導學生如何選擇有價值與有用的資訊？如何判斷哪些訊息為假？怎樣透過具有公信力的管道（如：各國官方、智庫，與學術界等），來獲取更多的選擇，作正確的分析與判斷。這些都是當前大課堂中，無可取代的重要教學任務及使命。

第四節　大學教師如何因應 Z 世代大學生

一、大學教師的教學問卷調查

　　2019 年五月，筆者等曾經針對中國大陸杭州某高校的 33 位大學教師，進行教學相關問題調查（蔡晨雨、周祝瑛，2019），採用複選題，結果略述如下：

（一）教學設計

　　在教學設計上，有 5 位教師表示難以確定教學目標，4 位教師表示很難抓住教學的核心及重點；15 位教師在選擇適當的教學方法上感到困難，5 位教師表示難以設計合理的教學步驟，4 位教師表示難以進行合理的教學時間分配。可見多數教師有「選擇適合的教學方法」等困擾。

（二）課堂教學組織

　　在教學組織上，有 6 位教師表示在加入新課方面感到困難，8 位教師表示在分配課堂教學任務方面感到困難，12 位教師感到難以有效掌握課堂紀律，17 位教師表示在設計課堂的提問環節上感到困難，18 位教師表示缺少相關教學組織策略等理論知識。多數教師在設計課堂提問，與對教學組織策略等理論知識感到不足。

（三）教學互動

　　在教學互動方面，32 位教師都表示學生互動積極性和參與度不高；24 位教師認為課堂討論流於形式，效果不佳；16 位教師表示教學互動模式或策略難以抉擇；18 位教師認為自身教學互動相關理論知識不足；20 位教師感到對教學互動媒體難以有效掌握。可見在整份教學問卷調查中，師生

的教學互動，讓最多數教師感到不滿意。

（四）教學評量

此項目中，25 位表示難以建立個人在課程中的合適評量標準；20 位教師表示在選擇評量方法上感到困難；17 位表示無法實施有效的形成性評量；21 位教師表示無法有效組織學生進行自評和互評；28 位教師表示在利用教學評量激勵學生長效學習方面感到力不從心。由此可見，課堂中的教學評量，教師們對於如何選擇適合的標準、實施、及學生間的自評和互評設計，感到困難。

（五）教師在教學過程中，遇到以下幾方面的挑戰

首先，在學習態度（上課參與度）上，多數學生難以保持持之以恆的學習態度，並且缺乏學習動機。

其次，在學習動機（求知欲）方面，學生求知欲不強，難以激發他們的積極性。

第三、在學習能力上，學生上課參與度不高、積極性低落、學習力不足。

第四，在學習興趣方面：學生對於以理論為主的必修課程不感興趣，教師也缺乏有效的獎懲機制。

至於在課堂中的師生互動與班級管理上，多數教師遇到以下問題：

1. 師生互動少。
2. 學生普遍認為手機遊戲比課堂中的技能練習更重要。
3. 學生課堂手機使用率過高。

在改進教學方法與教學設計方面，教師們遇到的問題包括：

1. 如何加強個案教學的設計。
2. 加強教學內容與市場應用的關聯性。

3. 必須提高教師自身知識架構與教學方法。

4. 設計出提高學生學習積極性的創新教學方法。

5. 增加各個學院學科的跨領域課程及專案設計與實施。

6. 如何依據不同程度的學生需求，進行分組與分科教學。

教師在進行教學評量時，遭遇的挑戰包括：

1. 學生回饋不理想。

2. 學生程度參差不齊，難以統一進度，實施教學。

3. 教學與評量之間出現嚴重脫節。

4. 如何建立學生參與互動的持久性和學習中形成性的評量基準。

最後，在教學的各項條件改進上，多數教師都認為現有教室資訊化不足，多功能互動教學效果不佳等問題。

綜合以上的調查結果，大學教學品質的提升，涉及複雜的教師教學能力，與教學設備等軟硬體資源的支援系統。尤其在面對 Z 世代大學生的新需求下，大學教學面臨更大的觀念與實務上的挑戰，亟需解決。

另一方面外，邱珍琬（2018）比較臺灣某大學在 2009 年與之前約五年間不同年代大學生，在學習態度等方面有哪些差異？結果發現，大學已經不像以往那樣吸引年輕世代。僅僅五年間就出現以下的世代差異：

1. 以往學生會抓住機會，學習目標比較明確；年輕一點的學生則傾向追求多元價值與享受過程。

2. 以前的學生認為只要努力就會有機會；現在的學生則崇尚多元能力與價值，加上需要面對全球化競爭對手，容易對於未來產生不確定感。

3. 以前的大學生比較認命與努力；現在的學生更重視消費市場的功利表現，也比較希望體驗大學生活。

4. 以前的學生自主性較強，會希望主動拓展學習的視野；現在的學

生較為被動與消極，並更加重視以個人為中心的事務，比較缺乏團體參與感及對於他人的同理心。

5. 以往的學生自我期許較高；現在的學生更習慣於自己的舒適圈，可能與家長過度保護及干預有關，降低學生勇於嘗試挑戰的勇氣。

6. 過去的學生比較敬畏權威，少有公開發表不同意見的勇氣；而現在的學生雖勇於表現自我，但信心指數與自我時間管理方面，相對比較薄弱。

7. 以前的大學師生關係較為親近；現在師生關係則較為淡薄等。

從上述不同世代大學生的研究中，可看出即使只經過短短的五年，不同世代大學生，在學習動機、價值觀、人生態度、人際互動、時間管理與親師關係等各方面，都出現相當大的差異。甚至，X 世代經常會抱怨 Z 世代年輕人，走路眼睛只盯住自己的手機，看得入神，而沒有在意周遭所處環境的變化，甚至是危機四伏的馬路上。與上個世代相比，許多年輕人在環境變化的解讀與判斷能力上，也有所不足，例如：醫院中役男在排隊進行體檢過程中，原來必須遵照順序與規定進行辦事，但因大多只關注自己的手機訊息，沒有太注意體檢排隊需注意事項，結果整個隊伍出現雜亂無章的情形，連體檢醫生都深感意外，認為 Z 世代普遍對於人際關係的敏感度與解讀能力，相對薄弱，例如：對周遭人、事、物較為無感或反應比較白目。

至於上述兩岸這些世代差異的現象或問題，究竟是哪些因素所造成？除了臺灣社會的發展轉型外，網路科技快速推陳出新的商業模式，全球化日益競爭的壓力等，都可能造成年輕人過度依賴網路世界，影響整個世代的思考模式與行為舉止，也更加深不同世代間的認知鴻溝。

二、大學教師的反思

相較於上課進度緊湊的中學老師，大學教師可以擁有更多授課的彈性與自主性。大學課堂中鼓勵教師藉由各自的專業知識與能力，來引導大學生進行自我認知與專業能力發展。只是近年來，越來越多的大學教師都會對課堂中越來越沉默的學生，感到憂心。許多老師都在思索：究竟需要透過什麼樣的方法，才能打破課堂中沒有提問與討論的沉默大學生？於是有年輕的教師在上課前問問自己以下幾個問題（陳卓希，2020/05/23；王一芝，2019/11/05）：

1. 為什麼這堂課我要教這些？
2. 我在講臺上的角色是什麼？
3. 上完這堂課之後我自己滿意嗎？

在回答第一個「為什麼這堂課我要教這些？」問題時，以作者授課的「比較國際教改」課程為例，為什麼我要教這門課？教師除了需要掌握整門課的教學目標，也需要提醒自己每一週的授課主題與內容，以便掌握教學進度：

教學目標

本課程旨在探討國際教育改革發展趨勢與挑戰。每週依照預計的主題，針對全球性的教育大數據庫，如：PISA、World Value Survey與世界百大等評比等資料庫，探討美、英、日、德、法、中國大陸、芬蘭、韓國，以及臺灣相關的教育改革政策與制度。進一步透過聯合國教科文組織（UNESCO）、世界銀行（WORLD BANK）與歐盟（UN）等國際組織教育政策，進行介紹與分析。藉此，讓同學瞭解各國教育發展的背景與影響。在授課架構上，本課程根據全球化與本土化的框架，透過比較教育的相關理論，分析各國

教育改革等議題。過程中希望透過課堂上的師生討論、分析與批判，提升同學對比較國際教改的學習興趣與探討能力，擴大個人的國際視野與提升全球移動能力。

至於第二個「我在講臺上的角色是什麼？」問題，筆者在進入教室後的前幾分鐘，通常會先給學生幾分鐘的「暖身談話」，例如：說個與課程有關的笑話或故事，談談國際上或國內重要的時事，分享各種與大學生有關的議題，或者是對某社會事件有感而發的分享等。如此可以讓陸續進入教室的同學，做好融入課堂的準備。同時，也可以將上課時間做結構式的分配，何時由老師開場與講述分析上課主題？何時安排各組分享報告？教師又如何適時提出對同學報告的評論與資料補充？誰來進行課堂總結？最後，如何各組投票，選出上課報告或表現優異者，作為學期加分與實物獎勵等？這些都是教師上講臺前，可以釐清的角色扮演與每週課程目標。

至於回答第三個問題「上完這堂課我自己滿意嗎？」時，可以從以下學生的肢體語言等方面觀察得知：

同學是否迫不及待的想要離開教室？還是有人過來找老師問問題？是上完課後一臉的茫然與面無表情？還是出現一些開心雀躍的笑容，並且願意跟老師說聲「謝謝」或「再見」？上課期間有多少同學出現點頭或眼中的亮光？

上述這些學生課後的肢體語言，有時比考試成績表現更具體、且更加立即的回饋！身為教師，一堂課上下來，效果好壞，其實自己心裡最清楚！

　　根據筆者多年的教學經驗，在教學過程中，教師的角色可比喻成「節目主持人」（monitor or coordinator）。透過事先準備課程相關議題（或具體問題）、提供學生閱讀的方向與素材、安排學生組別與幹部選舉、課堂報告時間與組員分工等準備工作。到了教學現場，教師就成為上課內容的引導者與評論人。

　　至於課後的作業批閱，教師及時的回饋意見，其實是對學生學習表現最好的真實評量。透過上述課程安排，加上課程目標具體，工作分配清楚，每個學生從不愛舉手發問，到必須問清楚上課議題，才能完成份內學習項目，整個過程因為學生參與而出現較好的學習成效。筆者經常發現，臺灣教育體制中，中小學教室內有教師會因為班級經營與上課進度的壓力，不太容許學生有發問與討論的機會。長期下來，在教師才擁有「標準答案」的權威下，讓整個學習過程中，學生普遍缺少細緻與有意義的分享與回饋。中學生的學習經驗充滿著以考試成績好壞，作為學習成果的「結果論」。與西方國家普遍重視上課討論和學生發表等教學形式相比，國內學生即使到了大學階段，仍難以擺脫過去重視考試分數的習慣思考模式。大學生的沉默與不願參與課堂討論，真的其來有自。大學課堂的重新設計與改變，或許可以展開師生對話的新契機！

　　一位大學生如此描述這樣的開始（黃柏諺，2022）：

　　　「教授們憑藉著多年的研究生涯，累積一定的經驗成果，這些皆非網路文章抑或十分鐘的影片裡的隻字片語所能替代。其次，大學還提供了一個功能，那便是媒合很多真實機會的中心，像是讀大學，就有網路、門路、管道，讓學生能進入校友的企業實習；又或者媒合學生能出國深造，又或者更好的進入公部門實習等。這些機會，都不是一個人坐在電腦桌前就能輕易獲得的。所以，

大學還有一個很重要的功能，就是透過以學校為核心發展出的各種管道，並將之公平地分給每一位努力學習的學生」。

為此，今日的大學教學，可嘗試進行以下的調整（Skopec, 2021/01/06; Parker & Igielnik, 2020/5/14）：

一、教師需開始使用教育軟體：發展互動式發表與教育遊戲，儘量調整與滿足學生慣常在社交平臺上的「即時互動模式」，教師可以對他們繳交的作業，儘快提供回饋意見與評定成績。Z 世代在教育過程中，渴望能夠主動參與，並決定自己要學的內容，與如何呈現個人的學習成果。這些都有賴教師加速學習科技的運用，以便能夠為學生提供快速資訊與回饋意見。

二、開啟一個對話平臺：Z 世代不歡迎長篇大論的講述或長篇文章，他們喜歡用多角度與重點式的資訊。教師輪流使用不同的教學方法，讓每個同學在學習過程中皆有事可做，而且要注意平均分攤工作，以免有勞逸不均的紛爭。

三、避免冗長的文字敘述或演說：善用具有視覺效果的輔具（如：投影片、影音媒體與實物操作等），透過各種圖形、表格、照片與影片等多元媒體，來展示教學內容，增加教學形式的多樣化與趣味性。如此，比較能加深學生的學習印象。

四、增加師生線上會談形式：調整過去常見的實體辦公室諮詢方式，提供 Z 世代更為熟悉與便捷的網路快速連結模式，讓學生可以即時聯繫到教師，並獲得適當回饋的機會。

五、提供合理解說課程的機會：由於 Z 世代每天都與外面世界進行連結，他們的訊息隨時在更新中。為此，Z 世代期待所學的課程內容隨時更新外，也能與周遭環境有所關連。教師因此需保留學上彈性調整的空間，

教學大綱也可事先提供給學生，與他們進行溝通說明，以爭取學生對於課程的認同與支持。

六、提高教師文化敏感度（cultural sensitivity）：Z 世代學生背景比以往的傳統學生多元，教師必須時時留意個人的用字遣詞，避免觸及宗教、信仰、性別、族群與政治等敏感議題及冒犯言詞。此外，也可善用課堂中學生的多元背景，加入學生族群或文化特質的授課內容，提供多元思考的機會。學生分組時更可採用異質分組方式進行；考試或報告時，也允許同學納入個人熟悉的族群經驗。透過對各自文化的探索與分享，讓學生的多元文化經驗獲得尊重。不同背景的學生，也可從中找到適合個人的自我定位。

七、必須正視學生的心理健康問題：如同前面討論中提及，Z 世代經常因焦慮與憂鬱因素，影響上課學習，值得大學相關人員重視。根據國際認證與繼續教育標準委員會（The International Board of Credentialing and Continued Education Standards, IBCCES）的建議（IBCCES, 2012），大學教學可採以下心理健康策略，提升大學生的學習參與程度：

（一）對學生採取一對一的輔導方式，避免威權式的上對下關係。要注意到 Z 世代學生的情緒比較容易受外界影響，如能採取類似師生同僚的合作方式，共同來解決問題，更容易爭取學生的認同與配合。

（二）用正面積極的闡述方式，如：上課中可透過公開的口語讚賞形式，來肯定學生學習表現。同時，定期檢視(如：錄音或錄影) 個人的教學風格是否恰當？隨時追蹤學生的表現，並且視情況而調整教學的步調。過程中，千萬不要吝於給予學生正向的回饋與讚賞，甚至有時可以採取物質上的鼓勵，如：提供巧克力與其他食物，甚至餐廳禮券等作為獎賞。過程中，可透過全班投票方式，提高大家的參與程度。

（三）隨時視上課情況，進行必要性的調整，如作業份量與形式、繳

交日期等。

（四）鼓勵學生提出有創意的學習計畫，同學間相互支援，來完成課程所規定的評量及目標。

（五）提供成功的典範與好的作業範例，讓學生有具體、明確的參考與模仿對象。

（六）最後，不吝向專家請教，如對校內學生心理衛生專業輔導員等，進行諮商工作。如果能上一些相關的諮商輔導課程，更可充實個人的相關知識與能力，並建立未來聯繫的專業人脈與支援系統。

在面對 Z 世代大學生，與因應大學各種教學需求變化的挑戰，除了儘快建立大學及師生連結平臺外，校園中的各級行政人員與教師們，須儘快理解及掌握 Z 世代的高等教育價值觀、想法與需求，並提出具體回應。在大學招生策略與入學方針上，必須針對 Z 世代的需求，找出新的方法與以因應。大學校長與系所主管們也要隨時評估與調整與 Z 世代溝通的方式，如：學校網站上引進即時的通訊功能（live chat functions），提供即時疑問對答，與快速問題解決等。電子郵件通訊方式依然是大學生使用的溝通方式之一，多數大學生仍會定期檢查信件。另外，網路聊天功能（web chats），也被認為相當有用的工具。畢竟，每個世代都會擁有各自特殊的價值觀與行為模式。高教機構必須面對 Z 世代的溝通模式，來因應學生們真正的期望（Hello Campus Blog, 2022/6/10）。

總之，要成為一位勝任的 Z 世代大學教師，面對年輕世代的學習需求變化，要經常在職進修，提升自我時代因應能力，與增進個人的教學品質，隨時掌握網路科技的發展趨勢，期望在課堂中可以「為今日的學生，預備成功的未來」。

參考資料

王一芝（2019-11-05）。無動力世代。**天下雜誌**，685 期。2022/07/10 引自
　　https://www.cw.com.tw/article/5097562

王秀槐（2018）。實習教師對於考試領導教學的省思。收於周祝瑛、錫東
　　岳、魯嬪文（編著）（2018）。**華人教育模式──全球化視角一書**。臺
　　北：心理出版社。頁 165-180。

何希慧（2016）。臺灣與中國大陸深圳地區大學生學習動機與學習成效發
　　展之比較。**教育實踐與研究**，29（1），139-171。

李佩璇（2020/5/28/）。1111 人力銀行民調搶救青年失業暨八年級學用落差
　　調查。2022/10/12 引自 https://www.1111.com.tw/news/jobns/133028

周祝瑛，高錦輝（2020）。**十年蹤跡十年心：澳門培正中學課程改革**。澳
　　門：文化公所。

周愚文（2001）。**中國教育史綱**。臺北：正中。

邱珍琬（2018）。從資深教師的觀點看：大學生今昔之比較。**高等教育研
　　究紀要**，8，29-50。

張善楠（譯）（2008）。**大學教了沒？哈佛校長提出的 8 門課**。臺北：天下。

教育統計（109/5/19）。大專校院學生休、退學概況及就學穩定情形──教
　　育**統計簡訊**，第 124 號。2022/10/10 引自 https://stats.moe.gov.tw/files/
　　brief/%E5%A4%A7%E5%B0%88%E6%A0%A1%E9%99%A2%E5%A
　　D%B8%E7%94%9F%E4%BC%91%E3%80%81%E9%80%80%E5%A
　　D%B8%E6%A6%82%E6%B3%81%E5%8F%8A%E5%B0%B1%E5%
　　AD%B8%E7%A9%A9%E5%AE%9A%E6%83%85%E5%BD%A2.pdf

教育部統計處（2022）。學校基本統計資訊。取自 2022/10/10：https://
　　depart.moe.edu.tw/ED4500/News_Content.aspx?n=5A930C32CC6C3818

&sms=91B3AAE8C6388B96&s=B7F6EA80CA2F63EE

陳宏益（2022-02-27）University=由你玩四年！？2022 年 10 月 10 日，取自：https://vocus.cc/article/621aeb41fd8978000143d3d4

陳卓希（2020/05/23）。為何臺灣學生「不發言」？一名大學生在教學現場的反思。**關鍵評論**。2022/10/17 引自 https://www.thenewslens.com/article/135400

陳舜文（2022）。臺灣學生的學習動機與努力信念：文化心理學的觀點。**本土諮商心理學學刊**，13（2），1-25。2022/10/10 取自：http://jicp.heart.net.tw/article/JICP13-2-02.pdf

黃光國（1988）。**儒家思想與東亞現代化**。臺北：遠流。

黃光國（2005）。**儒家關係主義──文化反思與典範重建**。臺北：臺大出版中心。

黃俊傑（2003）。傳統儒家教育與現代大學生活（演講大綱）。2007 年 5 月 4 日，取自：http://www.ntnu.edu.tw/aa/aa5/92.1.2article.doc。

黃柏諺（2022）。我對 Schwartz「選擇悖論」的看法。未出版。

葉丙成（2019/1/3）。人生不是贏在 18 歲就好。2022/10/12 引自 https://flipedu.parenting.com.tw/article/005169

賓靜蓀（2012-04-01）。十二年國教新挑戰：搶救「無動力世代」。**親子天下雜誌**，33 期。2022/10/10 引自 https://www.parenting.com.tw/article/5031634

蔡宏基（2019/08/05）。當 X 世代遇到千禧世代 經濟部產業人才發展資訊網，取自 2022/10/10：https://www.italent.org.tw/ePaperD/9/ePaper20190800006

蔡晨雨、周祝瑛（2019）。大學教師的教學問卷調查，未出版。

Benjamin, David & Komlos, David (2022/9/12). It's time to stop behaving as if everyone is replaceable. Forbes. Access on 2022/12/7. https://www.forbes.com/sites/benjaminkomlos/2022/09/12/its-time-to-stop-behaving-as-if-everyone-is-replaceable/?sh=264071a58834

Brook CE, Northrup GR, Ehrenberg AJ; IGI SARS-CoV-2 Testing Consortium, Doudna JA, Boots M. (2021/12). Optimizing COVID-19 control with asymptomatic surveillance testing in a university environment. Epidemics. 2021 Dec; 37. Access 2022/12/08 at https://www.ncbi.nlm.nih.gov/pmc/articles/PMC8591900/

Chou, C. P.& Wang, Li-Tien (2012). Who Benefits from the Massification of Higher Education in Taiwan? *Chinese Education and Society*, 45(5), 8-20.

Chou, C. P., & Spangler, J. (eds.) (2016). *Chinese Education Models in a Global Age*. Singapore: Springer.

Eagan, Kevin, et.al. (2016). The American Freshman: Fifty-Year Trends 1966-2015. CIRP. Access on 2022/10/12 at: https://www.heri.ucla.edu.monographs

Geiger, A.W. & Davis, A. (2019). A growing number of American teenagers - particularly girls - are facing depression. Pew Research Center report, Access on 2022/10/10 at: https://www.pewresearch.org/fact-tank/2019/07/12/a-growing-number-of-american-teenagers-particularly-girls-are-facing-depression/

Hello Campus Blog (2022/6/10). How generation Z views higher education. Access on 2022/10/10 at: https://hellocampus.com/post/how-generation-z-views-higher-education

Huynh, Flora (2022/12/7). 'Must be safe and feel safe': UC Office of President releases safety plan for campuses. Berkeley's News. Access 2022/12/08 at https://www.dailycal.org/2021/08/19/must-be-safe-and-feel-safe-uc-office-of-president-releases-safety-plan-for-campuses

IBCCES (2012). 3 Generation Z traits today's teachers need to 3 Generation Z traits today's teachers need to adapt to. Access on 2022/10/10 at: https://www.umassglobal.edu/news-and-events/blog/generation-z-traits-teachers-need-to-adapt-to

Jiang Z, Jia X, Tao R, Dördüncü H. (2022/4/25). COVID-19: A Source of Stress and Depression Among University Students and Poor Academic Performance. Front Public Health. Access on 2022/12/8 at: https://www.ncbi.nlm.nih.gov/pmc/articles/PMC9112039/

Marr, Bernard (202/3/27). Will artificial intelligence replace teachers? Access on 2022/10/10 at https://bernardmarr.com/will-artificial-intelligence-replace-teachers/Sahlberg, Pasi (2020/12/10). Does the pandemic help us make education more equitable? Access on 2022/12/8 at https://larrycuban.wordpress.com/2020/12/10/does-the-pandemic-help-us-make-education-more-equitable-pasi-sahlberg/

McCrary, Jamie (2021). 10 trends in the era of generation z college students. Access on 2022/10/10 at: https://www.leadsquared.com/generation-z-college-students/

Opertti, Renato (2010). Moving forward with secondary education reform: Issues, challenges and proposals. Access on 2022/10/9 at https://www.researchgate.net/publication/242761203_Moving_forward_with_secondary_education_reform_issues_challenges_and_proposals/link/56b1fe3008ae795dd5c79259/download

Parker, K. & Igielnik, R. (2020/5/14). On the cusp of adulthood and facing an uncertain future: What we know about Gen z so far. Access on 2022/10/10 at: https://www.pewresearch.org/social-trends/2020/05/14/on-the-cusp-of-adulthood-and-facing-an-uncertain-future-what-we-know-about-gen-z-so-far-2/

Schwartz, Barry (2005). *The paradox of choice: Why more is less?* N.Y.: Harper Perennial.

Skopec, Christine (2021/01/06). How generation Z college students are changing higher education? Access on 2022/10/11 at: https://collegis education.com/news/higher-ed-trends/generation-z-college-students-chang ing-higher-ed/

Stevenson, H., Stigler, J. (1994). *The Learning Gap: Why Our Schools Are Failing And What We Can Learn From Japanese and Chinese Educaton?* NY: Simon & Schuster.

UNESCO (2005). Education for all: the quality imperative; EFA global monitoring report. Access on 2022/10/10 at https://www.right-to-education. org/sites/right-to-education.org/files/resource-attachments/EFA_GMR_Qual ity_Imperative_2005_en.pdf

Yalçin-Incik, Eda; Incik, Tolga (2022). Generation Z Students' Views on Technology in Education: What They Want What They Get. *Malaysian Online Journal of Educational.*

第三章　大學教學理論與概念

下謹就大學教學相關理論與概念，分析說明如下。

第一節　學習（經驗）金字塔理論與布魯姆分類法

一、內容簡介

學習金字塔（pyramid of learning），是廣泛使用的一種學習方式，主要在討論人們如何通過某些行為，去達到更好的學習效果。學習金字塔通常會以數字的形式，來說明學習者透過不同學習方式後，兩週之後還可以記住多少內容（或稱「平均學習保留率」）。根據 Dale（1946）所提出的學習金字塔圖（參見圖 3-1），圖表左半部在描述透過如：讀、聽、看照片或影片、觀摩、寫作、參與課程設計與行動；而右半邊部則在分析上述不同活動所對應的成果，如：能否解釋和定義、示範展示給他人以及分析和創造等。

該理論最初源自美國緬因州國家學習實驗室（National Training Laboratories, NTL）的研究成果。由於 NTL 是一個著名的成人訓練機構，所以學習金字塔廣泛地被使用於大多數的培訓與教育場域，其重點為透過自行體驗和自己動手實作的學習才會最深刻（Raymond, 2012）。當時 NTL 雖曾運用記憶保留比例（retention rate）來顯示學習的成效，但缺少相關的實證研究予以證實，隨後也逐漸式微（Masters, 2013）。儘管如此，該理

圖 3-1　學習金字塔

資料來源：Chan（2020）。學習對應的層級與比例？學習金字塔（Learning Pyramid）
　　　　　的起源、疑問與適用之處。取自 https://reurl.cc/RX34Vr

論相當符合一般人的學習經驗，像是「你用說的，我會忘記；你做給我看，
我會記得；如果讓我動手做做看，我就學會了」這樣的經驗推論（Chan,
2020）。

　　另一個相關的理論——經驗金字塔（cone of experience）來自美國的
學者艾德格‧戴爾（Edgar Dale）。Dale（1946）提出這個理論，主要是用
來探討及說明人們在經歷不同的活動與經驗，像是視覺、聽覺等體驗方
式後，對本身學習的記憶量產生了哪些影響？而不只是對學習成效產生的
影響。經驗金字塔與學習金字塔的觀點，還是有些不同。

　　例如，在學習金字塔中，學者以語言學習為例，在初次學習兩個星期
後，通過快速瀏覽可以記住學習內容的 10%；透過聆聽則可以記住 20%；
看到圖能夠記住 30%；收看影像、展覽與觀摩等方式，則可記住 50%；參
加討論與發言等，便能夠記住 70%；完成報告，解釋給他人知道，或是親
身體驗（DIY），幾乎可以學到 90%。學者 Dale（周舜欽，2015）曾經表

示，學習成效低於 30%的學習方式，如：讀、聽、看，皆屬於被動學習與個人學習層次；而學習成效高於 50%的這幾類學習方式（如：讀聽看三者混合，參與其中的討論，或可以教別人等），都屬於主動學習，也被稱為「參與式學習」以及「團隊學習」，這些都屬於學習效果較好的學習形式。

至於經驗金字塔與學習金字塔的不同，在於前者把學習經驗細分為具體和抽象兩類，強調視聽教材必須與課程相結合，為視聽教材分類提出理論依據。

二、對教學的重要影響

無論是學習金字塔，還是經驗金字塔，都是教學上重要的理論之一，對當代的教育傳播研究具影響力。他們都在提醒每一位教師皆應隨時調整自己的教學方法，將正確的精力與時間投入到有利於學生學習的資源上；盡力去創造設計，甚至開發適合學生的學習方式，為他們帶來更有效的學習資源，提高學習成效及實現教學目標（周舜欽，2015）。

因此，教師要學習如何在教學過程中，瞭解學生的基本需求，隨時做出適當的調整及改變，並尊重他們在學習中所扮演的重要角色。另外，教師要不斷地引導學生積極參與合作學習，從被動到主動的學習，必要時可以利用一些有趣的教材與活動，來提高學生的學習動機。鼓勵他們從事合作小組學習，在參與過程中吸取知識，進而轉化為能力，從中獲得成就感與體驗感等（周舜欽，2015）。

根據美國心理學家布魯姆（Bloom, 1913-1999）所提出的「布魯姆分類法」（Blooms Taxonomy），將學習目標細分為三大類：認知（cognitive domain）、情意（affective domain）與技能（psychomotor domain）。在認知領域中，由低到高又可細分為記憶、理解、應用、分析、評鑑、創造等六個層次（參見表 3-1），且每一個層次都必須以上一個層次作基礎。在

表 3-1　布魯姆分類法（Blooms Taxonomy）

記憶（Remembering）	記憶及認識，能回憶重要名詞、事實、方法、準則、原理原則等。
理解（Understanding）	能掌握重要的名詞、概念，能加以解釋與進一步詮釋。
應用（Applying）	將所學的知識、理論、原則實際應用到不同的情境中。
分析（Analyzing）	能重新拆解與組合某些知識的訊息、成分、元素、關係與組織原理等，並進一步釐清彼此之間的關係。
評鑑（Evaluating）	能有效採取評鑑系統，來評估知識概念等的價值。
創造（Creating）	從現有事物中創造出新的設計，組合發展不同事物。

資料來源：Bloom (1956). *Taxonomy of Educational Objectives: The Classification of Educational Goals; pp. 201-207*. Susan Fauer Company, Inc.

情意目標上關注到學習者的心理狀態與情緒反應。Krathwohl 等（1964）將情意領域又分為：接受或關注、予以反應、進行評估、重新組織及形塑品格等五大層次。

　　至於技能領域，包括關注到學生具體可見的外在行為、肢體動作、協調能力及使用動作技能等能力養成。其中，Simpson（1972）又將技能領域教學目標分為：知覺、醞釀準備、引導式的回應、機械運作（Mechanism）、複雜的外在反應、適應，以及激發獨創等步驟。

　　總之，布魯姆認為學習不應只停留在無聊，且毫無發問機會的聽講歷程，他鼓勵教師應主動導引學生參與學習過程，如此才能刺激他們更高層次的思考與學習成果（Bloom, 1956）。

三、學校教學實例

　　如結合學習與經驗金字塔的理論及布魯姆的三大學習目標，在大學課堂的教學歷程中，最初除了採用一些相關的基礎知識與理論等，透過讀與聽的學習方式外，接下來可以透過一些活動如：觀看照片或影片、觀摩示

範、寫作練習、甚至在學期初與學期中，讓學生有參與課程設計的機會；讓學生分析各個不同的活動所對應的成果，如：能解釋和定義、示範展示給他人，以及進行分享和創造等「技能」領域的實務操作，效果最好。反之，在「認知」與「情意」領域方面，則以閱讀與親身體驗的效果最佳。但無論是哪種教學方法，教師都應該重視學習者的個人特質。上述所有的學習方式及形式，都必須建立在學生願意參與及主動學習的基礎上。因此，學習成效好壞的關鍵，在於學生是否有學習動機，與積極的學習行動，這些都需要教師必須隨時調整與因應。

第二節　翻轉教室

　　隨著時代的進展，「學習」變得越來越多元。在科技快速的發展下，教學方式和形式也越來越仰賴科技。近年來，深受國際上討論的「翻轉教室」（Flipped classroom）已成為新型態的學習模式。「翻轉教室」的理念被應用於各級中、小學，連大學課堂也陸續被引進。翻轉教室的核心概念是將教師與學生面對面的時間給「極大化」（黃政傑，2014）。該理念適用於不同背景的學生，並且在許多貧困地區學校獲得成功的經驗。目前國內翻轉教室的重要推手之一為臺大電機系的葉丙成教授，包括：翻轉教室工作坊、BTS 無界塾、PaGamo 團隊等，皆有助於臺灣翻轉教育的推動，更影響到後續各大專院校設立線上課程平臺如：MOOCS（又稱磨課師平臺）等。

一、內容簡介

　　翻轉教室的概念源自於兩位美國高中化學老師柏格曼（Jon Bergmann）

以及山姆（Aaron Sams）。最初，他們是為了解決學生上課缺席的問題。後來，兩位老師的作法是先將錄製好的教學影片，提前上傳到學習平臺，讓缺席的學生可以自行學習（Bergmann & Sams, 2012）。此後，學生們的學習動機和學習成效有了顯著的提升。後來此教學形式被可汗學院（Khan Academy）的創辦人可汗（Salman Khan）採納，大力推動翻轉教室的上課形式。

　　2016 年 4 月，翻轉教室的創始人之一柏格曼應邀來臺北演講，分享翻轉教育的理念。他認為，翻轉教室並非新的發明，只是在提醒教師以下問題：什麼教學方式能對學生產生最好的效果（林秀姿，2016）。師生在學校相處的時間十分有限，如果學習只侷限在教室內，那麼學生的興趣、動機與主動性都會大打折扣，教師的教學效果淪為事倍功半。尤其近年來，教育界面對科技網路對教學型態的革新壓力下，傳統的教學形式必須加以調整（潘炳超，2015）。翻轉教育的產生，提供了另一個教師改進個人教學，提升學生學習成效，與創造師生雙贏的機會。

二、對教學的重要影響

　　相較於傳統的教學形式，翻轉教室以學生為中心，跳脫以往學生僅在課堂中被動聽講的模式，讓學生可以在家中提前預習學習內容。而後課堂中與教師進行互動並延伸更多學習。學生們甚至可以自行觀看課堂教學影片或錄音，利用在學習平臺上與同儕合作、閱讀電子教材等方式進行自學。翻轉教室主張「教師只是引導者」，依據學生個別的情況，尋找適合自己的學習方式。教師除了引導學生外，也可以加入各種多元形式，如：與學生一起合作完成實作作業，進行各式各樣的交流及互動，讓學生透過實作尋求答案等方法。藉此，學生可以自己掌握自己的學習節奏，對課堂內容達到加強並加深成效（Kostaris 等人，2017）。

三、學校教學實例

美國明尼蘇達州的艾爾蒙湖小學（Lake Elmo Elementary School），在2011年開始採用「翻轉教室」的教學策略。經過一段時間，這所小學的教師表示，翻轉教學策略能有效提高學生們的學習動機，同時也獲得家長的認可（Stansbury, 2012）。此外，哈佛大學物理教授 Eric Mazur 也採用同儕教學法，來落實「翻轉教室」的教學模式（Mazur, Eric, 2016/10/1；劉伊霖，2012）。該教授不只在課堂上應用翻轉理念模式，更進一步發展 Learning Catalytics 網站（King, Lukoff, & Mazur, 2021/1/26），讓其他教師也可以透過這個平臺，與學生進行互動。

總之，翻轉教室可協助教師節省課堂講述內容的時間，增加師生之間的互動。唯一值得注意的是，教師可能因此必須在各種教材蒐集、課堂設計、與影片錄製等，花費較多事前準備工作。同時，學生也需要改變個人的學習習慣，願意與同儕合作，與教師進行互動。面對科技時代的變化趨勢，大學行政支援體系和教師本身，都需要進行改革與創新。

第三節　多元智能

長期以來，智力測驗都是透過「紙筆測驗」，來評定一個人的智商，這樣的做法是否容易流於以偏概全，予人標籤化的作用？為擺脫此種單一的智力定義方法，美國哈佛大學反對標準測驗的學者加納（Howard Gardner），提出「多元智能」（multiple intelligences）的概念，強調每個人都是獨一無二的個體，且個人的智能光譜，是由不同的智能組合而成。

一、內容簡介

　　多元智能理論（multiple intelligences theory），又稱為多元智慧或「MI 理論」，由加納博士 1983 年出版的《智力架構》*Frames of Mind* 一書中正式提出。當時社會中的教育制度，長期以來只用凸顯語言和邏輯能力的 IQ 測量工具，來評定一個人的智商。這樣的做法忽視其他能力的討論。對於智力的看法過於單一，且無法反映人們在不同領域的卓越表現。為了延伸智力的範圍，加納博士於是提出「多元智能」的想法。經過多年論述，發展出八種智力，分別是：語文、數學邏輯、空間、音樂、肢體動覺、人際、內省、與自然觀察等智能。

　　該理論主張，教師在課堂中應扮演「輔助者」角色，以協助學生多元學習（朱淑芬，2003）。另一位美國心理學家斯坦伯格（Robert J. Sternberg）於 1985 年提出的智力三元論（triarchic theory or intelligence），包含：組合智力（componential intelligence）、經驗智力（experiential intelligence），以及情境因應智力（contextual intelligence）（Sternberg, 1988）。這些多元智能的相關理論架構，為當前教育人才培育與社會多元人力需求，提出有力的論述。

二、對教學的重要影響

　　多元智能在教學上的影響，鼓勵教師以更廣闊的視角，去看一個學生的特質，如孔子的「因材施教」，是根據學生的性格、特質、興趣與專長等，尋找合適的教學方式。教師透過課堂中的「聽其言，而觀其行」，引導學生自我探索，幫助他們發現自己的特質（陳韋丞，2019）（參見表 3-2）。近年來臺灣的教育政策中，如臺灣的 108 課程綱要中的「學習檔案」，也屬多元學習的表現項目的一種。讓學生去體驗不同學習內容並記錄下來，

表 3-2　多元智能自我探索範例

請從下列描述中，選出三項最符合你的描述：	
描述	勾選欄
1. 我擅長說話或寫作，對語言和文字的掌握度和理解力高，用字遣詞很精準，時常使用修辭技巧。	☐
2. 我擅長分析問題或歸納統整，能夠運用抽象概念思考和表達，數理化科目相對來說比較拿手。	☐
3. 我熱愛音樂，音準和節奏感很好，沒事就喜歡哼哼唱唱，總是在心中反覆回想喜歡的旋律或聲音。	☐
4. 我喜歡「動」，運動、戶外活動、舞蹈、健身、演戲、模仿、下廚甚至手工藝，是我比較擅長的領域。	☐
5. 我很容易察覺別人的想法、心情、需求和意圖，能夠處理人際問題，很多朋友會來找我諮詢。	☐
6. 我很清楚自己的個性和優缺點，不用別人督促就可以自己前進，也時常反省自己的生活方式。	☐
7. 我喜歡接觸動植物和大自然萬物，對環境保育和生態議題很有熱忱。	☐
8. 我對於空間、圖形和色彩很敏銳，空間概念、方向感或設計感很好，擅長圖像思考。	☐

資料來源：陳韋丞（2019）。聰明不是只有一種！多元智能測驗，找出你尚未使用的潛能。取自人才培訓網 https://www.smartlinkin.com.tw/Article/4694

幫助他們認識自己的個人特質、拓展視野與確立人生目標（詹志禹，2011）。此外，多元智能理論也可提醒未來教師，需要擁有人際及內省等智能，以勝任未來工作。尤其趁著學生時期，培養自己的各項能力，發現各項特質與專長。（參見附件 3：1）

三、學校教學實例

在筆者的教學生涯中，有位學生至今仍然印象深刻。他是一位非常會

打電玩遊戲的男同學，父母親都是中小學教師。大三時開始選修筆者的課程，當時還有期中考與期末考。王○○有一次，考卷上四題申論題，每個題目大約是二、三十個字的問題。沒想到他的回答竟然簡短到只剩十幾個字，甚至還有「這個題目的答案應該在課本的哪一段……」等字眼，真是惜墨如金！甚至有一題他完全空白，讓我在閱卷時，哭笑不得，只好找他約談。他說自己從小學就一直在玩電動遊戲，很少看書，但仍憑著聰明及運氣，考上國立大學。只是上大學以後，他依然在宿舍裡打電玩，很少跟同學有互動或交往，認識的朋友也不多。最後因為他考試中的答題方式過於簡略，我無法讓他通過。

到了大四，這個同學又來修我的另一門「班級經營」必修課課程。如同以往，他依然很少在課堂上發言，也跟其他同學少有互動，總是一個人單獨坐在教室一角落。直到有一次，筆者終於找到機會請他上臺來表演在課堂中可能發生的學生意外狀況。他一上臺就扮演打鬥情境，動作俐落，表演逼真，讓在場的同學眼睛為之一亮，有些人甚至私下詢問：「我們班真的有這號人物嗎？」、「四年來我怎麼都不認識他？」、「他叫什麼名字？」等有趣的問題！

這位同學從小因打電玩，而忽視了語言智慧及人際智慧等的發展。加上長期與電動遊戲為伍，讓他熟悉各種肢體打鬥動作，幾乎可以當一個特技演員。只可惜，大學原是一個強調語言智慧、數理邏輯與人際交往等群體生活的地方。每天沉迷於網路世界，當年是無法讓他在大學中施展這項專長的。

又有一回，筆者在飛機上看到一則關於 Yahoo 創辦人楊致遠的發跡經驗報導。我特地送他這個報導，希望能夠鼓勵他尋找未來教育與電玩跨界結合的行業。筆者願意投資，讓他開創事業。只是他畢業後希望當小學老師。我聽後勸他不太合適，因為大四下學期他在小學實習時，一堂課四十

分鐘，他用十分鐘教完該節的進度後，就只能站在講臺上，講不出話來。讓下面的小學生為實習老師而焦躁不安，秩序大亂……。最後，只好驚動導師出面安撫。

　　站在教師的立場，筆者不得不勸他避免選擇教職，甚至鼓勵他另闢蹊徑，一定可以出頭天。後來他去服兵役，破天荒寫了一封信給我，然後就沒有再聯繫了。多年來筆者經常想起這個學生，他可說是多元智能的有趣案例。

　　另外，美國哈佛大學（Harvard University）與塔夫特大學（Tufts University）曾共同推出光譜計畫（project spectrum）。臺灣的 108 課綱等，其理念也是基於「成就每一個孩子」，透過多元智能理念設計課程，激發及滿足學生多元智能的需求。

第四節　習慣領域

　　習慣（habit），指的是一個人在日常生活中，常會出現某些固定的行為，長期下來這些行為就變成既定的生活模式（柯永河，2004）。當這些習慣養成後，如果缺少刺激與改變的機會，大腦就會下意識將這些行為歸入某種穩定狀態，慢慢形成一種惰性，並且希望安定下來，不再去改變（謝明君，2003）。學生的學習亦是如此，在大學課堂中，教師在臺上提問，就是希望增加師生間的互動，藉此聽聽學生的意見。只是臺下經常的寂靜一片，會逐漸消磨老師的教學熱忱。如何檢視師生間的固著習慣，可能是在教學現場中可以考慮的作法。

一、內容簡介

　　習慣領域（Habitual Domains, HD）的概念源自於美國堪薩斯大學（University of Kansas）商學院游伯龍教授的學說。由於大腦在接收訊息後，長時間沒有更新或給予刺激物，大腦就會傾向處於穩定狀態（游伯龍，2001）。游伯龍（2001）同時將大腦比喻為「電網（grid）」，大腦的思路彷彿錯綜複雜的電線，堪稱具有無限潛能的「人性軟體」（human software）。我們日常生活累積的習慣，就如同電線一樣攀附在電網上面，很難拔除這些舊的習慣，適應新的環境。

　　習慣領域又可分為以下幾種：首先，「潛在領域」如同無形的枷鎖（invisible shackles）般，無意間限制人們的想法及行為。其次，「實際領域」能具體表現出行為或想法，它佔據了大腦最多的注意力，影響人類行為甚鉅。第三，「可發領域」，指在大腦中注意力佔有相當比率，如何善用注意力，也各有不同。第四，「可達領域」則是透過實際領域運作而得出的想法與感受（游伯龍，2001）。從上述來看，大腦的思路雖如同道路系統錯綜複雜，但是在複雜中又不失規律感、細密感。所以我們可在日常生活中，有條不紊的生活與工作。

二、對教學的重要影響

　　習慣領域在教學上具有相當的啟示作用。例如，好的習慣需要靠時間來培養，而壞的習慣也需要花力氣去移除（陳膺宇、游伯龍、楊純芳，2010）。如果能擴大已建立的好習慣，便能增加自己的進步機會；反之，壞習慣則需要經常給予刺激提醒，重新建立新的認知基模（schema）。總之，突破每個人的習慣領域，是件困難的事，畢竟習慣領域在長期作用下，已與每個人的生活緊密結合，一時很難改變。

心理學家皮亞傑（J. Piaget）曾提出認知發展理論（cognitive-development theory），包括：適應（adaptation）、同化（assimilation）、調適（accommodation）等概念（詹志禹，2011），其中，「同化」和「調適」都跟突破習慣領域息息相關，都是在原有的基模上給予特定刺激物，使其改變既有認知，來達成學習的目標（蘇慧慈、陳俊卿，2010）。然而這些概念如何應用在個人的習慣上？游伯龍（2009）建議，不妨三不五時製造一點緊張氣氛或挑戰，避免在舒適環境中失去警覺性。游伯龍將此稱之為：「警覺是智慧的開端」，透過「警覺心」來突破舒適圈的束縛，避免陷入「溫水裡的青蛙」（The boiling frog）的險境（Daniel, 1996）。游伯龍（2001，2009）又進一步提出「突破習慣領域」的方法，包括：

1. 尊重他人並隨時向人學習。
2. 提升高度的觀察思考。
3. 自我前後的對照比較。
4. 在不同事物間進行相互聯想。
5. 改變事物間的系統參數。
6. 養成寧靜致遠的功夫。
7. 更換職位、或從事旅遊與遷居，改變環境。

在教育上經常提到的作法如：「孟母三遷」、「易子而教」與「讀萬卷書、行萬里路」等，就是利用環境的改變，來刺激、轉化人們舊有的習慣領域，透過新的環境與經驗，來刺激大腦中的電網，進一步給予活化的機會。

三、學校教學實例

學校定期的除舊佈新，不僅僅是為學校的陳舊帶來新生機，更是「空

間領導」（space leadership）的真實應用（湯志民，2008）。除了在教室裡，改變硬體設備、重新的教室布置或座位安排等，改變教師心理參數，作為突破習慣領域的第一步，同時將學習的主導權交給大學生，讓他們擁有更多的機會，參與教師課程決定的方向與形式。教師也需根據學生的屬性與期望，進行適性調整（adaptive adjustment）。與此同時，教師也調整課堂中班級經營等原則。至於在改變教學參數方面，教師也要隨時自我提醒，對教學過程可能出現的問題，及時回應與調整，避免問題擴大而不自知等自我感覺良好的情況中（陳啟濃，2019）。

　　以下提出教學自我省思檢核表（參見表 3-3），作為突破大學教學習慣領域的參考。

表 3-3　大學教學自我省思檢核表

一、我有哪些想要改變的不良教學習慣？
二、我的學生們是如何看待我的教學？
三、我可以增加哪些好的習慣，來改進課堂教學品質？
四、我要如何設立目標，來檢視自己的教學？
五、我是否有尊重他人，與隨時向人虛心求教的習慣？
六、我是否能跳脫自己的角度，且提高層次來觀察思考自己的教學？
七、我是否會在期初與期末，進行前後教學成效的比較？
八、我是否會嘗試在不同的課程中，進行彼此間的對照與關聯？
九、我是否會定期改變教學中的有關參數，如：教科書、教學方法、師生互動形式、教室環境等，來改善教學？
十、上完一週所有課程後，我能否完全放下這些工作負擔，靜下心來？
十一、我是否因改變習慣與減少壓力後，出現更多的教學創意？
十二、我是否定期改變授課科目與教學內容，來擴展個人領域？

資料來源：作者自製。

第五節　心智圖

　　心智圖（mind mapping），又稱「思維導圖」，是近年來在教學上廣泛使用的工具。在課堂中，教師透過解讀及繪製心智圖，來引導學生抓重點、做筆記，與提升邏輯思維能力。除了在教學上，很多企業也會利用心智圖，來思考產品銷售及公司營運等方針。其中如美國波音（Boeing）公司，就曾經利用心智圖原理，花了數年去設計與生產波音公司的飛機。透過「樹狀圖」的形式，以波音飛機作為樹幹，並向外延伸，先將大重點以大樹枝標示出來，再利用枝微末節去表示其他的小重點。其主要目的可讓人快速釐清各階層間的關係，讓整體看起來規律而有邏輯性。目前網路上已有不少心智圖 App 可供免費下載使用。教師在教學上，也可運用這些現代科技，來提升教學品質。

一、內容簡介

　　心智圖（mind mapping）或稱概念構圖（concept map），可追溯 1960 年代，美國認知科學家 Allan M. Collins 所提出的語意網路（semantic networks），是一種傳遞知識的模式，利用點（vertex）與線（edge），來建構網狀結構圖形。每個點皆代表一個概念（concept）或詞彙（term）；線則是連結概念的橋樑（Collins & Quillian, 1969）。後來，英國作家 Tony Buzan 提出有價值的圖形技術構想，採用圖片與文字相結合的方式，成為概念構圖的雛型（Buzan,1996）。另外，Novak（1998）與其研究團隊也提出修正這些概念構圖。Mckim（1980）提出有效的視覺思考三要素，包含：知覺的意象、心靈的意象與圖表式的意象。透過這些意象，幫助人們進行邏輯思考，並透過視覺效應，深化圖像的記憶保留量。

　　心智圖包含幾個特徵（參見圖 3-2）：首先，圖形中央為問題的焦點，通常會將字體放大，來凸顯重點。至於問題的主要分支，則由中央向四周發散，營造出連結的意象。其次，每個主要和次要分支，是由關鍵圖形和關鍵詞所構成，以此表示事物之間的關聯性。其中，「樹狀圖法」堪稱心智圖中最常見的形式，其他還有氣泡圖（bubble map）、流程圖（flow map）、橋形圖（bridge map）等心智圖的應用。

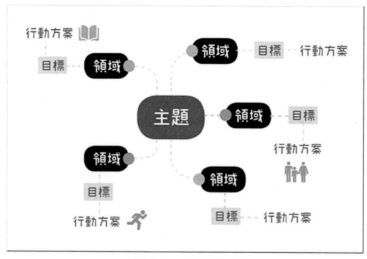

圖 3-2　心智圖示例

資料來源：陳永信（2019）。心智圖怎麼畫？5 步驟學會畫年度心智圖。取自
https://www.cheers.com.tw/article/article.action?id=5095704

二、對教學的重要影響

　　在教學上，心智圖可幫助學生養成抓學習重點的習慣，同時學習建立邏輯順序與關係的能力。使用概念構圖前，教師在課堂中先引導學生建立思考模式。例如：一開始先訂定核心的概念，然後分散出去。其次，以問

題和目標為中心作層次分析。第三，引導學生抓大放小，再反覆思索與自由聯想。最後，建立順序及層次關係的圖形，讓每個層次可以展開。學生可以回家完成，不需要在一堂課內解決。根據宋瑩（2018）的研究，教師在設計整體心智圖時，須注意包括：教師如何引導學生內化材料；在課程中要尊重「因人而異、各有千秋」的個別差異；最後，培養學生抓重點與撰寫摘要的能力，學會抓大放小，再逐一修改細節，也可以在課堂中透過相關 App 程式，做筆記，加深印象。

三、學校教學實例

　　近年來，中國大陸提出的「信息化教學」，即為概念構圖的應用代表。根據張一春（2013）所述，資訊化教學的重點在於，以學生為中心，並強調情境對資訊化教學的重要作用。其教學概念建立在學生能夠主動學習的基礎上，並鼓勵將所學運用在生活問題中。透過：情境、合作、對話和有意義的建構等四個要素，讓學生不僅能夠學習到知識，也能從體驗中獲得真實的經驗學習。

第六節　合作學習與同儕評量

一、內容簡介

　　合作學習（cooperative learning），目的在於透過分組方式，讓學生互相討論，從中產生更高層次的認知能力（Nijhot & Kommers, 1985）。與傳統的單向講述法作比較，合作學習涉及更多學生之間的自主性、互動性，及趣味性（黃政傑、林佩璇，1996）。近年來，各級學校也開始關注合作

學習所帶來的正面影響，透過班級中各種分組形式，提供不同程度學生之間的互助與交流，來提升整體的學習成效（汪慧玲，2013）。

大學課堂中常見的分組報告方式，不但可加強學生思維訓練和口語表達，也透過分組過程中，養成團隊合作和溝通協調的能力。其中，成功的團隊合作，必須包含四項因素：充分資源、領導結構、信任氛圍、績效評估與獎賞制度（Robbins, 2017）。

以文科教學為例，教師可引導學生從事社會調查，與文獻閱讀等學習（Thomas, 2013）。其次，提供學生課堂中或課後，教師與助教／延伸討論機會。課堂分組時，可規定小組中幹部的選舉或分配，如至少選出一位小組長，負責組內領導以及分配工作。由於組長是小組中的核心人物，組員間的互動好壞很容易受到組長的影響。畢竟小組中的人際關係，是影響整組運行的關鍵（杜念慈，2017）。所以組長人選適合由具有觀察力、領導力與協調力的人來擔任（卓斌勝，2015）。明確小組領導人選後，要開始建立團隊信任，畢竟和諧愉快地討論，會讓團隊報告品質更好（王正瑩，2005）。最後，在課堂全部組別報告完成後，可由教師發下組內互評評量表，給全班進行互評，共同選出優秀組別，由教師提供獎勵，提升學習成效（林生傳，1992）。

二、對教學的重要影響

大學課堂的分組，可用姓氏、生日、興趣、年級、科系等，當作分組標準。常見的有同質分組（homogeneous grouping）和異質分組（heterogeneous grouping）。「同質分組」從字面上來說，是根據學生相近的知識與能力進行分組。早期學校中多採同質分組，當時是為了縮減學生程度間的差距，方便教師教學（莫雷，2007）。此種分組相信：好的環境引人向上。透過「近朱者赤，近墨者黑」的原理，將成績好的學生放在一

起，能激發更大的競爭力。但隨著時空改變，近年來有愈來愈多學校，根據年齡、年級、學業能力、興趣、性別、族群等背景，將學生分散至不同的組別。尤其將學業表現程度不一的學生放在一起。其理念在於透過同儕合作學習，讓高成就與低成就孩子的互助合作，喚醒學生潛在的學習動機，提升低成就孩子的學習能力（彭甫堅，2015），縮減孩子學習能力之間的落差（劉佩聿，2019）。這也是近年來，「異質分組」廣為各級學校採納的原因（黃政傑，1996）。

　　經過 Aronson & Bridgeman（1979）改良後，異質分組出現拼圖法第二代（Jigsaw II），分配不同主題給組內成員，每個人都須研讀完有關這個主題的資料，然後進行小組討論（panel of experts），最後再回到原組別分享所得收穫（陳曼怡，2003；Aronson, 2001/3/27）。近年來，大學教學興起拼圖法的原因，在於學生經由自行查資料、分享所學的流程，其學習成效會比教師單方面在臺上授課來得更高（黃方妤，2018）。其他如：學生小組學習法（student team tearning, STL）、共同學習法（learning together, LT）、問題導向學習法（problem-based learning, PBL）等，也都是大學課堂中常見的教學形式。

三、學校教學實例

　　每到期末，教師都要進行評量工作。此時，有些教師會提供學生各種相互評分表、自我評分表，或是教學意見調查等，希望藉由相對多元與客觀方式，來評估各組表現，與未來教學改進的參考依據。

　　其中，同儕的相互評量，為何也很重要？有研究顯示（許雅涵、吳毓瑩，2004），組內互評的結果，可看出整體團隊的氛圍，還有成員各自的行為表現，可做為教師評量的參考。在教學上，同儕的相互評量，有助於理解學生間的認知差異程度。尤其在教學過程中，同儕間的互動，可以為

學生的認知過程提供一種「鷹架（scaffolding）」效應（Vygotsky, 1978），透過學生間不同的認知型態來擴大每個學生原有的認知基模（李皓銘，2016）。根據張家慧、蔡銘修（2018）的研究，在班級中實施師生相互評量時，一開始，教師要向同學約定與說明自評、互評、教師評分的各項評分標準和比例。然後，互評表須採取「匿名」形式，不但可以更真實地呈現學生心中的想法，也能避免同學之間的矛盾。最後，評量後教師應當給予適當回饋，讓學生在事後也能獲得自我檢討與改進的機會。

附件 3：1　壯志未酬　創客推手遺愛人間

　　長期以來，國內中小學教育受限於以紙筆測驗領導教學，一些不擅長抽象思考的學生，因缺乏展示多元智能的舞臺，而淪為「教室中的客人」。

　　隨著網路科技的發展，一些酷愛科技與熱衷實踐的人們，透過分享交流，希望將創意從「思想」層次，轉化到「實作」階段。這些專門強調「做」的社群，便自稱為「創客」（又稱自造者，Maker）。

　　這些理念隨後應用在教育上，希望改變過去學習上過於抽象的方式，改由強調「實作」的課程，透過各式的實驗、腦力激盪、翻轉碰撞的動手操作經驗，讓學校可以成為提供學生落實創意的場域。

　　為此，新北市政府率先全國推廣「創客教育」，並在幾所學校先行試辦，從「實作」、「創意」、「整合」及「自學」四大理念，透過「基礎工具學習」、「模組架構熟悉」與「創發作品產生」三階段，推動全市學校設備借用、資源共享、偏鄉學校推廣、與種子師資培訓等方式，發揮「創客漂鳥」、「創地共享」、「創愛傳鄉」、「創師培訓」及「創發課程」五大教育特色，並培養中小學生「動手實作和問題解決」的能力，近年來獲致相當的成果。

　　而上述政策的主要推手劉君，竟不幸於十一月四日離世，享年三十九歲，留下雙胞胎稚子及哀傷的家人、親友。然令人敬佩的是，除了擔任上述重要教育政策的推動，家人更完成他生前器官捐贈的遺志。

　　劉君是筆者的博士論文指導學生，據聞生前為創客政策戮力以赴。他的驟然離世，不但是我國教育界的一大損失，也凸顯出現行基層公務人員的沉重工作負擔！回顧十多年前劉君初次來我班上課，看他經常是中午空著肚子趕來上學。劉君雖然有幸獲准在職進修深造機會，但歷經漫長的博士班課程與論文寫作過程，期間真的需要有超乎常人的決心與毅力，憑著

一個來自苗栗鄉下孩子的純樸與隱忍個性，透過教育歷程不斷自我提升，甚至躋身公部門，一展長才。

回首他的一生，正好符合其博士論文中所提到的：高等教育對個體的向上流動具有絕對的作用力……，伴隨社會地位的提高、經濟收入的增長、教育及文化資源的擴充，成為追求幸福的重要成分……（劉金山，2010）。然而他更看到高教中弱勢族群，必須靠學貸、獎助金等協助，方能就學的殘酷現實。至於中小學中的弱勢族群，則更有待在教育政策上提供多元的學習舞臺，讓偏鄉與文化不利學生，可以透過實作等技職教育機會，來啟發學習的熱情與創意。上述對於教育機會公平的理想，緣自於個人成長歷程，讓他對教育有一份更為獨特的堅持及貫徹。

劉君進入新北市政府工作後，在短短幾年間建立了良好的創客教育系統，更利用週末、假期，在各學校奔走。透過個人平易近人、實事求是的行事風格，藉由淺顯的語言，與基層人員進行溝通工作，遇有窒礙難行之處亦無不悅之色，而是回去檢討與改進，以扮演好長官、部屬與學校橋梁自期。

我有幸與劉君結下師生之誼，看到他在教育界引領創新政策，發光發熱。如今雖壯志未酬，但遺愛人間，其教育創新理念與實踐精神，將永留人心。

參考資料

劉金山（2010）。臺灣高等教育助學機制評鑑之研究：運用理論導向模式，國立政治大學教育研究所博士論文，未出版。

（轉引自 2017/11/14，《人間福報》看人間）

參考資料

王正瑩（2005）。跨國團隊組成、團隊溝通與信任感之研究。國立中山大學碩士論文，未出版。

朱淑芬（2003）。多元智能融入國語科教學在資源班的行動研究。臺中師範學院碩士論文。

宋瑩（2018）。**心智圖從入門到精通**。中國：北京大學出版社。

汪慧玲（2013）。合作學習教學策略對大專學生之學習成效與學習態度之影響：以兒童發展評量與輔導課程某單元為例。**臺中教育大學學報：教育類**，27（1），pp. 57-76。

杜念慈（2017）。創新分組機制之教學實務研究。**大學教學實務與研究學刊**，1（2），pp. 39-68。

周舜欽（2015）。「學習金字塔」的誤解。取自 https://class.windelf.idv.tw/modules/tadnews/pda.php?op=news&nsn=783&ncsn=5

李晧銘（2016）。使用線上同儕互評機制探討學生學習成就與同儕互評觀點之關係研究。淡江大學碩士論文，未出版。

卓斌勝（2015）。教師領導風格與組長人格特質對小組合作學習之影響。國立屏東科技大學碩士論文，未出版。

林生傳（1992）。**新教學理論與策略**。臺北：五南。

林秀姿（2016）。翻轉教室創始人柏格曼：在教室完成學習 消滅補習文化。取自 https://reurl.cc/yM9ay6。

柯永河（2004）。我與習慣心理學—回首獨行路，瞻望滿星天。**臨床心理學刊**，1（1），pp. 1-12。

許雅涵、吳毓瑩（2004）。同儕互評的策略及意義：一個道德科教學的行動研究。**課程與教學**，7（3），pp. 55-74。

莫雷（2007）。**教育心理學**。中國：教育科學出版社。

張一春（2013）。**信息化教學技術與方法**。中國：高等教育出版社。

張家慧、蔡銘修（2018）。淺談同儕作業互評與實施建議。**臺灣教育評論月刊**，7（8），pp. 212-218。

陳曼怡（2003）。合作學習在我國大學實施模式及可行性之研究。國立臺灣科技大學碩士論文，未出版。

陳膺宇、游伯龍、楊純芳（2010）。習慣領域（HD）創新教學之探討—以「大 HD・大未來：打造我的黃金十年」為例。**習慣領域期刊**，2（1），pp. 137-154。

陳永信（2019）。心智圖怎麼畫？5 步驟學會畫年度心智圖。取自 https://www.cheers.com.tw/article/article.action?id=5095704

陳韋丞（2019）。聰明不是只有一種！多元智能測驗，找出你尚未使用的潛能。取自人才培訓網 https://www.smartlinkin.com.tw/Article/4694。

陳啟濃（2019）。陳啟濃：教師輪調走出「舒適圈」。取自 https://www.appledaily.com.tw/forum/20191201/KPDRRROLK5VDPA2MXL4AFH37YQ/

彭甫堅（2015）。彭甫堅：互助共享，學生個個是老師。取自親子天下 https://www.parenting.com.tw/article/5068438。

湯志民（2008）。教育領導新論：空間領導的理念與策略。取自 http://www3.nccu.edu.tw/~tangcm/doc/2.html/article/E233.pdf

黃政傑（1996）。**創思與合作的教學法**。臺北：師大書苑。

黃政傑、林佩璇（1996）。**合作學習**。臺北：五南。

黃政傑（2014）。翻轉教室的理念、問題與展望。**臺灣教育評論月刊**，3（12），pp. 161-186。

黃方妤（2018）。合作學習與差異化教學研究──以拼圖法實施於八年級

國文課程為例。淡江大學在職專班碩士論文，未出版。

游伯龍（2001）。**習慣領域**。中國：友誼。

游伯龍（2009）。**HD：習慣領域：影響一生成敗的人性軟體【修訂新版】。** 臺北：時報出版。

詹志禹（2011）。**教育心理學：教與學的理論與實踐**。臺北：華騰文化。

謝明君（2003）。以習慣的觀點探討因應、情緒與拖延行為的關係。國立臺灣大學碩士論文。

劉伊霖（2012）。Flipped classroom 徹底顛覆你的思維。取自 http://newsletter.teldap.tw/news/HaveYourSayContent.php?nid=5557&lid=640。

劉佩聿（2019）。異質性分組英語教學之教師專業發展教學影片。國立中山大學碩士論文。

潘炳超（2015）。翻轉課堂模式應用於高校教學的實證研究。**中國課程與教學期刊**，263（3），pp. 83-88。

蘇慧慈、陳俊卿（2010）。皮亞傑認知發展論對體育教學之啟示。**大專體育期刊**，108，pp. 30-37。

Aronson, E., & Bridgeman, D. (1979). Jigsaw groups and the desegregated classroom: In pursuit of common goals. *Personality and Social Psychology Bulletin*, 5(4), 438-446. Access on 2022/10/18 at: https://doi.org/10.1177/014616727900500405

Aronson, E. (2001/3/27). A conversation with Elliot Aronson / Interviewer: Susan Gilbert [Published interview]. The New York Times. Access on 2022/10/18 at http://www.nytimes.com/2001/03/27/health/a-conversation-with-elliot-aronson-no-one-left-to-hate-averting-columbines.html

Bergmann, Jonathan & Sams, Aaron (2012). Flip your c: Reaching every student in every class every day. VA: International Society for Technology in Education.

Bloom (1956). *Taxonomy of Educational Objectives: The Classification of Educational Goals*, pp. 201-207. Susan Fauer Company, Inc.

Buzan, T. (1996). *The Mind Map Book: How to Use Radiant Thinking to Maximize Your Brain's Untapped Potential*. Plume Books.

Collins, A.M. & Quillian, M.R. (1969). Retrival time from semantic memory. *Journal of Verbal Learning and Verbal Behavior*, 8(2), pp. 240-248.

Chan, G. (2020). 學習對應的層級與比例？學習金字塔（Learning Pyramid）的起源、疑問與適用之處。取自 https://reurl.cc/3Yq2dR

Daniel, Q. (1996). *The Boiling Frog*. The Story of B.

King, Gary; Lukoff, Brian and Mazur, Eric. (1/26/2021). Participant Grouping for Enhanced Interactive Experience (4th). United States of America 10,902,031 B2 (U.S Patent and Trademark Office). US Copy at https://tinyurl.com/y8pmlzau

Krathwohl, D. R., Bloom, B. S., & Masia, B. B. (1964). Taxonomy of educational objectives: The classification of educational goals, *Hand book II: Affective domain*. New York: David Mckay Company In corporated.

Kostaris, C., Sergis, S., Sampson, D. G., Giannakos, M.N., & Pelliccione, L. (2017). Investigatingthe potential of the flipped classroom model in K-12 ICT teaching and Learning: An actionresearch study. *Journal of Educational Technology & Society*, 20(1), 261-273.

Mckim, R.H. (1980). *Thinking Visually: A Strategy Manual for Problem Solving*. Lifetime Learning Pub.

Masters, K. (2013). Edgar Dale's Pyramid of Learning in medical education: A literature review. *Medical Teacher*, 35(11), pp. 1584-1593.

Mazur, Eric (2016/10/12)。創造終極翻轉教室——同儕教學法教學指南。（謝承諭，文稿整理）。2022/10/18 引自 http://tpod.ctld.ntnu.edu.tw/Publications/show?id=16389eea3908422dae3b031808bdedfc&AspxAutoDetectCookieSupport=1

Nijhot, W. & Kommers, P. (1985). *An analysis of cooperation in relation to cognitive controversy*. In Slavin, R. et al. (Eds). Learning to cooperate, cooperating to learn, pp. 125-146.

Novak, J.D. (1998). *Learning, Creating, and Using Knowledge: Concept Maps As Facilitative Tools in Schools and Corporations*. Lawrence Erlbaum Assoc Inc

Raymond, A. (2012). *Pyramid of learning*. UK. Inc.

Robbins, S.P. (2017). *Organizational Behavior (What's New in Management) (17th Edition)*. Pearson, UK.

Simpson, E.J. (1972). *The Classification of Educational Objectives in the Psychomotor Domain*. Gryphon House, Washington DC.

Sternberg, R. J. (1988). *The triarchic mind: A new theory of human intelligence*. New York: Viking.

Stansbury, M. (2012). A first-hand look inside a flipped classroom. From https://www.eschoolnews.com/2012/02/09/a-first-hand-look-inside-a-flipped-classroom/

Thomas, G. (2013). *How to Do Your Research Project: A Guide for Students in Education and Applied Social Sciences (2nd Edition)*. SAGE Publications Ltd.

Vygotsky, L.S. (1978). *Mind in society: The development of higher psychological process. Cambridge*. Mass: Harvard University Press.

第四章　大學教學常見的棘手問題

第一節　如何面對學生的申訴

有老師竟然因「當」學生，而被學生提出申訴！

幾年前，開學不久就接獲學校通知，某系四年級的修課學生，對老師提出要求更改成績的申訴！而且後來學校還裁決學生「申訴有理由」，授課教師必須修改成績，從 55 分，改成 60 分及格，並且避免其他學生起而效尤，繼續提出申訴，造成更多困擾，授課老師決定「買 1 送 3」，將其他三位同一學期被當的學生，一律改成及格分數。授課教師心裡自然是充滿了許多無奈！

一、事情經過

這位申訴學生被當的原因，是因為在某學期十六次上課中，高達七次缺席，沒有任何請假，且過程中毫無訊息。即使期中報告結束後，助教用電子郵件通知該生前來說明缺席原因，對方也毫無回應。一直到期末報告結束之後，該生曠課已達七次（超過四次以上），且不見蹤影，教師只好發出「當人通知」，該生才發現事態嚴重，連忙透過電子郵件，要求跟老師約談與解釋原因。該生事後解釋：該學期正在面臨研究所推薦甄試關頭，因為過度焦慮失眠，必須服用安眠藥，導致上午十點的課程，無法正常出席。該生坦承事先並未仔細閱讀這門課的教學大綱。又因為經常缺課而沒聽到教師課堂的口頭缺課提醒。加上為了升學考試，暫時不收任何電

子郵件，錯過了期中缺課超過次數的警告提醒。最後，期末報告也缺席，以致影響同組成員的權益。授課教師認為該生缺課過多，且都沒有請假，為了全班公平起見，教師在電子郵件中拒絕該生的約談請求。

這位學生接到教師回信，與期末不及格成績通知後，自行按照教學大綱上的成績計算公式，認為大綱上僅載明出缺席只占 10%的成績比例，不致構成缺席被當的下場。遂於下學期期初，該生向大學相關單位提出該科成績更改的申訴。於是經過三個月的審理過程，授課教師被校方通知：被當學生申訴有理，授課教師必須按照申訴結果修改成績，讓該生順利通過。

由於整個申訴過程中，授課教師必須多次撰寫答辯書，且應邀親自出席審查會議，進行口頭與書面報告，不勝其擾！整件申訴過程如后：

（一）大四學生發現因缺席次數太多，期末成績將被打不及格時的來信

From：林員（化名）<1000000@XXX.edu.tw>

To：<ixxxx@xxx.edu.tw>

Date：Fri, 10 Jan 202X 17:27:31

Subject：XXXX 缺席說明

老師：

您好，由於尚未收到老師回信，加上禮拜四多次前往老師研究室皆未見到老師，原本想在會面後詳細說明的情況，便在此信中陳述。

在期中後，我有明顯缺課情形，這是因為這學期正在準備研究所考試，經常因為壓力過大難以入睡而必須服用安眠藥，這方面有藥袋可提供證明，也因為服用藥物後難以在早上準時起床，加上私自認為出席成績只佔 10%，不會影響到期末成績，即便在助教寄信提醒後，仍然沒有意識到

事態的嚴重性，直到前天收到助教來信告知成績可能不及格。由於本學期已經是延畢後預期必須畢業的學期，非常需要這堂課的學分，對於老師造成的困擾亦深感抱歉，仍然期許能得到老師的諒解以及補救的機會，無論是怎麼樣的補救措施我都願意達成。

　　若老師仍有疑問，也煩請老師來信，或者告知老師方便的時間，我也隨時都願意接受與您的面談。

學號：XXXXXXX
系級：
學生姓名：林員

（二）授課教師的回覆

From：<ixxxx@xxx.edu.tw>

To：林員 <1000000@XXX.edu.tw>

Date：Sun, 12 Jan 202X 00:36:45

Subject：Re: XXXX 缺席說明：林員

　　林員：你實在太大意了，缺課太多次，整學期缺課七次，而且都未請假。

　　很抱歉，無法通融，請瞭解。

王老師（化名）

（三）申訴學生的第二封信

來源：林員 <1000000@XXX.edu.tw>

To：<ixxxx@xxx.edu.tw>

標題：Re: XXXX 缺席說明：林員

日期：Sun, 12 Jan 202X 09:09:31

老師：

　　說實話沒辦法瞭解，即便缺席次數多，但你在課程大綱上清楚寫著出席分數僅佔 10%，而期中報告分數我拿了 89 分，期末報告則是 90 分，即便出席 0 分，我都應該能夠拿到及格的分數，希望老師可以依據自己訂下的標準打分數。

學號：XXXXXXX

系級：

學生姓名：林員

（四）林員學校提起申訴書內容

XX 大學學生申訴書					
系　　　級	XX 四	學號	1xxxxxx	姓　　　名	林員
出生年月日	XX/XX/XX	性別	X	聯絡電話	09XXXXXXXX
郵寄地址	XXXX				
Email	1000000@XXX.edu.tw				

壹、申訴事實及理由（請自行延伸表格）

　　一、申訴事實：

　　　　（收受懲處、措施或決議之文號、處分之事實）

　　　　本人於 10X 學年度第一學期修習王老師的「XXXX」課程，學期結束得到 55.0 分的不及格成績。

　　二、申訴理由：

　　　　（對於本校懲處、措施或決議不服，提出本校有違法或不當，致損及權益之理由）

　　　　根據助教來信，成績之所以不及格是因為缺席次數太多。於是我便寄信詢問老師是否有補救措施，老師則表示無法通融。然而根據課程大綱上所載明的評分標準，出席僅佔 10%，期中報告佔 35%，期末報告佔 40%，於此分別獲得（89×0.35）＋（90×0.4）＝67.15，早已超過及格分數。

貳、希望獲得之補救
　　希望王○○老師能夠依據其訂定的評分標準，更改成績。

參、檢附文件及證據（列舉後請裝訂為 申訴書之附件）
　　1. 成績單
　　2. 課程大綱
　　3.-4. 期中及期末報告成績
　　5.-7. 信件往來紀錄

（五）XX 大學學生申訴評議委員會申訴案件回覆單

申　訴　人：XX 系林員（學號 1xxxxxxxx）

案　　　由：申訴人不服其「XXXX」成績評定為不及格，提起申訴。

說　　　明：檢附本案學生申訴書（含附件）及本校學生申訴處理辦法。

回覆單位：XX 系、註冊組

　　懇請　貴單位提出書面說明（檢附相關事證），以利本校申訴評議委員會審議。

　　備註：紙本經主管核章後，請於 10X 年 2 月 17 日（星期二）前擲回學務長室○○○，並將檔案以 E-Mail 方式寄至 XXXX@XXXX.edu.tw 收辦，俾便議程編擬等後續事宜之進行。

承辦人

組長　　　（教學單位免蓋）

秘書　　　（教學單位免蓋）

單位主管

（六）進入申訴後，授課教師第一次針對學生申訴時的第一次答辯

XX 系林員（學號 1xxxxxxxx）「XXXX」課程成績申訴回覆：

一、為確保授課品質，維護同學分組學習之權利，杜絕選課僥倖，並鼓勵同學踴躍出席，本人自 XXXX 年在 X 大任教以來，都會在課堂中幾度口頭宣佈與提醒上課出席規定：同學上課必須簽到，請假可達四次（以請假單為憑），但如果請假或缺課超過四次以上，則無法通過此課程。

二、在過程中，本人會不斷用口頭提醒全班同學，且每次上課都會請同學簽到，以此證明出席情形。

三、期中與期末期間，也會請助教公布及提醒全班缺席情形，並於期末前讓同學知道各自的出缺席狀況，儘早補救。

四、但申訴人在修課期間，缺席次數高達七次（10/4, 11/22, 11/29, 12/6, 12/13, 12/20, 1/3），且無任何請假手續，連期末重要的學期分組口頭報告也缺席，影響該組之分工與成績表現。一直到期末助教再次提醒後，申訴人才向本人說明缺席原因，且希望能獲補救機會。

五、本人基於上課規定與為維護其他同學公平原則，無法對申訴人的成績予以通融。

六、申訴人提及本課程之期中與期末報告成績頗高等事宜，因上述報告皆為分組同學的集體作品與成績，是其他同組同學的努力成果，並非申訴人單獨完成之作品。

七、申訴書中雖提及該課程大綱上出席分數僅佔 10%，但申訴人忽略大綱上所載明的「基本要求」之外，教師在課堂中的缺席不得超過四次之規定。

八、為維護本校教師教學品質之優良傳統，防範任何上課心存僥倖與搭便車情形，懇請維持申訴人之成績，以資警惕。

XX 大學學生申訴評議委員會申訴案件回覆人
XX 系教師

王〇〇

202X/2/14

（七）被申訴 XX 系代表陳述、委員詢問授課教師與 XX 系代表答辯紀錄

一、XX 系王老師表示，學生成績不及格，通常是缺席次數太多（超過四次以上），另一個是報告抄襲。林同學稱出席僅占 10%，但出席占 10%是基本規定，缺課須請假，且缺課四次以上成績會不及格，第一堂課與學期中都會一再口頭提醒，且在期中期末一定會請助教提醒同學，每堂課都會有簽到單），助教有在 12 月 8 日、1 月 6 日寄信給林同學，但林同學都沒有回應，且期末報告時林同學也沒有出席，林同學認為問題嚴重，才與老師聯繫。

二、委員詢問 XX 系王老師你有具體與同學說缺課達四次成績會不及格一事。

王老師訴稱，我第一堂課一定會告知同學，但態度上會婉轉地告知同學缺課四次以上成績會不及格。

委員另詢問，林同學說期末報告有出席，（王老師後來更正是最後一次上課繳交期末報告與結語）。老師你們點名是用簽到單嗎？

王老師訴稱，每次第一節課都會傳簽到單，上課會點名問問題，而且期中與期末的成績是同學共同完成的，對於缺課達一定程度，也會要求補作業。

委員詢問，期中報告分數怎麼判斷？

王老師訴稱，分數是一整組大家共同努力的成果，但也會考量同組同學的參與情況。

三、委員詢問期中報告是全組的成績，如何量化成個人的分數？課程

大綱上有所占百分比，期末計算成績時會進行轉換。

王老師表示，出席比率基本要求 10%，但我在課堂上會告知同學缺課達四次以上，會婉轉地告知同學成績可能會不及格，且助教也會寄信提醒。

委員另詢問，王老師是否有在第一堂課告知同學？

王老師訴稱，我有婉轉地告知同學，缺席超過四次以上，成績可能會不及格。

委員另詢問，同學認為依照教學大綱成績應該會及格？

王老師稱，出席占 10% 是針對正常出席的學生，出席是基本的，成績換算依照教學大綱規定，但仍須符合基本要求（出席率）。

委員詢問王老師你為何在 1 月 22 日才上傳成績，與其他同學不同，以及林同學分數只有 55 分，與其他不及格同學分數不同，是有什麼考量嗎？

王老師表示，讓學生過完年後才得知成績，以及讓學生可以向老師反映的機會，其他不及格同學缺席沒有那麼多次，所以成績不同。

委員詢問王老師，關於回覆單中有談到林同學在期末口頭報告缺席，但根據林同學說法，分組口頭報告是有出席的。

王老師表示，從我出缺席名單顯示，林同學並未出席最後一次修改期末報告與繳交的那一堂課，但倒數第二堂課（1 月 2 日）林同學應該有上臺報告。

委員詢問，同組同學分數一樣，是考量同學的參與狀況，還是因為同組的關係。

王老師表示，會要求同學寫分工狀況，也會詢問同學同組成員的參與狀況。

（八）XX 大學學生申訴評議委員會申訴評議決定書

（申訴有理由通知）　　　10X/5/1

申訴人：林員（X）系級：XX 系

學　號：1XXXXXXXX

出生年月日：民國 XX 年 XX 月 XX 日　住居所：XXXX

主　文：申訴有理由，原處分撤銷。

事實：

　　一、申訴人訴稱根據助教來信，申訴人「XXXX」課程因缺席次數太多，致成績不及格。

　　二、申訴人依據「XX 大學學生申訴處理辦法」第 X 條規定：「學生、學生會或其他相關學生自治組織收受本校之懲處、其他措施或決議後，如有不服，應於次日起二十日內以書面向申評會提出申訴……」於民國（下同）10X 年 2 月 11 日提出申訴。

理由：

　　一、按 XX 大學學則（下稱本校學則）第 XX 條第 1 項規定：「學生因故不能上課者，應依本校請假規則辦理；凡未經請假或請假未准而缺席者，為曠課」。

　　二、查本件申訴人 10X 學年度第 1 學期「XXXX」課程，未經請假缺席七次，此有授課教師提供之簽到單可稽，且為申訴人所不爭執。依本校學則第 XX 條 1 項規定，該七次未到課之情形已構成曠課，固無疑義。

　　三、惟查，「XXXX」課程課程大綱載明，出席及課堂參與占學期總成績 10%，授課教師雖稱其於上課時已口頭告知，本課程僅允許缺席四次，倘超過四次缺席，則該科成績不及格。然授課教師上述僅允許缺席四次之要求，於課程大綱上並未有明文記載，因此課程之評分標準究竟為

何，有欠明確，亦非修課學生得以事前預見。是故，本件授課教師於評定申訴人學期成績時，未依課程大綱記載之評分標準評分，逕以申訴人曠課七次而給予不及格之成績，難謂妥適。

四、綜上所述，本件申訴有理由，爰依 XX 大學學生申訴處理辦法第16 條決定如主文。

如不服本決定，得於收到申訴評議決定書之次日起三十日內，繕具訴願書並檢附本評議書，經本校向教育部提起訴願。

XX 大學學生申訴評議委員會　中華民國 10X 年 X 月 X 日

（九）授課教師對校方裁定學生申訴有理由之答覆一

一、依照 XXX 年 5 月 1 日有關 XX 系林同學申訴結果：申訴有理由，原處分撤銷之決議，本人對此決議甚感遺憾，但仍擬維持原成績之決定。如 鈞座認為有修改之必要，請逕行處理，本人將予以尊重。

二、綜觀本校規定從未有任何條文，規範授課教師之成績標準必須完全遵照課程大綱上的規定，理由之一，應該是提供教師授課時專業裁量之空間。

三、該申訴書提及本人「『XXXX』課程課程大綱載明，出席及課堂參與占學期總成績 10%」。然而這項規定僅為「**基本要求**」，且這四個字載**明於課程大綱中**。至於其他上課規定，都是由授課教師於上課期間持續的口頭提醒，且該課程助教亦分別於期中與期末，以電子郵件提醒每位同學出缺席狀況，並進行逐一核對，避免有所缺漏。

四、申訴人於本課程所有上課缺席，均未請假；期末以前也從未與授課教師聯繫。該生整學期曠課高達七次（10/4, 11/22, 11/29, 12/6, 12/13, 12/20, 1/3），其學習狀況明顯不符合本課程之要求。

（十）授課教師接獲申訴判決結果後，向系務會議中提出成績修改提案。

案由：

因成績登錄有誤，王○○老師擬申請 10X 第一學期 XXXX（1XXXX）期末成績如下，敬請　惠允：

一、依據 XX 系四年級林員 XXX 年二月分之申訴，要求其 10X 第一學期比較教育（10221）課程整學期曠課七次（2019/10/4, 11/22, 11/29, 12/6, 12/13, 12/20, 2020/1/3）下，仍需修改原先不及格之分數。

二、依照 109 年 5 月 1 日有關 XX 系林同學申訴結果：申訴有理由，原處分撤銷之決議。

三、為求公平起見，本人擬一併修改上述課程期成績不及格者如下，敬請　惠允：

林　員　1xxxxxxxx　　XX 四　60 分
李○○　1xxxxxxxx　　XX 四　60 分
金○○　1xxxxxxxx　　XX 三　60 分
王○○　1xxxxxxxx　　XX 三　60 分

申請人　教師姓名（員工代號）　10X/5/15

二、申訴後的教師反思

事後檢討此次學生的申訴案件，以及申訴委員會認為裁決學生申訴有理由的判決，似可檢討如下：

首先，任何教師的上課評量，必須根據大學的相關規定或學則，尤其關於出缺席的規定，必須「白紙黑字」寫入教學大綱中，不能模稜兩可或

只靠教師上課口頭補充、提醒或警告。「口說無憑」，是此次教師本人最大的疏失。儘管授課教學大綱上寫著：「上課缺席不得超過四次以上」，但是少了「超過四次缺席後將會被當掉」等字眼，則是無所依據原因是希望不要一開始上課就讓學生看到缺席四次以上會不及格這種比較敏感的字眼，也可能因此影響同學選課意願。可是申訴的學生就抓住這一點，認為缺席只占總成績的百分之十，缺席次數再多，根本不構成學生成績不及格的要件，哪怕授課教師在課程中不斷的提醒：不要缺席超過四次，並且缺課一定要完成請假等書面手續等口頭聲明。

結果這個學生自己計算成績，認為分數不應該被當。建議授課教師日後應載明缺課最高門檻，與提高出缺席所占總成績之比例，以避免日後的類似爭議。

其次，授課教師在期末結算成績時，事先並未注意到申訴同學缺席次數已經超過四次的問題，給予一般人合乎規定的成績標準。當時如能事先徵詢同組同學關於申訴同學長期缺課，是否影響兩份作業的參與度與表現，進而給予「符合該生表現的成績」，則申訴學生就無法以一般同學的成績計算。此部分顯示授課教師本身在出缺席與成績計算時有所疏忽，有必要加強平時學生缺席的掌握。

第三，授課教師應在期末申訴學生來信要求約談時，提供一個見面說明的機會，而不是直接拒絕，導致對方提出申訴。當時教師如能跟他見個面，也許就不會到這種地步。

第四，申訴過程中，授課教師除了提供很多佐證材料，還需親自出席審查會議報告，說明學生成績不及格的理由。雖然申訴委員投票，做出支持學生申訴有理由的判決，該師在系務會議中申請更改成績時，也獲得許多教師基於同仁之誼給予的安慰與勸解，並且以「想開一點」、「現在有些學生就是這個樣子」等評語來形容當前的 Z 世代。其中一位曾經在期末全

校「教學意見調查」的評鑑中，被學生分數打得很低的教師，就委屈的說：現在大學重視人權，學生權利因而高漲。相對之下，教師反而處在比較弱勢地位。尤其，學生申訴委員中，有不少學生會代表，開會時有時連教師或行政人員代表，都得退讓三分。遇有師生申訴等爭議，往往教師會居於劣勢。在此種情況下，教學大綱一定要詳細載明各種規定，包括各種獎勵與罰則，寧可寫清楚，甚至可以採取師生共同訂定的方式，由多數人士先決定與事後嚴格執行。

　　最後，授課教師不只更改申訴學生成績，同時也對該其餘三位不及格者，調整及格分數的做法，表面上似可杜絕被其他不及格者的可能申訴，但是否也影響了授課教師的專業與公正？不無疑義。

　　總之，大學教師在學生成績的規範中，除秉持公允、專業外，在評量辦法上宜具體載明清楚，避免未來師生雙方的爭議。如此，才能讓大學課堂，成為「近悅遠來」的地方。萬一遇到學生申訴案件，教師心情難免會受到影響，甚至會懷疑個人在教學上的專業堅持，是否不合時宜？但這也是教師可以藉此自我檢視的機會，例如：教學大綱是否夠明確與周延？對於教育部及學校與授課相關的規定，是否真正瞭解（教育部，2011）？尤其，在學生出缺席與成績計算上的規定，是否掌握得宜與符合規定？還有對於學生問題的溝通與理解，以及課堂危機處理上的熟練度等，都有自我檢討的空間。面對學生申訴案件，儘量拋開個人情緒，以平常心應對，必要時要尋求專業諮詢及協助，以理性態度面對與處理。

第二節　當學生爽約了

一、我能跟學生私下約定嗎？

如同前面提到的 Z 世代學生的特質，某個程度他們也是一個「知易行難」的世代。他們很容易因情緒因素，而影響學習狀況。這些都值得提出來探討。

（一）事情經過

這是一個長得非常清秀的大三女孩。開學之初的前三次上課（早上的課），都是勤於打扮、神采奕奕，上課也相當積極參與及認真聽講。然而不知為什麼到了第四週以後，整個人就變了一個樣子，無精打采，穿衣不再講究，連以往精心梳理的髮辮也都不見了。然後，這個同學開始經常遲到早退，甚至不請假的缺課！連帶的，各種作業也拖拖拉拉，期末時還要助教打電話到宿舍去叫醒她，請她趕快來上課與進行口頭報告。並且，期末報告出現部分文字抄襲的情況。

由於這個學生的文筆非常的流利與優美，授課教師十分珍惜這樣的人才。不過，這個同學因缺席與抄襲等因素，成績勢必無法通過。授課教師在期末之前請她辦理退選手續，以免被當影響成績。她在助教面前同意辦理退選，但一轉身看到授課教師又表示反悔，不肯退選課程，甚至跟老師苦苦哀求，希望能再給她一次機會。授課教師一時心軟，同意她「留班查看」。可是到了期末報告的時候，她竟然又再次缺席。雖然事後說了一大堆理由，如：這學期雙主修的修課學分太重、早上爬不起來、上課精神不好等。看到她的黑眼圈與可憐楚楚的表情，老師覺得在她這個年齡，要不就是課程壓力太大、經濟壓力，或者發生情感糾紛等問題，在所難免。只

是任憑教師怎麼問，該生就是堅持不肯說出真正影響上課的原因。

　　當時教師找了系上助教當證人與約談，協助她辦理退選事宜。只在她仍然一再請求，最後授課教師心軟，私下與該生定下一個協議，並在雙方電子郵件中確定約定事項，由老師寫下下學期繼續選課及擔任班代。由於該課程上下學期有連貫性，如此可以就近觀察與輔導該生。沒想到這樣的作法，反而埋下學生日後爽約的理由，因為約定是教師的建議，並非出於她個人所願，而這也是 Z 世代希望凡事能夠操之在我，不喜歡被長輩或其他人決定的特徵之一。

（二）事情結果

　　於是授課教師該學期同意讓她成績通過，期望學生會遵守師生上學期的約定。沒想到第二學期上課時，該生只出席過一次，交了一次報告，就再也不見蹤影，且完全聯繫不上。為此，授課教師與系主任溝通此事，並準備在系務會議提出學生成績更改申請。不料在系務通訊投票中未獲通過，理由是將學生成績從及格改為不及格，事關學生權益，加上授課教師為了保護該學生的隱私權，並未全盤托出所有的事情經過，因此難以獲得系上多數同仁的支持。會議後系主任私下勸告授課教師，放過這個學生吧，也放過自己！不要再因為改成績、當學生，而讓自己飽受困擾，畢竟系務會議已經否決該師更改學生為不及格的提案。這一次，授課教師遭遇學生無法遵守約定的事件，提供教師權利與專業反思的機會（參見附件 4：1）。

二、當得力助手期中突然請辭時

（一）事情經過

　　另一次是學期中的時候，教師原來非常倚重的學生助教，突然告知老

師經過家人商量後，覺得擔任該師這邊的助教工作壓力太大，所以必須中途請辭。由於事出突然，且在學期當中，一時很難找到合適的人選繼續接任。尤其這個助理已經跟授課教師好幾年了，從選修教師多門的課程，到後來擔任研究助理與教學助教等，工作表現出色，抗壓性高，而且辦事效率高且品質好。雖然只是大學部，卻很懂事，EQ 高，能為授課教師分憂解勞，表現超乎同年齡者。這樣優秀的人才，可能是因為壓力超過臨界點，才會突然中途請辭，並且任憑教師如何規勸溝通，也毫無妥協的餘地，意志之堅定，令教師感到意外。

（二）教師之檢討

所幸，這位同學還是能維持有始有終，很快的把過去幾年內工作檔案，整理得有條不紊，交接時也是一清二楚，相當負責。事後該教師檢討這位助教中途請辭的原因如下：

首先，Z 世代的特徵，諸如：表達直接且坦率、希望以最小的力氣與較少的時間完成任務、容易出現焦慮與憂鬱等問題、與傾向選修與未來生涯就業相關的課程等。教師平日應該要注意到上述這些細節，留意學生的情緒與對於工作壓力的負荷反應。其次，授課教師個性較急，堪稱工作狂與完美主義者，經常會有突然指派的任務，期望完成。師生有時會通過社交媒體溝通工作到深夜，忘了隔日雙方都要上課，甚至助理隔日要面對考試或繳交作業等情事。

其次是教師有時指定的工作份量過多與瑣碎。由於該教師的資訊能力比較薄弱，必須依賴學生處理，增加了助理的工作負擔。加上助理待遇不夠理想，也讓學生懷疑類似工作經驗，是否真正有助於未來的生涯發展？這些應該都是壓垮駱駝的最後一根稻草。

由於新興科技進步神速，許多 X 世代的大學教師，受限於本身的資訊

能力，必須藉助 Z 世代在網路的特長。但另一方面，教師同時又要維護個人的專業水準，兩相對照下，X 世代大學教師與 Z 世代學生兩代間在工作中，出現了極大的矛盾。結果所謂的「代溝」經常出現在雙方的對話中，形成「說者無心、聽者有意」等誤會。

　　大學中雖然經常提供各種助理的養成與訓練課程，但從未要求或提醒教師學習該如何「對待」這些協助大學教學與研究的 Z 世代助理們？如何才能留住他們的心？讓他們在工作中有成長與成就感，甚至因此而成為得力的助手，與未來優秀的學術接班人！

第三節　多元背景的 Z 世代學生

一、課堂中的視障生

　　目前全球的大學中，仍然以招收傳統的 18 到 22 歲的大學生為主。只是近年來，許多大學校園中湧入更多具有多元背景的 Z 世代學生，包含許多如：家庭背景、族群、信仰、文化、性別，與政黨等各方面不同的學生，甚至許多身心殘障者，也有機會進入傳統大學來就讀差異（卓澤林譯，2022）。這些大學生背景的變化，值得大學教師與大學有關方面的關注。

　　在某位教師生涯中，讓他印象最深刻的是有一次，開學後第三週，系上的助教突然告知有一位大四的視覺障礙學生，因為選課不順利而情緒受到影響。隔週，這位視障同學拄著白拐杖，走進了授課教師的課堂，慢慢坐了下來，開始張大耳朵，開始「聽課」。由於這門課程每週都需要大量閱讀，並上臺做分組口頭報告，因此同組的同學必須格外具有愛心與耐心，願意接納為同組組員。而住在同一個宿舍的其他同學，能夠就近協助

聯繫。這些安排，同時也給其他同學機會教育。雖然過程中，這位同學因為每週閱讀量與上臺分享的挑戰而感到壓力，不過幾週下來，他對於這門課程相當感興趣，課堂上也不時提出問題，跟教師進行對話。儘管黑板上報告組員的投影片，與所有的書面資料，他都無法閱讀，但透過聽力，他仔細的「聆聽」他人的報告，並透過手機及電腦上的語音軟體，讓他透過聽力及語音輸入系統，跟得上整個課程的進度，而且表現越來越好。

　　整個學期因為有這位視障同學的參與，讓其他沒有視力困擾的同學們，獲得對殘障人士的理解，而逐漸有同理心的學習機會。因為每次上臺報告的時候，同組的同學必須協助他繞過教室中重重障礙的課桌椅，甚至地面上電線等干擾，讓他安全上臺報告。每次看到視障學生，全神貫注的聆聽同組同學的報告，然後輪到自己報告時，需要配合其他人的投影片操作速度，彷彿正常人般的說出自己負責的部分。這些都令臺下的同學與教師感到佩服。

　　從這位視障同學過去的求學歷程報告中，大家才知道他一路上是如何克服重重困難的（參見附件 4：2）。上課過程中因有這位同學的存在，對於教師與同學產生相當大的影響。至於大學校園與課堂的各種設備，有無因為這些學生的出現與特殊需求，而有所改善？另外，大學中是否有些教師自認無能力顧及這類同學，而拒絕他們的選課權利，間接造成學生心理上與權益上的受損？

　　當大學校園中，出現了更多具備多元背景的 Z 世代學生時，大學教師本身除了需加強同理心與文化敏感度訓練外，對於特殊學生的瞭解、尊重與接納，又是何等的重要！畢竟他們是站在大學第一線的工作人員，又是深受學生景仰愛戴的專業人士！

　　如果遇到班上還有其他肢體障礙與行動不便（如：腦性麻痺、過動、自閉症，或者躁鬱症等）的同學，校方最好事先能夠掌握上述學生的特質

與需求，事先進行基本的學生需求調查，預做準備，俾能建立一個良善安全的教學環境。

二、多元性別學生及性別意識

　　近年來，課堂裡的同學們對於性別平等，與尊重多元性別的呼聲，越來越高，教師需要具備相關的性別意識，如：對於性騷擾、性侵害、網路言語性霸凌，以及同志等議題，都需要有相關的知識與性別敏感度，以避免不必要的課堂性別爭議，包括：學生來到研究室諮詢時，除非涉及隱私話題，最好將研究室的大門打開；尤其要避免對異性的學生，做任何的肢體接觸動作。曾經在美國任教的教師提及，該校校規中規定：教師如果將手放在異性學生肩膀上超過 7 秒鐘，就算性騷擾，這些都是大學教師必須注意的事項。

　　隨著校園性別意識的高漲，教師授課過程中，對於同志等相關性別平等議題，也需多加關注與尊重，尤其面對教室中的多元性別學生。例如，某位授課教師曾經在課堂中無意間冒犯了同志，結果同學們在大學的批踢踢（PTT）強烈批評該教師的言論。後來教師的助教發現此事，趕緊轉告授課教師，老師出面邀請這些學生進行餐敘，雙方當面溝通澄清誤會，才化解一場可能擴大的校園危機。

　　總之，這些具有多元背景的學生，其實在反映社會的現狀。他們的存在，剛好也為一般同學們提供了一個認識不同需求者的機會教育。

三、課堂中的「衝突份子」

　　隨著各大學國際化的推動，大學課堂中也加入越來越多來自不同國家與地區的國際學生或境外的僑生，有的甚至來自「衝突地區」（conflict zones）。這些同學除了來自大陸對岸之外，也可能來自國際上正面臨軍

事、武力、甚至經濟、文化等衝突的地區，包括：南韓與日本，印度與巴基斯坦、以色列與巴勒斯坦、英國與歐盟、中國大陸與美國的經濟矛盾與科技競爭等（周祝瑛，楊景堯，2012）。尤其，有些大學還招收來自烏克蘭與俄羅斯的學生。如何讓這些發生戰爭國家的學生，共同在一個屋簷下上課與學習，可說為大學帶來一大挑戰。

根據美國學者 Allport（1954）的「族群接觸假設」（Contact Hypothesis），該學說主張增加族群接觸，以減少偏見、及提高接納程度（周祝瑛、楊雁斐，2018）。至於要達到族群交流的積極狀態，需要四個關鍵：（1）平等的地位，在接觸情境中，兩群體要地位平等，雙方關係對等，沒有主從之分；（2）具有共同目標，不是為了群體間的彼此較量，而是需要共同努力的目標，同時為了達到這個目的，雙方必須攜手合作，以解決問題與完成任務；（3）合作後的朋友關係，提供比較親密與持久的跨團體的接觸與合作；在合作過程中，能克服這些困難，減少敵意和偏見，可以成為朋友；（4）得到權威、法律或在習俗上獲得認可與合法性支持（Blackmore, 2008; Allport, 1954）。

為了提高教師授課中的文化敏感度與國際理解，在決定課程大綱的時候，必須先瞭解選課學生的背景，將一些可能引起爭議的議題，予以剔除，避免在課堂上所舉的例子或議題過於敏感，而冒犯了底下的學生。曾經有一些教師對於性別、宗教、文化、甚至政治上的敏感話題，提出不恰當的評論，讓學生覺得非常不自在與受到冒犯。例如：伊斯蘭教學生每日的祈禱時間剛好遇到上課，而必須離席。一開始教師以為是學生中途翹課，十分不諒解。事後經過學生解釋，教師才知道班上有穆斯林學生每日五次祈禱的需求。

還有一些來自於東亞與南亞地區的同學，受到經濟與疫情的影響，家中突然發生家長失業等困難，影響他們在臺的學習情緒。大學教師遇到此

種狀況，如何為這些同學提供可能的協助，以降低對於來臺學習的影響。

第四節　大學師生的差異看法

大學師生兩代間，由於身處不同的成長環境，時代隔閡與文化的差異，會造就彼此間相當不同的觀點與價值觀。經過筆者私下請教許多大學教師後，發現有不少臺灣的大學老師，遇到以下的學生問題：

首先，在學習態度上，不少學生在課堂中出現：上課滑手機、打瞌睡、吃早餐、捲頭髮、遲到早退、上課時聊私人話題，發呆（等老師發命令或指定同學回答問題）。不喜歡坐前排，喜歡最後面的位置。部分同學上課會做其他事；開學前二週，加退選期間，學生會自動放假。

其次，關於請假部分，同學常會找一些理由不來上課，尤其是疫情期間，只要身體稍微不適，就請防疫假。這些動輒請假的行為，代表大學生到校「上課」已經不是他們的重要行程了。另外，遇到考試缺席而必須請假補考，理由總是五花八門，似是而非。反正來補考，彷彿已經是給老師面子似的了！還有許多同學修課時會先問考試日期，萬一這些原訂的期中考、期末考時間，如果撞到他們自己的既定行程，學生常會建議教師改採替代方案，儘量配合他們的時間，而且期中考後第一次上課經常有人會缺席。可見，上課遲到、考試不及格與打工等問題，影響上課品質甚多。

另外，課業上遇到不懂的問題時，問的人相對少。現在的學生，上課願意帶筆記本、筆、甚至用心聽課的人數，越來越少。另外，大學生打工很普遍，能夠上每日早上第一堂課的越來越少，尤其每星期一的第一堂課，普遍出席人數稀少的狀況。

至於一般大學生在學習方法上，許多人上課時不（會）做筆記與摘

要，對時間沒有感覺，不會問問題，不懂得如何做大學課堂報告，與不知道作業該如何寫；近年來，課堂發問的同學也越來越少。多數人不喜歡作業太多的課程；他們也不喜歡上只有老師說，沒有動手做機會的課程。如果上課需要他們分小組時，最恨遇到豬隊友或不用心、不貢獻的夥伴。經常有同學因看不懂課本內容，要求教師能否提供上課筆記或投影片。許多問題其實只要來上課，問題就能解決。尤其一些結構性比較強、內容比較深的課程，讓很多基礎能力不足的學生，學習上遇到許多挫折，也增添了老師教學上的困難。同時，教師往往也需要花好幾倍的時間，去協助那些不願意來上課的學生。

許多教師都反映，以前他們當學生的時候都非常認真的在求學，或許是因為如此，才能在大學任教。但面對當前的 Z 世代，這些教師在教學上也受到許多衝擊。

一位頂尖大學的教師，也做了以下的反映：

　　……現在的學生都非常忙，作業跟以前比較已經減輕很多了，但是他們還是無法做完。而且對於 deadline（截止日期）的遵循能力很差，似乎沒做完也不太在意。然後好不容易花了時間做一點事情，就做了一些而已，算是應付了事。現在我幾乎已經完全看不到以前的學生，自己自主自發，把事情做得超乎你意外的好的那種狀況了。雖然還是有很好的學生，但是真的比例太少了。我覺得近幾年下滑的狀況是很令人吃驚的。雖然我教的都必修課程。我覺得是課太多了，以前常看到學生會延畢，但是現在不論輔修雙主修加學程的學生，都希望在四年內畢業，雖然大學跟以前一樣，必須修完 128 學分才能畢業，延畢的當然也還有。現在因為大家很鼓勵斜槓，深怕自己少了競爭力，但是我覺得希望四年內

塞滿的人也很多。

其實，大學四年到底需要修多少課程？的確是一個大問題。但是修課學分降低，是否就能讓學生更加專心與投入課業？答案可能是不一定。因為現在大學生的觸角太廣，上網時間太多，加上在打工上的時間與體力付出，這些可能都是影響學生上課品質的重要因素。

相對之下，有不少同學提出以下的問題，他們也希望有所解答，例如：

1. 社團活動、系上活動、學業、打工的時間應該怎麼取捨？

2. 怎麼在大學期間，探索出自己的生涯方向？

3. 為什麼我一定要按照老師的課表來上課？我能不能夠跟你做「獨立研究」？

4. 我應不應該跟男朋友在校外租房子同居？

5. 老師，疫情期間我父親生病，所有的獎學金都寄回印度。我只剩下 2000 塊臺幣，沒錢租房子。晚上只好睡在圖書館閱覽室，白天到游泳池的淋浴間清洗。遇到這種困難，我該怎麼辦？

6. 我的男朋友在我論文計畫口試前一個月，突然跟我分手了。我很難專心寫論文，可是期限要到了，怎麼辦？

7. 老師，你上課常常叫我們讀書、讀書。可是我就是沒有辦法讀書，我只能用聽的方式，因為我根本看不到字！

8. 為什麼要叫我們讀那麼多文章，做那麼多摘要的工作呢？我又不是要當老師，或做學者，您這樣的訓練有什麼用？

9. 早上的課我起不來，晚上我都要去打工，打到半夜 12 點，回來的時候都已經 1 點多了。還要趕作業，所以上午 9 點鐘的課，我根本爬不起來。老師，你的課為什麼要開在早上？

10. 我父母親叫我來讀大學，可是這個科系不是我喜歡的，所以我大

學畢業之後，準備改行。我的父母當初為什麼不瞭解我呢？

11. 媽媽是學校老師，可是我很喜歡打電玩。我還是想在家裡附近找個教書的工作，至少可以事少、錢多、離家近。可是，我知道自己不適合教書。

12. 我上班的地方老闆經常念我的缺點，讓我心情很差，所以回到學校上課的時候，心情受到影響。我應不應該繼續在那邊打工？

13. 對不起，我上課遲到了，因為我的手機放在宿舍裡。我跑回宿舍拿，所以遲到。

14. 老師，我不敢進教室，因為我遲到了，所以我在外面等了一節課，才敢進去。

15. 不要一直說我們：網路上一條龍，現實生活一條蟲！我們只是比較害羞，網路上膽子可以大一些！

16. 以前我們上課的時候，聽老師講課，到了中午，肚子都很餓。如今老師改變上課方式，讓我們可以有很多的討論，結果大家都忘了飢餓，上課時間過得好快！

17. 媽媽二十多年前上過你的課程。這一次我來唸大一的時候，媽媽要我來修課，並且向你問好。老師，你會比較我們母女兩人的學習有何不同嗎？

18. 為什麼我的成績不好，你說是因為我的中文程度不好。那我該如何改進呢？

19. 大學寫的報告為什麼與高中這麼不一樣呢？學校沒有教大學寫作的課程啊！

20. 期末考，你給我們答案，叫我們去出題目，這個考題好難啊！

21. 很多老師上課沒有將報告發還給我們，所以也不知道到底為什麼會得到那樣的成績。希望老師能給我們評語，教我們如何作報告。

22. 為什麼高中的老師教的比大學老師精彩？

23. 我同學最近患了憂鬱症，想不開，我該怎麼辦？

24. 老師，除了你上課之外，其實我們很希望瞭解你。如果，我們可以出去吃飯，或者是好天氣的時候，到戶外上課，我們會更開心。

25. 今天下雨，所以我只能穿短褲跟拖鞋來上學。老師，原來你希望我們上課時穿戴整齊，不要穿拖鞋。

26. 我看不慣家人的做法，所以我這一學期都不要回去，也不要跟爸媽聯絡。

27. 有些教授會讓大多數的同學都聽不懂；可是也有大部分同學滿意的教授，卻被某些同學不喜歡，因為教師上課的內容不符合那些不喜歡同學的口味。

28. 有些教授雖然沒有在教學大綱上面寫要評那些項目，但是卻會臨時在課堂上增加，讓學生不知所措。

29. 大學生最常見的問題是分組時，遇到不負責任的豬隊友，寫作業隨便搭便車（free rider）。而且一組同學越多，越會有責任分散的問題出現。後來跟老師講了之後，老師也不見得會處理。

從以上師生間相當分歧的意見來看，當前大學中 Z 世代的學習樣態，的確與過去的 X 世代很不相同。因此，身為 X 世代的教師，需要花更多的力氣去瞭解 Z 世代的想法，嘗試學習用 Z 世代熟悉的方式，來進行教學。尤其要透過各種途徑，來理解與接納 Z 世代們的大學生文化，以年輕世代聽得懂的語言或形式，跟他們對話，如此才有機會去傳遞教師的專業與經驗給下一代。尤其，面對許多長期沉迷於短影音的網路世代，教師必須去瞭解他們的次文化（sub-culture），選擇他們聽得進去的語言進行交流對話，進而才有機會對年輕人產生傳道、授業、解惑的影響力！

附件 4：1　修改成績與學生「互動」之詳細過程

（一）修改成績的信

○主任好，

　　關於 XX 系三年級余○○（化名）同學，某課程成績更改一事，可能事先沒有說明清楚，導致許多老師難以判斷，特此致歉。在此重新補充說明，並請重新召開臨時系務會議，予以討論與追認。

　　余○○同學在上學期課程中，總共曠課五次，且經常遲到早退共五次期間，都沒有說明原因。兩份平常小作業，也缺交。整學期上課的缺席次數，已經超過課程大綱上的規定。按照規定，該生學期成績為不及格，但因為該生一再懇求，本人一時心軟，念及他的學習報告文筆流暢、思考敏捷，所以跟該生約定下一學期繼續修習某課程，並且擔任班代，不再遲到早退，改掉上學期的不良習慣，等到下學期期中時，本人再給他補交這學期通過的成績。期末時授課教師並未繳交他的本課程成績，就是基於這樣的理由。

　　新學期開學後，教務處在二月中，為了系上年級排名的緣故，不斷來信催繳成績。本人在不得已的情況下，為了不影響該年級其他同學排名的權益，因此才勉強先提供 78 分學期成績上繳。沒想到，這位同學收到上學期成績後，不知為何反悔，以本學期課程學分過重等理由，從原本同意的修課改為旁聽該課程，而且只來上課一次，就不再出現，顯然已不打算履行原來的約定。因此，在與該生溝通後，擬重新更改該生上學期成績為不及格，維持該生原本該得的成績。

　　上次系務會議，本人成績更改提案雖未獲同意，仍然感激系上同仁對於此事的指教。儘管如此，仍懇請站在維護本系其他同學公平權益，與教

師上課品質的基礎下，重新召開臨時系務會議，商討此事，謝謝。

授課教師李○○（化名）敬上

（此事後經協調，該授課教師決定放棄對該生的成績修改申請。）

（二）與該生先前的電子郵件約定與其他人證

老師您好，

我是○○同學，

想完成之前和您說好的課程補救措施。

請問能不能跟老師要課程紀錄（11/12、12/3、12/17），

讓我可以知道當天課程內容為何。

另外我和○○的期末作業已繳交，

我在修改的過程中仔細反省，覺得很多部分確實有很大的不妥，

已從錯誤中學習之後不會再犯，也明白老師當天想表達的意思。

當下因為認為自己不會做這種事（筆者按：文章抄襲），也非有意偷懶抄襲，有種被誤會的感覺，如果有讓老師覺得不被尊重的地方，真的很抱歉～

謝謝老師，祝新年愉快！

○○，

很好啊！

明天老師在 XXX 教室上課，

你來後，

能簡單分享你自己的上課心得嗎？

老師好，

好的，我明天下課就過去～

但這兩天比較忙碌，沒時間把要分享的內容準備好

覺得明天交給老師解說會更加專業

謝謝老師給我這個機會，老師早點休息，明天見！

老師

您好我是○○，前幾天比較忙碌，所以現在才寄信給您！

那天與您通話完之後，討論出了這學期在您的課程上需要協助的兩件事情：

找尋下週授課資料或政策，整理成文字或 PPT 給老師

針對上述資料，以自己的角度想三到五題的題目

很高興能重回老師的課堂～

另外想請問老師下週課程內容為 XXX，這部分有沒有特別希望我準備什麼！

老師您好～

我是○○，抱歉現在才回覆！

因為選課過程中志願序的失誤，您的課被系統擋修。我原先就預計開學後開放加退選時，再將目前同時段的課退選，改選取您的課程，也確認過老師該堂課的餘額，應該是能夠順利加選，不會有問題！

順利選上您的課程後會再告知您，到時候再麻煩老師確認一次。

我有記得與老師的承諾，謝謝老師的苦心，很期待下學期見到老師～

○○你好，

老師看到開學後的新學期中你尚未選修這一門課。

不知你有何計畫？

如上學期我們約定的事情，

請你來修課且擔任班代，

上課不會再遲到早退，

請假不超過四次，

這樣老師才會繳交你上學期課程的成績，

讓你通過。

由於上學期的紀錄你缺席超過四次以上，

總體表現有待改進，

按照規定原是應該不及格的。

但因為你的央求，

老師才破例提供你以上補救機會。

希望你能夠體諒老師的苦心，

儘快回覆，

教務處已經在催繳你的成績了，

我只能等到本週五中午十二點，

週五我也在研究室，

電話 XXXXXXX

請務必回覆。

祝 平安

謝謝老師！寒假沒有收到信～現在才看到信件

老師這學期辛苦了

老師：

關於選課問題，我明白，是我的疏失，很抱歉。想請問老師，如果是旁聽，是否不需繳交作業與期中期末報告（即不參與分組）？我願意在上課時間準時抵達，並協助老師處理同學的上課事項！但由於這學期的課程負擔已經很重，老師的課程內容又相當紮實，回家需先預習的內容很多，再加上不會有學分與成績，恐怕在忙碌之餘也無法有好的表現。若老師認為這樣不妥，我願意承擔當初應該要不及格的結果。謝謝老師！

○○：

關於你不選課的問題，我覺得這樣子真的讓老師非常為難，因為這個不是我們當初約定的情況。你有這樣的變化，我深感遺憾，看樣子我得更改成績了。

○○，這樣的事情不該發生的。當時我們約定的時候，我一再提醒你，結果出現這樣的問題。你覺得該怎麼辦？是上課來旁聽 3 個小時，並且如原約定義務擔任班長？還是我在系務會議上申請更改成績不及格？請考量，並盡快跟我答覆。

老師您好，

我是○○。我有記得承諾過您這學期會選 XX 並擔任班代，寒假期間也與您來回確認過數次。但今天在確認課程安排時，發現目前已確定的課程總共為 29 學分，超過了學分上限，而申請超修的時間已過，這學期的其他課程皆與專業認證或輔系相關，若退掉任一門課都會造成延畢。沒有在選課過程中注意到這個狀況真的很抱歉，但我非常有誠意的想做到答應老師的事情，不知道老師有沒有什麼方法可以解決此問題，或是除了這學

期之外，還會開課讓我有機會參與之後的課程，我也願意配合老師的時間與您見面討論解決辦法，當面與您致歉。很抱歉造成老師的麻煩，謝謝老師！

　　○○，

　　如果這樣，

　　老師只好依照上課規定處理，

　　缺席超過四次及四次以上，一律不予通過。

　　我將提到系務會議更改成績。

　　請記住，無法履行上學期師生約定，

　　這是你個人的選擇，老師予以尊重，但也為此深感遺憾。

　　祝你 學業順遂 身體健康

　　李○○

　　老師，

　　好的，瞭解！

　　上學期的約定無法完成，我也覺得很遺憾。

　　可以在定案之前，最後請問老師，為何旁聽需要報告與完成作業嗎？

　　我的理解是，我按照之前的約定，同樣花三小時的時間去吸收課程內容，但不拿取成績與學分，在這樣的情況下，以課程外的第三者去吸收知識，是更符合字面意義的，也因為我未獲得學分，少付出一些應當是合理的。且當初在向老師提出方案的時候，即是因為缺課、缺少上課時數，想以別的方式補足時數，旁聽與擔任班代所付出的時數，相信已超過我所缺少的。

　　理解老師可能是因為與最後說好的承諾不符合，但我認為旁聽這個更

動並不是我不願意履行承諾的舉動，更何況旁聽是老師提出的，我只是想與老師討論旁聽的方式而已。我已大 X，以學分換取下課後的私人時間去做更多安排，在最大的調度下彌補上學期的不足，是我現在能做的，不知道老師能不能體諒我的處境，或至少讓我明白您不能接受的理由！

附件4：2　視障生的我　許家敏

（一）說說自己

　　出生於 2000 年，現居臺北，來自 XX，2001 年家人認為我有發展遲緩的可能，有做過一段時間的相關早期治療，2002-03 年才慢慢學會說話，我媽以為只是大雞慢啼，因為哥哥也是語言發展比較慢，2003 年開始上幼兒園，2004 年開始尋覓鋼琴老師，卻因為個性好動、不聽話，頻頻失敗。2006 年大班下學期才終於有固定的鋼琴課。

　　2006 年進小學，開始學點字，2007 年暑假開始學陶藝，2008 年三年級開始學電腦，2009 年發現無生活自理盟立，也意識到生活自理的重要性，四年級就轉到 XXXX 學校。2010 年五年級開始學音樂點字和二胡，2011 年五年級下學期接受進一步的音樂點字遠距教學與恢復上課。因為到 XX 學校念書而中斷的鋼琴課，也在當年四月胡琴課被迫停課；還有開始學臺語，不過有點忘記確切開始學習的時間。2011 年六年級回家鄉念書，也恢復胡琴課。2012 年四月換胡琴老師，也提前加入國風國中的國樂團。

　　2012 年九月我正式升上國中，也開始認真學定向行動。2013 年暑假退出國樂團，八年級開始學習客家話，開始喜歡地理，被老師認為疑似 ASD（自閉症譜系障礙），但後來排除了。之後開始感冒，感冒的時候只要有咳嗽症狀喉嚨都會沒聲音。直到大二上學期末才沒有這樣。2014 年第一次申請總統教育獎縣市初選未過，參與 XX 縣客家事務處客語朗讀比賽。九年級開學前去上海在路途中感冒，爾後出國旅遊遊程中或旅遊結束後都重感冒，2014 年九年級參與客語認證初級通過，參與地理知識大競賽和全國語文競賽客語演說縣賽均落榜。2015 年參加國中會考，取得 1A4B

成績。

2015 年進 XX 高中一年級，開始使用手機。2016 年高一下學期開始心理諮商，2016 年十月開始用 facebook。2017 年高二下學期因為旅遊沒考期末考，所以大部分科目被當掉。2018 年學測 40 級分，恢復上陶藝課，身心障礙甄試第一類組 75 分。暑假開始學笛子。

2018 年開始進入 X 大，上學期成績很差，系上排名最後，也促成統計學被當掉。2019 年大一下學期加入學校國樂社，第一次也是唯一一次上臺表演。2019 年大二上學期再度恢復陶藝課，也藉由維持成績，證明學笛子不會讓我功課變差，反而蒸蒸日上。統計學重修低空過關，棄修比較 XX 與 XX 課程。2020 年 covid-19 時代開始，成功轉入 XX 系。八月加入妙 XX 集。九月開始 XX 系二年級新生活。2021 年一月加入 lamigo 國樂團，2021 年三月開始學期間每週到 XX 社區 XX 兒少年據點做志工，也是發現身體變差的開始。2021 年大三上學期開始在系上攻讀，XX 課程被當掉，等待重修中。2022 年下學期開始在當志工的時候分享故事，直到現在坐在 XX 的課堂上……。

（二）我在意的事情

其實上面描述了這麼多關於自己的事情，全都是屬於自己相當重要的一部分。外貌是多數人在乎的。我雖然不在乎外觀，但很在意聲音和有沒有戴口罩，我不會要求別人戴不戴口罩，也不會在乎別人用難聽、沙啞或生病的聲音和我說話。但是我其實在沒有疫情之前，我真的非常不喜歡戴口罩，即使感冒了，也相當討厭戴口罩。因為戴口罩會有那種自己很弱的感覺。不過，經過了這麼長的疫情階段，加上感受到身體的狀況，戴口罩反而帶給我另一種安全感；聲音的部分，其實我很不喜歡發燒後失去聲音的自己，感覺溝通很受限，也擔心異樣眼光。

在這麼多「失聲」的經驗中,最有感的就是完全失聲的那次。這要從高三那次期末考請假說起,我們在早些時間就在網路上看到郵輪旅遊的資訊,家人也報名了中秋假期當時的遊輪行程。不料天公不作美,行程因為颱風被迫取消。不過家人看到了更加優質的遊輪行程,但行程時間剛好就是在期末考期間,在六月就要抵達預定地時,一想到期末考,臉色全變,開始向家人抗爭。不料,還是抗爭失敗,因為家人認為若沒去,這次會後悔一輩子。他們就還是買下了早鳥票,也因為當時還有班級啦啦隊和課業,就放下這件事情,再次提起是六月初接近行程時,又是一陣抗爭。我認為雖然成功請假成行,行程中也有許多快樂回憶,但是一切我認為的厄運全在行程後。

回家當天,一切正常,想著應該不會有事吧!終於可以逃離只要出國旅遊就感冒的命運。結果我真的想的太美了,隔天開始喉嚨就怪怪的,不過沒想太多,也沒吃藥,第二天開始流鼻水的時候,才感受到真的不妙了,仍祈禱著不要太嚴重。結果,沒想到,一睡醒,聲音就消失了!真的沒在誇張的,這樣完全發不出聲音的日子還延續到補考日。沒辦法溝通的我,當下真的好恐慌!那時真的覺得老天在懲罰我高三了還去旅遊,還不考期末考,才讓我受這麼大的痛苦。這還沒完,雖然感冒好轉,但是咳嗽一直糾纏不放,直到輔導課結束,還讓我被同學嫌吵,被老師打電話,被家人罵。原本沒在用臉書透露的我,也忍不住寫了一篇篇分享,這真是太苦了,也算是我一直耿耿於懷的部分。所以我雖然不在乎高矮胖瘦美醜,不過我在乎聲音,也從不喜歡聽自己的錄音,當然唱歌就更不用說了!

(三)我的學習

接下來談談自己學習的部分,其實還滿矛盾的。有時會想:如果完全遵照那些學霸或者名師推薦的那些制式化的學習方法,成績是不是就會變

好些？但又會覺得使用自己的學習方式，會學得比較開心，知識系統會更加牢固。畢竟，我相當依賴「聽課」。一方面我不太會抄筆記，「讀書」和「純聽講」的課程的專注度也比較差。其實，這些對考試、報告、作業、成績等經常對我有深遠的影響，所以也常為此煩惱，也常成為我不快樂、沒自信的重要原因。最喜歡的評量方式是分組或個人上臺報告。最害怕的評量方式是論文寫作。不過其實我還挺喜歡看課外書和上網查資料，只要是有興趣的內容，就會相當積極的上網找很多的資料，甚至到視障圖書館去尋找有沒有相關書籍，如果相關書籍太少，還會心情有點鬱悶。

　　再說說我的固執個性吧！原本也是認為自己是個壞胚子，不然怎麼這麼頑劣？不過有次，因為好奇讀了媽媽碩士時的論文專題：一位先天性全盲幼兒母親的生命經驗，才知道原來我這個部分，也是胚胎時期就決定的。媽媽的論文中描述了「我」那相當不順遂的子宮生活，無論是發育不良、還是讓媽媽生病住院等，都在我還在子宮中發生了！原本以為我的生命就結束在子宮內，結果我仍然挺過了這麼多風風雨雨，來到人間。讓媽媽受了這麼多苦，原以為會苦盡甘來，結果這些子宮生活中的不順遂，只是這首生命敘事曲的緒奏！其他對我與媽媽而言，曲折精采的部分還在後頭呢！雖然有快慢起伏不定的段落，不過也有一些輕快活潑的快板，或者平緩抒情的慢板。所以總體來說，很多現在的我，都在胚胎時期就成形。

（四）我喜歡的音樂

　　接下來，談談我喜歡的領域吧。以下是我相當關注且帶給我帶來養分的領域，我想分享為什麼喜歡這個領域，還有對我的影響。

　　首先，當然就是我的本命音樂囉。我在子宮的時候，剛好是哥哥小學二年級開始學小提琴的時候。所以基本上，音樂即是我胚胎時期就接觸的。在我還沒到 XX 學校念書的那段期間，我總是認為無法靠自己學音

樂，一定要靠爸爸或阿婆陪我練琴，才能順利完成。直到有次，聽到老師說 XXX，記得鋼琴課的時候要帶錄音機去錄音喔！我才恍然大悟原來自己也能夠獨立完成音樂學習的任務。接著，就遇到音樂點字課開課，才知道不是只有注音符號、英文字母、及數字都有點字系統，連音樂也有，學音樂的方式又多一種了。

　　接著來談談為什麼這麼多樂器中，我後來選擇學笛子，還有最愛打擊樂。其實我是高中的時候開始喜歡笛子的，因為聲音真的很好聽，心想如果天天都能聽到這麼好聽的聲音，真是一大享受。不過事與願違，學了這麼久笛子，還是不見如此美妙的聲音，其實是有點難過的。至於喜歡打擊樂，是喜歡它帶來的那種動感。聽完打擊樂，就有種「電被充飽」的感覺。所以喜歡打擊樂，不過也會聽古典吉他、豎琴、堯琴、鋼琴、小提琴、長笛等樂器。很多作曲家，像是蕭邦、莫札特、韋瓦第、巴哈、史特勞斯家族等多位作曲家的作品，也都有數首特別喜歡聽的，也聽世界音樂。這學期也修了聲音人類學，感覺對音樂的認知又開始有新的突破了。

　　其實我的腦中一直住著音樂，很多東西也都是用聲音去連結的。在感到百無聊賴的時候，有時腦中就會哼著某些好聽的歌曲，有時候在音樂會聽到的音樂，還會在我的腦中繞樑數日。所以音樂真是我的本命啊！

（五）我關注的三大議題

　　我關心的三大議題：貧富差距、民族平等和人權議題，尤其是貧富差距，更是我關注的議題。尤其，是在 XX 社區當義工的這些日子，就會發現貧富差距能帶給下一代多麼深遠的影響。在這之前，我沒想到居然小孩不聽話，就會沒飯吃。小學一年級的孩子，三更半夜還沒辦法上床睡覺，只因為要跟著媽媽到處跑，寫不完功課就不能回家。在沒有當志工之前，貧富差距都是理論，沒想到這些全在 XX 據點中老師、家長、孩子的對話

間，變成了如此真實的存在。我一直以為只要工作賺錢，貧富差距就能夠
很快消失。但是其實不然，因為老師、里長、社會大眾、民間團體，都出
錢出力改善這樣的狀況，但我還是能夠感受到貧富差距相當明顯，尤其
是知識上、資源上、心理健康上等部分的貧富差距，是再多金錢都無法解
決的。這才是最難克服的貧富差距的議題，我也從此認為自己是幸福的，
而我幸福所享有的某些好處，卻是在他們身上無法想像的到的。至於在民
族平等和人權議題，比較多的只是嘆息和義憤填膺，我們也比較沒有其他
什麼行動，就只能單純關注而已了。

　　至於生活中遇到的困境，也有很多可以分享，尤其我和家人都是從
小在東部長大，得到的資訊和知識真的還是跟西部有一定差距的。看到很
多和我一樣的視障者，他們的肢體協調、手腳功能、精細動作、特殊專長
等都比我發展的好。以前我會認為就像媽媽說的，是我太好命與做太少
事，或是覺得我就是動作白癡，所以學不好。但自從我聽了其他視障朋友
分享他們如果學得比較快，主要是要感謝有專業的早療訓練，讓他們能和
一般人一樣過美好的生活。我就會覺得其實媽媽只是當時不知道要如何教
我這些，也不知道可以尋求專業協助，不然我自己一定能更好，也可以也
成為他人羨慕我的部分。

（六）我的人際處境

　　接下來這個困境可能與我的個性有關，就是人際的困境。我算是一個
蠻能獨來獨往、自得其樂的人。但是，其實沒有朋友還是會有意識到孤單
感的，尤其在身體不舒服和心情不好的時候。雖然認識很多人，卻常常還
是不知道找誰好？影響還真難過！常常期盼在參加活動的時候能認識其
他人，卻也對著「一望無際」的人群而感到尷尬，完全不知道自己該何去
何從?! 父母親都常說；我就是應該踏出去人群交朋友。我也常說我也不

是故意不踏出去，是因為我不知道一個雙眼全盲，無光無影、也無色的人，該怎麼在人群中找到容身之處？所以常常有「心有餘而力不足」的悲哀！

（七）我的學術處境

接著談談我對學術上的困境，這也是讓我十分矛盾的地方。我知道未來要有更多選擇，不是技術底子厚，就是學術和知識的基礎要扎實。但很多時候，學術的道路對視障者而言，是格外辛苦的挑戰。我算是已經能輕鬆操作電腦手機，也上過很多網站，很喜歡試用各種程式、軟體、應用程式等。但是實在很難在找資料時和一般人平起平坐！不僅因為很多重要學術資料是紙本呈現。若在線上找資料，也經常要花很多心力，才能好不容易下載到。如果剛好我的帳號無法下載或者網站無障礙很差的話，只能看著想閱讀的學術論文標題興嘆，或者迷失在網站中。所以真正能讀到的學術文章其實是相當有限的，所以我當然也知道找學術文章做報告相當安全，卻感覺更加窒礙難行，只能用一般蒐尋一些不知道會不會受到挑戰的資料，來做報告了。當然還有自己不太會抓關鍵字的缺點，所以常常碰到題目就無所適從，找到的資料也經常不如意。若寫一篇報告，也常常不知道哪邊是需要用更多資料佐證的。以上就是我學術上的困境。

（八）身心挑戰

有一位老師問我：何時才發現自己跟他人不一樣？我想了想，回答說：大概是三、四歲的時候，有一天眼珠掉下來了。後來才知道，原來別人的眼珠是不會掉下來的！

關於我個人身心健康的部分，生理期本身也是一大折磨，尤其上大學以後，就經常會生理痛，常常不是要抱熱水袋、貼暖暖包，不然就是在床上翻滾，這實在也是痛苦的回憶。心理的部分，情緒不僅受到身體影響，也常受到價值衝突、既往觀念、自我懲罰等的影響。所以也常常有複雜情

緒，尤其是課業成績、父母要求、自我要求等。一旦有稍微讓我不滿意的地方，或者被罵、做錯事時，心情就會受到很大的影響，甚至能低落很久，心情差，食慾就差，甚至睡不好。結果影響往後的行程，就這樣惡性循環下去。常覺得自己怎麼如此容易被擊垮，唉！不過從八月開始有固定和張老師專線電話諮商後，也從新冠肺炎確診吃中藥康復後，希望能讓這些狀況比較改善，不然每天好像拖著沉重的軀殼，好累啊！

（九）當疫情來襲的時候

　　當然，大環境也帶給我許多困境，尤其是這兩年多的疫情期間，很多可以讓我快樂的活動都被迫暫停、延期或取消，常常帶給我價值衝突。因為在疫情之前，只要我還有體力，即便狂咳流鼻水、喉嚨沒聲音，還是會照常作息、上課、練笛子。但是，疫情時期即便只是輕微感冒，也必須為了防疫考量而把自己隔離起來。加上如果有再參加樂團，練團、練琴的時間是沒辦法戴口罩的，所以即便我很認真地戴口罩，染疫的風險還是比其他人高。當然傳染給其他人的風險也是比別人大。所以常常讓我處在衝突、矛盾中。因為練琴等的全勤和防疫對我來說都非常重要。若我只顧全勤不顧防疫，萬一哪天真的不幸確診，在當時還要隔離很多天的時候，真的會讓身邊的人原本的計畫耽擱很多，這不是我期待的。但如果防疫優先，全勤殿後的話，又會顯得自己大驚小怪，又不上進，這真是好難決定！也是很大的價值衝突。加上在遠距學習的時間，老師常常說他的學生都在這段期間進步很多，我卻因為情緒不穩、心情浮躁而無心練習。加上患得患失，因為知道自己很期待能比賽得名，又覺得如果沒能得名拿獎，自己會更沒自信，所以裹足不前。這些全都讓我累積很多負能量。又加上從今年初開始身體狀況變成我不定時的炸彈，所以現在把所有樂團都先暫停，只希望之後自己能恢復以前積極上進、多采多姿的生活。

　　看完我上面對於音樂的描述，有人可能會覺得我學音樂的路一帆風順。不過，其實不是這樣的，學音樂也是帶給我很大的困境。當然，樂譜的理解對我而言輕而易舉；國文、英文再怎麼認真背誦，都還是 2266（零零落落）的我，樂曲的取名，無論是中英文，還是數字，只要愛聽的，都會烙印在我的腦海中。樂譜的部分，也能夠很快的統整、融會貫通，然後完整的串成一首曲子。我最大的困境是在姿勢和技巧，也是我演奏很難讓自己滿意的原因。若想時候能夠有早療，或者我不是個壞胚子，可能今天會順利一些吧。

（十）我看家人

　　我和家人的關係相當的微妙，我知道家人都全力支持我，關心照顧我的生活起居，希望我快樂就好。不過，其實自己有很多事情都不想依賴家人，也認為自理能力越強，話語權就越大，不過好像不是這樣。大家都覺得我的家人幾乎經常和我討論。但是很多會對未來有影響的事情，卻經常用他們的想法來套在我的身上。也經常在他們意料之外的事情上，第一時間在他們有情緒的時候，就提出他們的想法，使得我的想法沒能被理解到。對他們而言，「吃人的嘴軟，拿人的手短」，就是他們期待我做到的。我媽媽最常說的一句話，甚至她都覺得自己都沒有話語權。但是我一直認為她其實可以選擇做自己，每次問她，她都覺得為我們服務很開心，卻又在情緒來的時候，覺得我們都不愛她，都沒為她想。她也經常覺得這樣的家庭生活和關係，實在太累了。

（十一）我看師長／同學

　　其實我和師長的關係，經常是比和同學的關係好。從小到大也累積了不少喜歡的老師，有的現在還能聯絡得到，其他的連人都找不到。前幾年，每年過年都有發電子郵件給每個老師的習慣，不僅不用複製貼上，還

加上自己各種往事回憶、感謝和客製化的關心。結果發現要寫的師長越來越多，從原本一天完成，變成兩天、三天，甚至有的還會忘記寫，到後來停寫了好幾年。加上家裡有增添其他小孩，讓我更不會認真花上比以前多更多的時間寫了。當然還有臉書教師節的貼文，也是同樣的問題，雖然不用花像拜年祝福那麼多時間，不過標註也是很需要花心力、花腦力的。

（十二）我看社會整體

我其實很喜歡在臺灣生活。在這樣的氛圍下，我非常的安心，既能體驗人情的溫暖善良，又能保有一些基本的尊嚴。這只有真正有在這邊生活過的人才能理解的。不過，也還是有許多不完善的部分是可以再更好的。我也經常提醒自己珍惜資源，不搭便車、不濫用。有機會也要服務、幫助比自己更有需要的人。因為我們同時也受到非常多人的幫助，才能這麼順利地生活在這邊。所以更願意協助其他有需要的人，無論國籍、種族、性別，只要能幫到的，我都會盡力協助。有時候雖然你我的物理距離是遠的，不過透過線上交流，就能拉近心理的距離，能幫助的人就更多了。

（十三）期待未來

對未來其實有很大的憧憬，希望能跟其他健全人共同生活。不過，這對盲人而言是相當的困難。在我心中一直認為能跟一般人有共同話題，是件快樂的事。但要能夠在一般人的世界攀爬打滾，真的要花更多心力證明自己能和一般人平起平坐，也會需要更多的基底，像是生活自理、心態、知識等，但還是希望能夠有多彩的人生啊！

總的來說，我就是個經常有自己獨特想法和品味的人，但也經常被自己的身心困擾著。只希望能在自己還有辦法和一般人一樣跑跳的時候，多多享受這個世界的每一刻。

參考資料

卓澤林譯，周祝瑛審訂（2022）。**美國高等教育與矽谷產業**（Higher Education and Silicon Valley: Connected but Conflicted, Edited by W. Richard Scott and Michael W. Kirst, 2017, Baltimore, Maryland: Johns Hopkins University Press）。臺北：華藝 Airiti。

周祝瑛、楊景堯（2012）。國際交流中之「兩岸化」議題。收於中國教育學會主編，**教育願景 2020**，頁 51-81。臺北：學富。

周祝瑛、楊雁斐（2018）。兩岸大學生交流：以「兩岸化」概念與族群接觸理論為例。**臺灣教育評論月刊**，2018，7（2），頁 93-100。

教育部（2011）。大學及專科學校學生申訴案處理原則。2022 年 12 月 12 日取自 https://edu.law.moe.gov.tw/LawContent.aspx?id=GL000221

Allport, G. (1954). Allport, G. W. (1954). *The nature of prejudice*. Cambridge, MA: Perseus Books.

Bickmore, K. (2008). Peace and conflict education. In: J. Arthur, I. Davies, & C. Hahn (Eds.), *The Sage handbook of education for citizenship and democracy*. Los Angeles and London: Sage.

第五章　大學教學案例分享

第一節　如何上一堂課

一、上課的開場白與下課結語

　　從事大學教學工作，除了上、下課必須準時外，有時遇到早上八、九點的課程或氣候變化之際，大學生們會出現缺席或姍姍來遲的情況，這時教師最好保持心平氣和，避免動怒。在等待學生出席的階段，可以準備一些備用的小故事、生活觀察、笑話、新知、學生成績有關的補充、跟上課內容或大學教育有關的時事新聞，來進行暖身與等候時刻的補充，但以不超過十分鐘為限，以免影響準時出席同學的權益。

　　曾經臺灣某著名大學一門憲法課，上課時間排在下午兩點，正好是午餐後昏昏欲睡的時刻。有趣的是，這位教授在每堂課上課的鈴聲響起後的五分鐘內，都會講兩個非常具有笑點的笑話，每次說完都會引起全班哄堂大笑，一下子就炒熱全班的上課氣氛，讓大家全醒了過來。又加上這門課教授講課精彩，學生必須提早來佔位子，甚至中間下課也捨不得外出上洗手間，以免漏聽了教授下一節課的笑話。可見這位老師備課與蒐集笑話之用心！一學期下來，同學常常在爆滿的教室中，維持相當高的學習士氣，相當不容易。

　　至於每次上課的時間管理與進度掌握，也很重要。課程結束前五分鐘可以由老師或找一位平時上課認真的同學，來總結此次上課的重點與心得。教師並公布下週上課進度與繳交作業等注意事項。同時，課後可請期

初選出的班代或副班代在課程網站上公布相關事項，提醒大家。教師上課的結構越嚴謹，說明與規定越清楚、上課節奏越明快，同學的參與度也會因此而提高，學習成效會明顯改善（國立臺灣大學教務處教學發展中心，2020；林新發、黃秋鑾，2014）。

二、上課要不要點名？

曾經有大學初任教師，以「菜鳥」身分前往某師範大學，請教一位教學方法與科技的資深梁教授，詢問在大學課堂上的各種教學秘笈。梁老師毫不藏私的提供許多寶貴經驗，其中一項是有關上課是否要「點名」這件事。許多大學老師以「教自由、學自由」的理想自居，認為大學生已是成年人，上課出席與否應予尊重，所以課堂上幾乎從不點名；也有的教師開學之初就說明一學期抽點三次的規定，如果三次點名都沒到，就「死當」，以發揮若干警惕效果。也有些學校規定：上課時必須按照學號而固定座位，以便由學校相關人員進行點名。近年來，也有許多大學採用點名 QR code 或 APP 等系統，同學一進教室就用手機掃瞄，完成報到手續，缺點之一是如果有同學中途離開或翹課，教師比較難查覺與掌握。

為此，梁老師表示，上課點名其實是一種不得已的做法，目的不僅是希望讓授課教師擁有要求同學出席的權利，藉此提高參與度。另一方面，也可瞭解學生學習的專注情形。比方說，多年前某個大二同學連續一整個學期都沒來上課。剛好該教師在課堂上也從不透過點名，來查核學生出缺席狀況。結果，家長期末跑來學校找孩子，該生一整個學期都不見蹤影，學校與系上才驚覺該同學失聯很久的問題。

另一方面，與其他先進國家相比，臺灣的大學學費相對低廉，加上百分之七十以上，由家長負擔子女上大學的費用，學生的學費與學貸負擔，普遍不如其他鄰近國家（周祝瑛、鄭慧娟，2010）。甚至有些國立大學的

學生，只需負擔大學四分之一到六分一的學費成本（周祝瑛、鄭慧娟，2010），導致許多大學生經濟壓力小，上課態度也不積極。為此，上課點名，某個程度也有鼓勵學生出席課堂的作用。

只是，如果遇到大班，上課逐一點名，的確浪費很多時間。梁教授建議可以改成上課「簽到」形式，且需註明遲到（超過十分鐘）或早退（如提前十分鐘以上）。教師需定期檢查字跡，避免「代簽」事項發生。一旦查出有代簽情事，可採取較嚴厲的罰則。但為避免日後成績計算的爭議，課程大綱上必須以「白紙黑字」方式，標示清楚。所以，上課無論點名與否，建議都要有學生出缺席的紀錄系統，且依照大學的學則規定進行，避免日後師生之間的爭議。

三、如何準備教學大綱與授課材料

全學期上課材料，不必侷限於某一本教科書中。一般可利用寒暑假進行課程準備，透過教學大綱（又稱課程大綱，syllabus）整理的過程，將所需的相關主題及材料，逐一分類。至於教學大綱一般包括（詳情請參見第五章案例）：

1. XX 學年第 X 學期「科目名稱」教學大綱。
2. 科目代碼。
3. 課程時間。
4. 上課地點。
5. 授課教師姓名。
6. 授課教師辦公室時間（Office Hours）及地點（或者網路諮詢平臺）。
7. 教學助理基本資料。
8. 課程目標。

9. 學習預期成效。

10. 授課方式。

11. 課程簡介。

12. 上課進度。

此部分可以包括以下欄目：

週次／課程主題／課程內容／教學活動與／作業／備註

13. 評量工具與策略、評分標準成效。

（1）基本要求：出席（％）及課堂分組報告（％）（出缺席次數，與請假規定）。

（2）平時小作業（份）：％。

（3）期中報告或考試：（％）。

（4）期末報告或考試：（％）。

14. 期中與期末考試注意事項。

15. 指定教科書或材料。

16. 參考書目。

17. 其他注意事項。

四、討論題綱如何準備？

上課時可針對上課主題，採取如「問題解決」（problem solving）與「翻轉課堂」（flip classroom）等方式進行。每次上課前一週先公布一些重要的議題，讓學生以分組或個別形式準備。每次上課也可先請同學回答或報告重點，然後再由教師進行回饋、評論與補充要點。下課前，要留一些時間讓同學發問，且每次等候回答時間至少要七秒鐘。最後，也可讓全班票選本週各組報告表現最佳的組別，由教師提供獎品或加分，給予獎勵。如此，當可避免教師在臺上獨自放投影片、臺下卻睡成一團的尷尬場面。

五、如何異質分組？

如同（第三章第六節）中的討論，透過分組（grouping）來進行「小組討論」，也是某些課程值得採用的方式。分組上課方式，不僅有助於學生透過小組分工而產生同儕壓力，提升學習效果，且透過組內不同觀點的討論過程，幫助學生認識多元且複雜的知識體系。尤其採用異質分組形式，讓不同背景的學生，相互認識來自不同年級、科系、性別，甚至國別的同學。同時，各小組組成時要儘快選出組長與副組長，由組長負責各組出席點名與人數登記，及主持小組討論，副組長則負責記錄與口頭報告等分工。教師可在開學第一週，安排類似「相見歡」的自我介紹認識活動，鼓勵大家找尋符合異質編組的同學，共組團隊，突破每個人的習慣領域，及踏出舒適圈。

六、如何挑選課程中的班級幹部？

在一些人數眾多的大班教學，也適合採取分組形式，增加課程聯繫與上課互動性。透過幾位班級幹部，來協助課程聯繫等工作。例如：在開學第一堂課就公開徵求班代與副班代人選；如有分組，各組名單與小組長人選也儘量在第一次上課決定，協助課程儘早進入狀況。教師同時須先說明擔任班代、副班代與小組長的意義與責任。同時鼓勵這些幹部為大家服務；透過服務來加深個人的學習成效，與教師建立師生夥伴關係等。

其次，介紹班代與副班代的工作內容與期待。教師甚至可以藉此說明歷年來，擔任類似班級幹部同學的收穫與回饋。例如：班代能夠與全班進行互動與培養領導能力；副班代透過每週上課紀錄，訓練歸納統整與書寫能力，可說是每學期對上課內容最熟悉者，也是學習最多與成果最豐碩的一位。例如：某年曾有一位大一新生志願擔任副班代，負責每週課堂重點

紀錄。結果一學期下來，副班代不但詳實摘錄每週上課紀錄得非常完整，也讓他對此門課有更深入的學習，整體的思考統整能力大為提升，有助於日後的學習信心。

如授課過程中遇有特殊事件，教師也可請這兩位班代與副班代協商協助更新注意事項。至於上課投影片，教師會依課程需求製作與定期更新，在上課前至少一、兩週先完成上課簡報，並視上課需求，隨時更新與調整內容。最後，要告之擔任幹部將可獲得加分等權益。

七、課堂紀錄

課堂紀錄通常由副班長負責，記錄完成後先需經過老師的確認再寄給全班或上傳到教學平臺。課堂紀錄通常只是摘錄教師上課重點內容，及各小組的報告主題、與提問等，目的在提供同學課後複習與延伸思考參考。（參見附件 5：1）

八、如何評定學期成績

學期成績通常是同學修課最重視的項目，也是最容易引起師生爭議的地方。在評定學期成績時，每個項目的百分比或等第，必須具體明確，不可有任何的遺漏或計分上的疏失（參見附件 5：2）。

學期成績評定的基本項目參考如下：

出席基本要求（出缺席次數，與請假規定）；

平時小作業；

期中與期末報告或考試；

其他事項（加分或扣分）。

如遇有上課分組報告等協同作業，務必請每位同學提供作業分工具體項目及比例，甚至相互評量及自我評量，避免少數作業「搭便車」等不公

平現象出現。有時候，教師也可利用下課、課後、與戶外教學，私下進行各組上課投入的瞭解，以掌握全班的學習狀況。

九、如何預防學生抄襲

抄襲問題由來已久，可謂「冰凍三尺、非一日之寒」。抄襲是指不當複製他人的想法、文字或作品，並將它當作自己的所有物，如：把他人的文章、報告等作品，不加改寫就直接抄下來，當做自己的作品，並且不註明引用資料的來源，即為抄襲（教育部，2021；周祝瑛、馬冀，2018）。

當前的資訊科技越來越便利，舉凡網路上的蒐尋、下載、貼上和複製等功能資訊也十分容易，抄襲已成為學生經常觸犯的違規行為，包括：受到錯誤觀念與僥倖心態的影響；學生在繳交作業時間壓力下，有時會出現抄襲的捷徑與方便門，以節省時間及精力。此外，有時也因一時找不到資料出處，乾脆直接照抄比較省事。最後，如果遇到教師事先未把禁止作業抄襲情事說明清楚，加上繳交作業後，未獲授課教師適當的回饋或糾正，也容易造成同學的輕忽抄襲而不夠慎重的觸犯行為。

抄襲已納入臺灣法令內，如：著作權法第 91 條與學位授予法第 17 條等處明文規定的違法行為。因此，大學教師在授課過程，必須給學生機會教育及隨時的提醒，並且要在教學大綱中明確列出作業抄襲的最低比例及處罰規定，以杜絕僥倖之徒。由於各校對於學生作業抄襲比例規定不一，通常是 10%-30%之間。授課教師可透過各大學圖書館提供的抄襲檢索軟體，如：「turnitin 論文原創性比對系統」查核（參見附件 5：3）。

十、開課前教師歡迎信與期末問候信

任何一門課開課前與結束後，授課教師都可以給全班寫封信致意。例如，開課前的問候信如下：

親愛的選課同學，你好：

我是授課老師 XXX，很高興我們將在這門課中相處一個學期，希望
選修這門課程，你會收穫滿滿。

開學前，有同學來詢問相關的上課內容，教材與指定教科書。老師除
了將上述材料放在 XXXX 網站上，也特別隨此信附檔給大家，供同學先
行參考。如果有任何問題，包括防疫期間的線上網址等個別需求，請儘快
與老師聯繫。本課程也有一位助教 XXX，聯繫方式請參見教學大綱。

歡迎選課，也期待開學後早日相見。

祝 平安喜樂

周〇〇
（個人學術網站或相關教師學術資訊）
XXX 年 XX 月 XX 日

到了學期結束前，也可給同學寫另一封信，表達關心：

同學好：

感謝這一學期在 XXXX 課程中的努力參與及學習，尤其每個人在期
中與期末報告分享與寫作上的顯著進步，更令老師感到欣慰。

本週除了附上例行的課堂紀錄與注意事項外，也附上老師的歲末祝福
感言，祝你有個豐收與平安新的一年。

這學期副班代俞〇〇發揮了超強的記憶與理解力，為大家詳實的記錄
課堂內容，甚至不時補充了寶貴資訊，讓大家滿載而歸。班長林〇〇的筆
電準備與上課事項的提醒，十分負責與稱職，這些都是額外義務工作與負

擔，都是他們充滿愛心的服務，讓我們為他鼓掌，敬禮！

祝 假期愉快！
周○○
XXX 年 XX 月 XX 日

第二節 比較教育

以下謹就本章的六門課程教學大綱，加以說明。

壹、「比較教育」教學大綱

課程說明：

本課程在大學部開設，開學後第一堂課，筆者通常都會在教室中陳列十幾張從各國蒐集來的世界地圖，提供同學們查看、比較與討論。這些地圖包含使用不同語言，透過不同主題與單位製作而成，有些以國家疆界畫分，有些以交通、天然環境、甚至五大洲的陸地及海洋生物分布為單位，編輯出截然不同的世界地圖。此外，來自不同國家出版的地圖，通常會將所處的洲放在整張地圖的中心位置。其中，還有一張南北半球顛倒位置的地圖（upside down world map），南半球在上面，北半球在下面，可謂打破傳統世界地圖「北上南下」刻板印象的最佳範例。透過第一堂課各種世界地圖的實體展示，甚至藉由網路上更多世界地圖不同的題材，來示範介紹比較教育中「文化相對論」與「比較單位」等基本概念，以及比較研究中如何選擇「可以比較的基準」等方法。本課程嘗試突破每個人的我族中心與偏見，期望在討論各國教育發展時，提醒同學注意教育制度背後所處的

歷史及社會脈絡（contextualization）等因素，對於教育所產生的影響。

一、課程簡介與目標

　　本課程旨在拓展學生對於比較教育研究的相關理論，以及在實務方面的應用能力。透過該學門的發展歷程，探討相關概念、研究方法，研究單位與重要理論等。其次，根據上述觀點，來檢視當前國際上的重要教改議題，如：新冠肺炎與全球教育公平議題，教育政策與政黨輪替的影響，十二年國教，與國際教育評比（如：PISA、PIRLS、世界百大排名）等。第三，探討各國在教育創新與國家競爭力方面的發展，尤其在全球化與在地化中的衝突變化。希望透過課堂上師生討論、分析與批判過程，來提升同學對比較教育的能力與興趣，進一步拓展個人的國際視野及未來生涯發展機會。

二、上課進度

週次	課程主題與進度	課程內容	教學活動與作業
1	課程介紹 新冠肺炎下的全球教育發展與不公平	講義	繳交分組名單，以共同完成期中及期末報告。
2	思想起：各國教育源起與公立教育的由來	指定教材 pp. 1-6	為什麼政府會介入辦學？非學校社會可行嗎？
3	宗教、文化與特殊事件對當代教育的影響	指定教材 pp. 7-18	美國 911 事件，日本 311 震災對教育之影響，與歐洲各國對於中東難民的相關教育措施。
4	比較教育理論基礎（1）	指定教材 pp. 57-74	何謂比較教育的相對論？情人眼裡為何會出西施？
5	比較教育理論基礎（2）	指定教材 pp. 57-74	如何霧裡看花、化繁為簡的歸納與分析——理論之妙用
6	專題演講		演講報告

週次	課程主題與進度	課程內容	教學活動與作業
7	比較教育研究方法、單位與主題（1）	指定教材 pp. 75-111 與講義	Mind-mapping、質性與量化研究、超越「國家」以外的單位比較（繳交期中報告之自選期刊題目）。
8	比較教育研究方法、單位與主題（2）	指定教材 pp. 112-338	「進步與落後」的絕對與相對迷思、同理心與他者。
9	比較教育研究方法、單位與主題（3）	指定教材 pp. 112-338 與講義	介紹學期報告之撰寫方式，與透過實際案例，進行比較練習。
10	期中口頭報告與答詢		各組提出十分鐘之期中報告與討論，繳交一篇中文比較教育期刊文章評論書面報告（2000 字），每組需對他組同學之報告提出一個書面問題。
11	比較教育重要議題（1）	指定教材 pp. 339-354	全球化下的區域化與在地化：單打獨鬥VS.邀打群架（根據教師修改意見進行期中報告修改工作）。
12	比較教育重要議題（2）	指定教材 pp. 355-364	世界百大排名的解讀：為誰作嫁？（繳交期中報告修改版）。
13	比較教育重要議題（3）	指定教材 pp. 365-382	PISA 與 TIMSS 中的小國異軍突起，為何臺灣孩子很會考試卻不愛閱讀課外書？
14	比較教育的案例（1）	講義	繳交期末報告題目
15	影片欣賞與討論		討論報告
16	比較教育的案例（2）	講義	舉辦「世界教育博覽會」，請各組同學分享一個世界上的宗教、節慶與教育關係的實物展示活動，可以包含食物、音樂、圖片等，來彰顯社會脈絡對於教育的影響）。

週次	課程主題與進度	課程內容	教學活動與作業
17	期末口頭報告		兩人一組共同負責一篇英文文章評論報告每組十分鐘，請準備 ppt。
18	期末結語		繳交期末報告（3000 字）

三、上課方式

1. 30%講述
2. 30%討論〔參見（附件一）〕
3. 30%小組活動
4. 10%數位學習

四、評量方式

1. 基本要求：出席（20%）及課堂分組報告（15%）。
   （缺席不得超過四次以上，超過者視為棄修，請假需繳交請假單或電子郵件）。
2. 期中中文期刊評論一篇：30%（小組合作）〔參見（附件二）〕。
3. 期末英文期刊評論一篇：30%（小組合作）〔參見（附件三）〕。
4. 平時小作業（至少需交足 2 份）：10%（個人作業）〔參見（附件四）〕。

五、參考資料

（一）指定書目：（以下資料隨時更新，僅供參考）

1. 周祝瑛（2009）。《比較教育與國際教改》。臺北：三民。
2. 補充資料。

（二）其他參考用書

1. 楊深坑等（2014）。《比較與國際教育》。臺北：高等教育。
2. 王家通（2008）。《比較教育》。高雄：復文。
3. 楊思偉（2007）。《比較教育》。臺北：心理。
4. 沈姍姍（2000）。《比較教育》。臺北：五南。

六、附件說明

（附件一）上課討論議題範例

W1 課程介紹

1. 觀察地圖後小組問題及發現差異討論。
2. 每個地圖為何中心都不一樣？
3. 每個區每個國家劃分的顏色都不一樣，這些不同的顏色表達什麼意思呢？
4. 為什麼大多世界地圖都是北半球在上面，南半球在下面？
5. 投影法不同，地圖上有差異，採用哪種投影法最接近直觀呢？

W2 各國教育源起與公立教育的由來

1. 什麼是公立教育？為何需要公立學校？
2. 為什麼政府會介入辦學？非學校社會可行嗎？
3. 公立學校的起源對教育的影響？
4. 怎麼區分公立學校與私立學校，是看創辦者，或者看收費嗎？那又怎麼判斷政府是否是一個合格的社會機構呢？

W3 宗教、文化與特殊事件對當代教育的影響

1. 宗教與文化為何會影響教育？哪些方面？

2. 書中各種不同的宗教與文化，各有何不同的教育主張？

3. 阿富汗為何對女性受教權多予限制？

4. 伊斯蘭教區文盲有很多，但是很多伊斯蘭教徒都會背誦古蘭經，這些人算文盲嗎？

5. 一般來說，宗教學校比普通（世俗）學校有更多的規範，那這些宗教學校出來的學生會不會與一般學生有所差異呢？

W4 比較教育發展與理論基礎（1）

1. 說明影響當代比較教育的三大潮流（全球化經濟勢力的拓展，資訊革命的提前到來，新全球化意識形態之爭）？

2. 為何比較教育有助於釐清各國發展的脈絡？例如可透過國際上共有的議題，針對某一國家或地區的特殊社會情景，從事跨時間與跨領域的比較；針對國際研究某一主題，運用與單一國家作為單位，以此建立相關國家或區域的教育發展模式；或者可以從國際資料庫中選擇相關主題與項目，進行多國教育比較等。

3. 以下理論，請從代表人物、理論起源背景、學說內容、對後世教育發展的影響等四方面回答？
   （1）結構功能理論
   （2）現代化理論
   （3）人力資本論

W5 以下理論，請從代表人物、理論起源背景、學說內容、對後世教育發展的影響等四方面回答？

1. 馬克思理論

2. 衝突理論及相關派別

3. 依賴理論

4. 殖民主義，新殖民主義和後殖民主義

5. 世界體系理論與全球化理論

6. 現代化理論與後現代化理論

W7 比較教育研究方法、單位與主題（1）

1. 請依照 George Bereday 比較四階段：描述、詮釋、並列、比較，探討某一案例。

2. 請比較殖民主義、新殖民主義和後殖民主義，這三者之間的差異。

3. 請舉例說明不同的比較單位，為何會對教育的基本主張或實際狀況，產生影響？

W8 比較教育研究方法、單位與主題（2）

1. 什麼是社會科學中的比較研究法？

2. 什麼是比較教育研究法中的質性研究？

3. 什麼是比較教育研究中的量化研究？

4. Bray 比較教育分析層次的架構圖是否完整？如果有問題的話，應該如何修改補充？請畫出更完整的分析單位圖。

5. 請舉例說明，比較教育分析層次中，第一類地理位置有哪幾種？

6. 請舉例說明比較分析程式中的非地區性的人口組成因素有哪些？

W12 國際學習成就比較案例

1. PISA：2019、2018 年結果、近期結果、主要題目

2. TIMSS：2019、2018 年結果、近期結果、主要題目

3. PIRLS：2019、2018 年結果、近期結果、主要題目

4. 比較三者（臺灣、馬來西亞、香港、澳門）的成績差異？

W13 PISA 與 TIMSS

1. PISA 與 TIMSS 中的小國異軍突起，為何臺灣學生很會考試卻不愛閱讀課外書？

2. 是什麼原因使得臺灣學生在數學和自然科目表現出高成就、低學習動機？

3. 為什麼類似 PISA 的項目對全球範圍的教育改革層面產生影響？

（附件二）期中報告撰寫格式

期中中文期刊評論寫作說明：

根據一篇十頁左右中文期刊，進行文章評論，報告內容需包括以下項目，字數以三千字為限，雙行與十二號字。

一、報告封面，包括：評論文章之標題、作者、期刊篇章、報告人姓名、學號、系級。

二、摘要：以三到五百字為限，維持一段。內容請依照以下順序撰寫：研究背景、研究目的、研究方法、研究發現與啟示。

三、關鍵字：三到五個詞。

四、主要議題（theme or issue）：本文中主要探討的問題與重點有哪些？

五、期刊評論：請根據上課內容，如：比較教育理論、學者提出的重要概念、比較單位、比較研究方法、與期他相關研究支對照，以及本文之優缺點。此處需有引用資料，採 APA 格式撰寫。

六、參考資料：APA 格式撰寫。

七、心得：個別心得。

八、組員分工：需列出撰寫內容與百分比。

（附件三）期末報告撰寫格式

繳交一篇英文比較教育期刊文章評論書面報告

期末報告寫作格式包括（字數：3000 字內／5-10 頁）：

1. 題目
2. 摘要（300-500 個字）包括：研究背景與動機、研究目的或問題、研究方法與結果、啟示和建議、三到五個關鍵字
3. 前言（研究背景＋目的＋問題）
4. 文獻探討
5. 研究方法
6. 研究發現&討論
7. 研究結論與建議
8. 參考文獻（APA 格式）
9. 小組分工＋心得

期末報告不可出現抄襲或寫報告時搭便車等違規情事，一經發現，一律以零分計算。

（附件四）平常作業撰寫說明

平常作業可根據上課的討論自訂題目，或老師指定作業，蒐集材料與回答問題。請避免自網路直接下載資料，需有個人看法，內容宜精簡清楚，每份不超過五百字，請勿抄襲。

貳、教學成效

一、學生作業報告案例（期中評論期刊論文題目）

- 中小學生校長素養導向領導指標建構之研究。

- 日據時期臺灣教育史研究——同化教育政策之批判與啓示。
- 教育方式大不同：填鴨式教育 vs 開放式教育。
- 家長教育程度、文化資本、自我抱負、學習興趣與數學成就之關係研究。
- 青少年性教育與情感教育內涵之探究：教師、學生與家長觀點之比較。

二、學生上課心得

- 我想總結一下本學期修習比較教育的心得，我很開心能夠在這個課堂上看到很多不同的議題，像是 OECD 還有世界銀行等，學會用不同思維去關心每一件事我覺得是本學期帶給我最大的收穫，而我也會持續學習。

- 這次的報告主題很有趣，對比以往在比較教育的課堂中談到很多像是制度、文化、社會結構等議題，卻鮮少人針對課程設計還有教育現場的問題作探討。所以在剛好搜尋到這篇文章的瞬間，立刻引起我的興趣。而在研究中有提到對學生做問卷，然後上課氛圍和老師的教學手法會對課程造成影響，我非常認同這個觀點。畢竟老師怎麼設計課程會影響到我想不想認真投入這堂課，而且我的頭腦敏銳度沒這麼高，我的學習是需要老師慢慢教的，然後一點一滴累積而來。

- 比較教育在現況回溯原因時是一門易於使用的學說，這次談論家庭教育的議題，讓我以不同的觀點去觀看教育與整體社會之間的連結，我們覺得是很棒的學習。

- 我一直以來其實也很困惑這個比較單位分析立體方塊，到底如何跟量化與質性研究相結合？不過靈機一動，我覺得這個方塊提供

了一個清楚的定義和思路，不管是質化分析還是量化研究，只要在這個方塊的三個面向加以延伸分別的影響層面，都會使研究觀點更全面。謝謝老師的教導，讓我收穫滿滿！

三、課程紀錄範例（一）執筆人：張 X 瑄

（本課程由副班長進行每週上課紀錄事宜，並上傳教學網站上供全班事後分享）。

比較教育第一週 0927

1. 觀察地圖後小組問題及發現差異匯總（問題用 Q 代之，差異用差代之）。

G1：Q：每個中心不一樣。

差 ：每個地圖主題不一樣，繪制方式，書寫文字不一樣。

G2：Q：每個區每個國家劃分的顏色都不一樣，這樣不一樣的顏色表達什麼意思呢？

差 ：每個地圖主題不一樣，繪制方式，書寫文字不一樣。

G3：Q：為什麼每個基本上都是北半球在上面，南半球在下面？

差 ：不是每一張地圖都是按國家來劃分。

G4：Q：為什麼在有一張地圖上面，俄羅斯被寫成蘇聯，中國大陸部分被標成中華民國。

差 ：文字語言不一樣，製作方式也不一樣。

G5：Q：有一張地圖上面，本應該經緯度窄的地方卻沒有。

差 ：不同的地圖因為海陸比不同看起來不一樣。

G6：Q：投影法和在哪裡製造有關係嗎？

差 ：設色不同有些是因為國家不同，有些是因為地形不同，有些

　　　　則是為了區分時間。

G7：Q：希望看到宗教為區分的地圖。

　差　：圖例不同。

G8：Q：找不出地圖共同點。

　差　：中心不一樣，色彩不一樣，不一樣的地圖處理臺灣和中國大陸也不一樣，有些把他們放在一起，有些則沒有。

G9：Q：投影法不同，地圖上有差異，採用哪種投影法最接近直觀呢？

　差　：政治傾向會影響，河流基本每一個地圖都有標記。

四、課程紀錄範例（二）

第十三週課程紀錄　　　　　　　　　　　　日期：2021/12/3

❑ Omicron 議題對中小學教育的影響

❑ 世界貿易組織 WTO 最近議題：Covid-19

　　E.g.公館　新東陽——因疫情無法支持店內運作，而倒店

❑ 歐盟 EU：氣候變遷——影響教育

　　E.g.暴風暴雨、大雪等因素，學校是否要開放等問題浮現

❑ 小作業：三個機構裡最近的新消息：WTO、EU、World Bank

　　（小作業為每人一學期選兩項撰寫）

　　　　世界一流大學排行榜（全世界約有 4 萬多所大學）

❑ QS World University Rankings：全球大學排行榜

https://www.topuniversities.com/university-rankings/world-university-rankings/2021

❑ MIT：全校學生不到一萬人／全校教師約 3000 多人，生師比 3：1

❑ Harvard：全校 30000 多人　生師比 7：1

❑ NCCU：生師比 19.4：1

❑ 私立學校：生師比 30：1 或更高

❑ QS 世界大學排名準則：僱主評價、生師比、學術互評、教職員引文量、國際生比例、國際教職員比例

❖ 目前全班可以寫的小作業題目有：

1. 個人：找出一個上課上過的理論，並舉出案例或個人批判想法。

2. 小組：課堂影片 preschool in three cultures, China, Japan, America,找出比較基準點與心得；The Learning Gap（美國的教育改革）。

3. 個人：三個機構裡最近的新消息：WTO、EU、World Bank。

❖ 提醒老師下次上課要帶去日本買的有一本書在評論當地大學的排名。

❖ 本週作業：

・PISA：2019、2018 年結果、近期結果、主要題目。

・TIMSS：2019、2018 年結果、近期結果、主要題目。

・PIRLS：2019、2018 年結果、近期結果、主要題目。

・比較以下（臺灣、馬來西亞、香港、澳門）的成績。

❖ 期末報告下週二（12/7）晚上 23：59 以前上傳每組期末報告「題目」、「摘要」到 moodle，逾期不候。

❖ 期末報告下週五（12/10）上課時，每一組報告 5-8 分鐘的口頭報告（須準備 ppt），報告「論文標題」、「作者」、「期刊名稱」、「出版年份」、「摘要」、「關鍵字」、「比較基準」、「比較的理論」、「比較教育的相關概念是否符合」，請確定有上述內容。每一份期刊不超過 10 頁，如果有不符合課程要求的地方，須重新再找期刊文章或請老師推薦，敬請配合，尤其是上課缺席的同學，請務必補充上述材料。

第三節　比較國際教改

課程說明：

　　大學部的「比較國際教改」課程通常會吸引許多國際學生、僑生與外系同學前來修課。例如：某學期的數十位選修學生中，就有來自七個國家／地區，及六個科系多元背景的各年級學生。該課程強調結合學生本身的多元文化背景，以各國或各地教育改革與現況，進行專題探討。由於上課同學可說代表著該國及地區的教育「代表產物」，因此上課議題儘量結合同學親身經驗，透過個案研究，進行探討。至於期中及期末報告，透過分組方式，由各組選擇感興趣的期刊議題與實證研究案例，撰寫評論報告。過程中鼓勵同學依照異質分組原則，讓不同背景的學生有機會進行溝通、協調、與合作。此外，授課教師需花費較多時間反覆批改各組的期中與期末報告，讓同學瞭解大學寫作中應有的規範與邏輯思維。希望透過課堂上各種議題的討論、分析與批判過程，提升同學對比較國際教改的能力與興趣。

壹、「比較國際教改」教學大綱

一、課程目標

　　本課程旨在探討國際教育改革發展趨勢與挑戰。首先針對全球性的教育大數據庫如：PISA，World Value Survey，與世界百大等評比，分析相關美、英、日、德、法、中國大陸、芬蘭、韓國，以及若干國家的教育改革政策與制度，進行分析與介紹。並進一步透過聯合國教科文組織（UNESCO）、世界銀行（World Bank），與歐盟（UN）等國際組織的重要教育政策，進行探討。藉此瞭解各國教育發展的背景與影響。尤其在課

程中採取相關知比較教育理論如：全球化與本土化，分析相關之教育議題。希望透過課堂上師生討論、分析與批判過程，來提升同學對比較國際教改之能力與興趣，擴大個人的國際視野與全球移動能力。

貳、授課方式與上課進度

一、授課方式

本課程採翻轉教育之精神，鼓勵同學表達與討論。每週都會事先公布下週討論題目，每組若干人，事先進行小組討論和搜集資料。透過小組討論以及報告，教師從旁補充內容及講述等方式進行。從新冠肺炎開始到全球教育不公平，甚至是世界百大排行和全球價值觀調查（World Value Survey, WVS），帶領同學們深入探討。也嘗試從比較國際教改的角度，去看世界各國的教育，例如：美國教育、日本教育以及東南亞教育。除此之外，同學們也認識了不同語言文化背景的教育，例如：德語、法語及西班牙語系國家的教育特色，甚至是中東地區如：以色列與伊朗教育等。最後，透過「從國際教改看臺灣教育經驗」作為這門課的結語。希望在教師的帶領下，師生暢遊世界各地的教育改革與發展經驗。

二、上課進度

1. 課程介紹、專題演講。
2. 新冠肺炎與全球教育不公平。
3. PISA，World Value Survey，與世界百大排名，周 355-383。
4. 美國教育*國解 Part 4、周 271-283。
5. 中國與俄國教育*國解 Part 2，周 146-160，261-271。
6. 日本教育*圖解 Part 3，周 161-169。

7. 南韓與北韓教育*圖解 Part 5，周 170-179 講義。

8. 東南亞教育（含印度），周 180-193、繳交期中論文摘要。

9. 期中報告。

10. 德語系國家教育，周 213-224、繳交期中書面報告。

11. 英語系國家教育（英國），周 194-212。

12. 英語系國家教育（紐澳與南非），周 223-244。

13. 法語系國家教育（法國與非洲），周 225-232、306-311。

14. 西班牙語系國家（中南美與歐洲），周 284-293。

15. 以色列與伊朗教育，周 294-305。

16. 從國際教改看臺灣經驗，周 134-145，312-319。

17. 期末口頭報告。

18. 結語及期末教學評量，繳交書面報告。

三、評量方式

1. 出席及課堂參與：20%（請假與缺席超過四次者視為退選）

2. 期中報告（兩人一組之英文期刊評論）：40%

3. 期末報告（以某一個國家或地區為個案，針對課堂討論之議題進行研究，其中之研究方法須包含訪問外籍生或國外駐臺單位）：40%

四、指定書目（以下資料隨時更新，僅供參考）

1. 周祝瑛（2009）。《比較與國際教改》。臺北：三民。

2. 陳方隅、歐寶程、古雲秀（2011）。《圖解簡明世界局勢：2012 最新增訂版》，臺北：易博士出版社。

五、參考用書

1. 楊深坑、王秋絨、李奉儒（主編）（2012）。《比較與國際教育》。臺北：高等教育。

2. 沈姍姍、李智威、詹盛如、吳怡萍等（2010）。《國際組織與教育》。臺北：高等教育。

3. 王如哲（2009）。《各國高等教育制度》。臺北：高等教育。

4. 周祝瑛（2008）。《臺灣教育怎麼辦？》。臺北：心理。

5. 王家通（2008）。《比較教育》。高雄：復文。

6. 楊思偉（2007）。《比較教育》。臺北：心理。

7. 王瑞琦（2007）。《百年來中國現代高等教育》。臺北：政大。

8. 謝文全（2006）。《比較教育行政》（第四版）。臺北：五南。

9. 楊深坑（2005）。《比較教育論述之形成》。臺北：高點文化。

10. 鍾宜興（2004）。《比較教育的發展與認同》。高雄：復文。

11. 方永泉（2002）。《當代思潮與比較教育研究》。臺北：師大書苑。

12. 周祝瑛（2000）。《他山之石——比較教育論文集》。臺北：文景。

13. 沈姍姍（2000）。《比較教育》。臺北：五南。

14. 林清江（1987）。《比較教育》。臺北：五南。

15. Bray, Mark, et.al. (2007). *Comparative Education Research: Approaches and Methods*. HK: Hong Kong University Press.

六、參考期刊與重要網站

暨南國際大學比較教育期刊、當代教育、國際與比較教育、Compare, Comparative Education Review, European Education, Harvard Education Review, International Education, Chinese Education and Society, China

Quarterly.

World Bank, UNESCO, OECD, BBC, CNN, NHK

七、期中英文期刊評論報告寫作說明

報告內容需包括以下項目，字數以五千字為限，雙行與十二號字。

1. 報告封面，包括：評論文章之標題、作者、期刊篇章、報告人姓名、學號、系級。

2. 摘要：以三到五百字為限，維持一段。內容請依照以下順序撰寫：研究背景、研究目的、研究方法、研究發現與啟示。

3. 關鍵字：三到五個詞。

4. 主要議題（theme or issue）：本文中主要探討的問題與重點有哪些？

5. 期刊評論：請根據上課內容，如：比較教育理論、學者提出的重要概念、比較單位、比較研究方法、與期他相關研究對照，以及本文之優缺點。此處需有引用資料，採 APA 格式撰寫。

6. 參考資料：APA 格式撰寫。

7. 心得：個別心得。

8. 組員分工：需列出撰寫內容與百分比。

9. 不可出現抄襲或寫報告時搭便車等違規情事。

八、期末報告寫作說明

某一個國家或地區為個案，針對課堂討論之議題進行研究。其中之研究方法須包含訪問外籍生或國外駐臺單位。報告以不超過五千字為限，內容需包括：

1. 題目。

2. 摘要（300-500 個字）。

3. 3-5 個關鍵字。

4. 前言（研究背景＋目的＋問題，文獻探討）。

5. 研究方法。

6. 研究討論&發現。

7. 文獻（參考資料 APA 格式）。

8. 分工＋心得。

期末報告不可出現抄襲或寫報告時搭便車等違規情事。

九、平常小作業

可根據上課的討論議題自訂題目，或老師指定作業，蒐集材料與回答問題。請避免自網路直接下載資料，需有個人看法，內容宜精簡清楚。

十、每週上課討論議題

W2：新冠肺炎與全球教育不公平

1. 新冠肺炎疫情對各國教育有哪些影響？尤其是從你來自的國家與地區中，你觀察到的 2020 年初到現在教育上有哪些重大改變？

2. 針對疫情爆發後，除了線上學習以外，是否有新的教學與學習方式產生？尤其當各國學校關閉之後，各級學校從大學到幼兒園有哪些新的教育創新？並請舉例說明。

3. 線上學習等方式是否會產生新的問題？請從政治上（如主流與非主流族群），經濟（貧富懸殊差距），地理位置（城鄉差距），教學方式（教師中心或學生中心），教育效能（如教育的公平與效能）等方面來探討　並請舉例說明。

4. 請簡要說明本週參考文章重點為何？請從各文章的議題背景與討

論問題談起，包括有哪些探討的主題，以及哪些發現？附上讀後心得。

W3：本週討論的內容：課本上有世界百大排行與 PISA 等內容而另一項 WVS 可以上網查詢這一個世界價值體系調查網站與世界百大排名。

1. 請查最近一次該調查的重點發現以及跟以往的調查有哪些主要不同地方。

2. 請針對我們班上 7 個國家與地區 在這項調查中任選 3 個國家和地區的排行變化情形，加以說明並進行比較。

3. 從該項調查的歷年變化情形，你們學到了什麼重要的教育發展趨勢？

W4：美國教育

1. 美國 Covid-19（omicron 等）疫情對於美國各級教育有哪些影響？

2. 奧林匹亞運動會，美國與中國籍，谷愛凌得到冠軍有什麼教育意義？（在美國受教育、17 歲母親帶她成為中國籍）（請參考虎媽戰歌等書）

3. 自 2001 年以來，美國有哪些重要的教育政策？對於美國社會有什麼具體影響？（請各舉三例，加以說明）

4. 美國在世界大學排行，PISA 與 WVS 中各有哪些重要趨勢或特色？

5. 承上題，有人說美國擁有世界一流大學，但 15 歲中學生在 PISA 各項成績卻不盡理想，不但出現弱幹強枝現象，社會上也因價值改變，造成學業成就兩極化現象。請說明解釋這種現象。

6. 何謂美國教育為地方分權制？美國教育制度為何？任選一個地區或國家，與美國進行比較。

7. 自行命題（需與美國教改政策有關）

W5：中國與俄國教育

1. 請摘要《比較國際教改》課本上關於（二）中國與（十四）俄國教育重點（抱過國家基本資料與統計），並列舉這兩國的教育，有哪些讓你印象深刻的地方，為什麼？

2. 近二十年來中國重要的教育政策為何？有什麼具體影響？

3. 從國際教改的角度來看，中國大陸過去 50 年來教育上有哪些重要的成就？
   例如：在掃除文盲，推動義務教育，教育公平，學生出國留學等方面。

4. 1949 年以後中國（PRC）與蘇聯（俄國）兩國的教育思想，制度發展等過程，有什麼異同之處？

5. 中國與俄國在世界大學排行，PISA 與 WVS 等方面的調查結果有哪些重要趨勢？

6. 自從 2022 年二月二十四日俄國入侵烏克蘭之後，這樣的戰爭在歷史上曾經發生過幾次？對於兩國與附近東歐國家的教育，產生哪些影響？

7. 請比較中國、俄羅斯與臺灣的教育，有哪些主要的差別？

W6：日本教育

1. 請針對《比較國際教改》一書中，日本教育那一節做重點摘要，包括：人口，地理環境，歷史文化，經濟，以及日本教育特色等，以便協助本週日本教育的情境脈絡化等討論背景資訊。

2. 二戰結束之後，日本的教育體制由美國接管，請根據殖民主義，新殖民與後殖民主義（請參考課本第二章），說明這一段轉換過程

（transitional process）對於後來日本教育發展的影響？

3. 近二十年來日本重要的教育政策有哪些？有什麼具體影響？該教育政策對對臺灣的啟發為何？（請舉出具體的政策案例如 1980 年代成立的臨時教育審查委員會，寬鬆教育，與因應少子女化教育政策等）。

4. 自 1980 年代哈佛大學 Vogel 教授出版《日本第一》一書後，近半世紀以來，日本經濟長遲緩，加上人口老化與少子女化趨勢，日本在各級教育（學前到大學）上，有哪些重要的教育因應政策？有什麼具體影與成效？

5. 從國際教改的角度來看，日本在世界大學排行，PISA 與 WVS 等方面的調查結果有哪些重要變化趨勢？為什麼？

6. 請觀看三個文化的學前教育（preschool in three cultures，Tobin and Wu）youtube 影片中的日本學前教育部分，並舉兩個例子說明日本文化對該國學前教育有哪些影響？

7. 請比較臺灣與日本教育上的異同？臺灣作為日本的前殖民地，為何臺灣跟韓國的反日情結很不一樣？如果 2030 年臺灣要成為雙語國家，你認為日文有可能當作臺灣的官方語言嗎？為什麼？（請參考國際上雙語國家的歷史經驗）

W7：南北韓教育

1. 請針對《比較國際教改》一書中，韓國教育那一節做重點摘要，與增補朝鮮（北韓）相關資料，並進行比較，包括：2021 年人口，地理環境，歷史文化，經濟 GDP，國防經費比例，以及南北韓教育制度與特色等，以便協助兩韓教育的情境脈絡化等討論背景資訊。

2. 韓國與臺灣曾被日本殖民，兩國戰後獨立後對日本殖民的教育體制與態度，有何不同？請根據殖民主義，新殖民與後殖民主義（請參考課本第二章），說明這一段轉換過程（transitional process）對於後來韓國與臺灣教育發展的影響？

3. 近二十年來南韓有哪些重要的教育改革政策？有什麼具體影響？尤其南韓教育改革政策對對韓流等軟實力傳佈全球有何影響？請舉出具體的政策案例，如南韓推行全國學校電子書，成立科學高中等。

4. Global Education 曾出版一期，舉出世界最好的教育制度，是南韓與芬蘭教育，但兩國教育堪稱南轅北轍，為何都有好的教育制度？請說明與比較之。

5. 從國際教改的角度來看，南韓在世界大學排行，PISA 與 WVS 等方面的調查結果有哪些重要變化趨勢？為什麼？

6. 國際上曾經以識字率作為一國經濟成長的重要預測指標。然而北韓在 1970 年，就已經實施 10 年義務教育，而且其識字率幾乎是亞洲之首，但經濟始終發展不理想。請說明原因，並請從北韓的教育，探討國際上相關的共產國家教育，有何共同的特色？有哪些值得我們學習的地方？（參考 YouTube 上一個澳洲女導演如何向北韓電影取經 Aim High in Creation）

7. 請比較臺灣與韓國教育上的異同？請從教育制度，升學方式，考試壓力，補習，大學學費，教師薪資，男女受教機會，與疫情中線上授課情形，進行比較（必要時請參考國際相關調查統計）。

W8：東南亞教育

1. 東南亞的定義為何？與東北亞，南亞有何不同？試從地理位置，

面積，人口，歷史發展，社會狀況與經濟發展等狀況，進行比較。

2. 請針對《比較國際教改》一書中關於東南亞那一節中的五國教改，做重點摘要，並進行比較，包括：2021 年人口，地理環境，歷史文化，經濟 GDP，國防經費比例，以及教育制度與特色等，以便協助東南亞教育的情境脈絡化理解。

3. 東南亞國協（又稱東盟，ASEAN）有哪些教育措施？與臺灣的新南向政策有何關聯？試加以說明與評論。

4. 二戰前，許多東南亞國家，如：印尼，馬來西亞，越南等都曾被西方國家殖民。請根據殖民主義，新殖民與後殖民主義（請參考課本第二章），說明這一段殖民過程，對於這些國家後來教育發展的影響？

5. 印度的教育在國際上有哪些成就與挑戰？近二十年來有哪些重要的教育改革政策？有什麼具體影響？尤其印度教育改革政策對全球電腦與醫藥等科技及醫學產業等有何的影響？請舉出具體案例。

6. 從國際教改的角度來看，東南亞與印度等國，在世界大學排行，PISA 與 WVS 等方面的調查結果有哪些重要變化趨勢？為什麼新加坡始終一枝獨秀？

7. 請比較臺灣與東南亞，及印度教育上的異同？請從教育制度，升學方式，考試壓力，補習，大學學費，男女受教機會，與疫情中線上授課情形，進行比較（必要時請參考國際相關調查統計）。

W9：期中報告

W10：德語系國家教育

1. 德語系國家如何加以定義？包括哪些國家與地區？試從地理位

置，面積，人口，歷史發展等狀況，進行說明。

2. 請針對《比較國際教改》一書中，關於德國那一節中的教育行政與學校制做重點摘要，並增加 2021 年人口，GDP 與教育制度。

3. 德國與歐盟在教育上有何關係與特色？

4. 二戰前，許多非洲等地區曾被德國殖民，請根據殖民主義，新殖民與後殖民主義（請參考課本第二章），說明這一段殖民過程，對於這些國家後來教育發展的影響？

5. 德語系國家的教育在國際上有哪些成就？尤其對於職業技術教育有何影響？請舉出具體案例。

6. 從國際教改的角度來看，德國出現 PISA Shock，請說明其對德國教改的影響？

7. 請說明德國教育中對於中東等難民有哪些具體做法與挑戰（必要時請參考國際相關調查統計，人口中不同族群所比例之變化）。

W11-12：英語系國家教育

1. 英語系國家如何加以定義？包括哪些國家與地區？試從地理位置，面積，人口，歷史發展等狀況，進行說明。

2. 請針對《比較國際教改》一書中，關於英國那一節中的教育行政與學校制做重點摘要，並增加 2021 年人口，GDP 與教育制度。

3. 英國與歐盟在教育上有何關係？脫歐對英國教育有何影響？

4. 二戰前，許多地區曾被英國殖民，請根據殖民主義，新殖民與後殖民主義（請參考課本第二章），說明這一段殖民過程，對於紐西蘭，澳洲，南非，加拿大與印度等國教育發展的日後影響？

5. 英語系國家的教育制度有哪些共同特色？對於全世界的文理或博雅教育（liberal art education）有何影響？請舉出具體案例。

6. 從國際教改的角度來看，英國在世界百大排行，PISA 與 WVS 等方面與有何變化趨勢？

7. 請說明英語系教育中，對於中東，阿富汗與烏克蘭等國際難民援助與收容，有哪些具體做法與挑戰（必要時可挑選英國或加拿大為案例，採用國際相關調查統計，人口中同族群所比例之變化予以說明）。

W13：法語系國家教育

1. 法語系國家如何加以定義？包括哪些國家與地區？試從地理位置，面積，人口，歷史發展等狀況，進行說明。

2. 請針對《比較國際教改》一書中，法國那一節中的教育行政與學校制做重點摘要，尤其何謂教育制度中的（雙軌制）與（單軌制）並增加 2021 年人口，GDP 與教育制度。

3. 法國拿破崙時期有何重要教育措施？是否影響日後法國與歐盟在教育上的關係？

4. 二戰前，許多地區曾被法國殖民，請根據依賴理論與世界體系理論（請參考課本第二章），說明這一段殖民過程中，法國對於越南，非洲，加拿大等國教育發展有哪些重要措施與影響？

5. 法語系國家的教育制度有哪些共同特色（如：留級制）？對於全世界的理性啟蒙教育，師範教育與技術教育（vocational and technical education）有何影響？ 請舉出兩項具體案例。

6. 從國際教改的角度來看，非英語系國家的法國，在世界百大排行，PISA 與 WVS 等方面與有何變化？尤其，英語在全球進行類似的文化帝國主義（cultural imperialism）侵襲各國中，法國有哪些保護中小學生學習法語的做法？

7. 請說明法語系教育中，對於中東，阿富汗與烏克蘭等國際難民援助與收容，以及土耳其等移民對於向來以白種人至上的法國，在人口比例與宗教文化等方面的挑戰，有哪些具體做法（必要時可挑選案例，採用國際相關調查統計，人口中少數族群所比例之變化，予以說明）。

W14：西班牙語系國家的教育

1. 西班牙語系（簡稱西語系）國家如何加以定義？包括哪些國家與地區？
   試從地理位置，面積，人口，歷史發展等狀況，進行說明。

2. 請針對《比較國際教改》一書中，關於中南美洲，菲律賓，以及西班牙的教育行政與學校制做重點摘要，尤其宗教影響下的各種教育政策。並請增加 2021 年人口，GDP 與教育制度。

3. 西班牙語系國家，如西班牙等，對世界有何重要的教育的影響？該國與歐盟在教育上的關係為何？與鄰近的葡萄牙，有何關係？

4. 二戰前，許多地區曾被西班牙所殖民，請根據依賴理論與新自由理論理論（請參考課本第二章），說明這一段殖民過程各國獨立後，西班牙對於中南美，菲律賓等國教育發展，有哪些影響？

5. 西班牙語系國家的教育制度有哪些共同特色（如：雙軌制，政教是否合一？中南美洲的私立教育發展？教育與藝術，音樂，運動等誰重要誰輕等問題？）對於全世界的教育有何影響？請舉出兩項具體案例。

6. 從國際教改的角度來看，非英語系國家的西班牙等國，在世界百大排行，PISA 與 WVS 等方面與有何特色與變化？尤其，英語在全球進行類似的文化帝國主義（cultural imperialism）侵襲各國

中，西語系國家有哪些保護中小學生學習西語的做法？

7. 請說明西班牙語系教育中，對於中東，阿富汗與烏克蘭等國際難民援助與收容，以及土耳其等移民潮流，在人口比例與宗教文化等方面的挑戰，有哪些具體做法（必要時可挑選案例，採用國際相關調查統計，人口中少數族群所比例之變化，予以說明）。

W15：以色列、伊朗與阿拉伯教育

1. 阿拉伯語系（Arabic）與希伯來語（Hebrew）國家如何加以定義？包括哪些國家與地區？試從文化傳統，宗教信仰，地理位置，面積人口，與歷史發展等狀況，進行說明。

2. 請針對《比較國際教改》一書中，關於阿拉伯大公國，伊朗與以色列等的教育行政與學校制度重點摘要，尤其宗教影響下的各國教育政策。並請補充 2021 年人口，人均所得與教育制度資料。

3. 阿語系等國家與以色列，對全球教育有何影響？（如：伊朗的留學生，以色列的科技與創新教育，阿拉伯大公國的 K~16 義務教育，杜拜的美國大學等發展）。這些地區的宗教，文化，能源等政策，對於該國的教育發展有何影響？

4. 二戰前，上述地區曾被西方列強所入侵與殖民。請根據人力資本論與世界體系等相關理論（除網上資料外，請根據課本第二章的理論定義來探討），說明對於二戰前被西方強權殖民的過程時候與獨立後，各國的教育有何發展？

5. 阿拉伯世界各國的教育制度有哪些共同特色（如：雙軌制，政教是否合一？私立教育發展？教育與藝術，音樂，運動是否受重視？宗教或世俗教育的發展，女子教育等議題？）請舉出具體案例。

6. 從國際教改的角度來看，阿拉伯大公國，伊朗與以色列等國，在

世界百大排行，PISA 與 WVS 等方面與有何特色與變化趨勢？為
甚麼有這些變化？尤其，英語在全球進行類似的文化帝國主義
（cultural imperialism）侵襲各國之餘，這些國家有哪些保護本國
語言傳承的做法？

7. 請說明阿富汗，敘利亞與鄰近阿語系教育中，受到中東地區的連
年戰爭，貧窮，販賣女童與乾旱等人為及天然災害，對於當地教
育建設與教育機會公平性有哪些影響？聯合國，世界銀行，IMF，
與歐盟等國際組織，對此有何具體援助行動？

W17：期末口頭報告

參、教學成效

一、學生上課心得（林梓霓）

在 110 學年度（2022）第二學期，我有幸選上了周老師的課。更讓我
覺得幸運的是我竟然當上了這堂課的班長，可以從旁協助老師，也獲得這
次機會跟老師學習。起初，我還蠻擔心自己會勝任不了這份工作，也害怕
我幫助不了班上的同學。沒想到，副班長卻一直鼓勵我，讓我有了信心，
非常感謝副班長的幫助。

在我上這堂課之前，我對這堂課的課程大綱非常感興趣。雖然之後的
課程大綱有進行了一些修改的部分，但絲毫沒有影響我對這堂課的興趣。
在我看來，這堂課有意思的點是我們在疫情最嚴峻之時，學習了全球疫情
的情況。從這個角度去探討各國是否受到疫情的影響，而延伸到世界教育
的不公平。除此之外，無論是各國教育的介紹，甚至是從世界百大排行、
PISA 以及 WVS，老師都帶領大家一起深入探討各個議題。

其次，這學期採用的是分組制度。同學們已被分配為兩個人一組，共

同準備每一週的討論題目、期中和期末報告。老師也會根據課程大綱的主題，撰寫每週的討論題目，讓同學們進行深入探討。老師也會帶領同學們從各種國家教改的角度去探討議題。舉個例子：第五週（談臺灣，中國與俄國教育）。有個題目是：從國際教改的角度來看，請比較中國、俄羅斯與臺灣的教育，有哪些主要的差別？

　　除了老師的角色以外，班長和副班長在班上也扮演著很重要的角色。班長要協助老師大小事物外，還幫助同學們解決各種難題。我印象最深刻的是有些同學遇到學習平臺上的問題，為了不要耽誤他們寫報告的進度，我經常幫助他們想辦法解決問題。當了班長之後才發現，原來班上有那麼多同學是需要幫助的。副班長的職責則是幫老師紀錄每一週的上課記錄，方便同學們複習。大家都努力地完成自己的工作，這是很值得驕傲的事情。

　　這學期的同學們都很特別，大家的文化背景都不一樣，其中有來自臺灣、澳門、日本、馬來西亞、越南、印尼和緬甸的同學。當來自七個不同國家的我們聚在一起，大家會互相交換想法且互相學習，過程中摩擦出不同的火花。正是因為這樣，老師和同學們都非常寬容且大方，讓一些中文基礎比較弱的同學用英文去報告。大家也從中學習到各個國家的教育，也提升了英語水平。

　　每一週，同學們會依照排序去報告本週的討論題目。由於疫情的關係，導致後半學期的課程都得遠距教學，所以難免會有一些技術上的問題。我認為最大的挑戰是每組報告的時長不一，甚至有些組別還經常超出預計的時間。有同學反映說這其實造成了很大的困擾，常常因為這樣而耽誤了下課的時間。雖然如此，周老師會耐心地聽完大家的報告，並根據大家的表現提出評語和建議，這是值得學習的地方。同學們經過這學期的訓練，大家都說自己的語言能力進步了，無論是從上臺報告還是書寫報告，都大大提升了我們的思辨能力和統整能力。

　　無可否認，在準備和撰寫期中和期末報告的期間是收穫最多的時候。無論是上臺報告還是書面報告，老師都給予我們很多評語和建議。同時，也會拋出一些問題引導我們思考，幫助大家換位思考。我認為老師這樣的舉動是可以激發我們產生更多的想法的，由此而提升自己的思辨能力。至於老師批改期中和期末報告的部分，我認為老師也會從許多客觀的角度去提出疑問和評語。之前，我還蠻常遇到一些不喜歡給反饋的老師，其實這樣反而會導致同學們不知道自己的東西正確與否。周老師在批改我們的報告是極其用心，還會一字一句地去做記號以及幫助我們修改。我認為，周老師在面對同學們嘔心瀝血的成果的確是很用心，我很佩服老師的這種精神，我也會提醒自己以後要向老師看齊。

　　根據這學期的教學意見調查，可以發現整體的評語是不錯的。但還是有同學反應說如果可以的話，老師可以平衡一下老師講述和同學報告的比例，因為每一週都上臺報告會導致同學們的負擔很重，因此可以偶爾換一下由老師多講述。除此之外，我認為在這個日新月異的時代，老師需要我們去幫助他解決使用科技去教學的問題。舉個例子：教學意見調查原本是要大家自行下載檔案，然後填寫再上傳。後來，我有考慮到是否大家沒有這個時間去下載填寫再上傳。所以，我想老師提出填寫 Google Form 的意見，這樣不僅可以幫助大家節省時間，也可以方便我們統計結果。

　　總的來說，《比較國際教改》這門課程不僅可以幫助同學們增廣見聞、提升自身的能力，也讓大家可以認識了來自不同國家的朋友。身為班長，我認為能幫助老師處理班上的事務是我的榮幸，無論是協助老師，或是幫助同學都是一種學習。正所謂：「學無止境」。我們只有通過不斷地學習，才能提升自己。我不僅累積了不少經驗，我也實現了自我增值。

　　其他上課心得：

1. 我覺得可以瞭解到世界各地的教育十分有趣，可以擴闊自己的視

野，亦瞭解到不同文化背景或政策等對教育的影響。

2. 本學期學到很多知識，而且很喜歡老師。之前也是有人推薦才選這門課的。這門課不只增加我知識，還提升自主性，口頭報告能力也改善很多

3. 這學期我有學到很多東西。我報告的能力有進步。還有跟組員會交換我們的想法。也可以找到和聽到很多國家的教育！每個國家的教育很特別。很感謝老師同學們的幫忙和知識！

4. 我認為這門課是一門蠻重的課程，我覺得我提升了自己的思辨能力，口頭報告能力，和很多很多的知識，謝謝老師，我會繼續加油！

5. 我覺得自己有認真的上課，也因為這樣我學到很多事情，開始思考自己國家／地區的教育狀況。

6. 老師很有經驗，很棒，希望老師繼續開這門課，讓更多同學瞭解國際教改。

二、「教學意見調查表」範例

第一部分：榮譽宣言（需勾選「確定」後才能繼續填答）「我願意秉持政大人的最高榮譽，以誠實與平和的態度填答此問卷，並且提出切實、中肯的評語和建議。」確定□			
第二部分：學生學習狀況			
1. 學期缺課（含請假及曠課）＿＿＿次、遲到或早退＿＿＿＿次。			
2. 本學期預期成績占全班前＿＿＿%。			
3. 本學期上課認真程度：非常認真□　認真□　不認真□　非常不認真□。			
4. 對自己的評語與建議：＿＿＿＿＿＿＿＿＿＿＿＿＿＿＿＿＿＿。			
第三部分：教學意見──選項題部分（A 同意　B 不同意　C 無意見）	A	B	C

5. 實體授課的效果比較好。	☐	☐	☐
6. 線上授課的效果比較好。	☐	☐	☐
7. 本課程的上課形式有助於我的學習興趣。	☐	☐	☐
8. 同學上課報告時，教師講評方式得宜。	☐	☐	☐
9. 每週上課討論題目有助於學習。	☐	☐	☐
10. 每週上課分組討論與報告形式有助於學習。	☐	☐	☐
11. 每週教師彙整的上課內容，能增進學習效果。	☐	☐	☐
12. 教師上課鼓勵討論與提問，也樂於回答各式問題。	☐	☐	☐
13. 本課程的班長、副班長與各組組長，對於課程的順利進行，很有幫助。	☐	☐	☐
14. 本課程的上課形式與主題設計，能打破比較國際教改的刻板印象，值得推薦。	☐	☐	☐
第四部分：課堂分組報告與期中、期末報告形式。（A 同意　B 不同意　C 無意見）	A	B	C
15. 課堂分組報告能增進個人對於課程內容的掌握？	☐	☐	☐
16. 課堂分組報告能提升個人口頭表達能力？	☐	☐	☐
17. 課堂分組報告能增加團體合作能力？	☐	☐	☐
18. 期中報告開拓個人視野與想像力？	☐	☐	☐
19. 期末報告有助於個人對於比較國際教改的知識與史觀脈絡的掌握？	☐	☐	☐
第五部分：教學意見——開放填答題			
20. 我最喜歡本課程的哪些部分？請舉例：＿＿＿＿＿＿＿＿＿。			
21. 我覺得從教師或課程上學到（請舉實例）：＿＿＿＿＿＿＿。			
22. 我覺得這門課還有需要改進之處：			
第六部分：整體評分			
23. 授課教師在這一門課上的整體表現，你覺得可以給幾分？　　／100？			
24. 給教師的評語與建議：＿＿＿＿＿＿＿＿＿＿＿。			
25. 給自己的評語與建議：＿＿＿＿＿＿＿＿＿＿。			
26. 請推薦你要感謝的三位同學：＿＿＿＿＿＿＿＿。			

27. 整體的上課心得：		

感謝填答與對於本課程的參與，祝大家　平安喜樂健康！

第四節　教育史

課程說明：

　　在大學部「教育史」課程中，以「我想要上學」為主題，透過「時間軸」的概念，對照歷史上有關上學這一件事的演變歷程，探索教育在理念、制度、人物等各方面的演進過程，與進行東、西方發展的比較。藉此，讓學生學習掌握時代先後順序，瞭解各個時期的社會歷史脈絡，避免以今日的觀點去批判過去發生的史事，培養社會科學中「同情的理解」（empathetical understanding）等素養。

　　此外，透過期中報告作業，訪問一位大自己五十歲，與小自己五十歲虛擬人物的求學經驗。透過人物訪談與虛擬訪談等形式，劃出受訪者跨世紀的上學時間軸，紀錄受訪者的生命經驗，與學生完成報告的個人心得等。透過這些作業，檢視每個人成長過程中的學習歷程，藉此擴大學生的教育視野，與加強掌握問題意識的能力。同時以比較教育的角度與理論，進行東、西方教育發展歷程中，有趣且對後世有重大影響的教育思想、制度與史實等對照。培養學生的教育史觀，包括對教育史實的分析、詮釋及批判能力。

壹、教學目標

1. 從歷史角度，探討東、西方「我要上學」這個主題。透過反思個人學習經驗，來發現過去、現在與未來的教育發展。

2. 以比較教育觀點，學習從不同的角度與理論，進行東、西方教育史中有趣且意義重大之思想、制度與史實等內容。

3. 培養學生之教育史觀，尤其在歷史過程中教育發展與社會變遷之關係，作為現今各國教育發展之借鏡。

4. 加強學生對教育史實之分析、詮釋及批判能力。

貳、上課進度

1. 課程說明、史學基本認識。

2. 歷史上重大事件（如：新冠肺炎等傳染病、新興科技、戰爭等）對於全球教育發展史的影響。

3. 東西方教育與宗教文化（閱讀課本第一章第二節）伊斯蘭之光。（http://www.islam.org.hk/）

4. 東西方教育的發展：大學的出現、公立學校的發展等（閱讀課本第一章第一節）。

5. 東西方政府的教育管理：機構建立、學制體系、行政制度的發展。繳交：期中報告訪談題目、訪談對象。

6. 期中口頭報告與書面資料繳交。

7. 東西方人才觀與選拔的發展《圖說科舉制度》電子版 http://www.360doc.com/content/13/0217/21/156610_266214797.shtml

8. 東西方普通與技術職業教育發展：單軌 v.s.雙軌制。《中外教育比較史綱》（近代篇），625-692

9. 東西方教師教育的發展：從教僕到至聖先師。

《中外比較教育史綱》（近代篇），696-760。

《從東西哲人對比看孔子與蘇格拉底》。

《中國近代師資培育制度的演變》。

10. 東西方女子教育發展（盧梭、柏拉圖等東西方教育家的女子的緣起等）。〈維新時期梁啟超女子教育觀〉、〈漫話中國古代女子教育〉、〈從紅樓夢看清代女子教育〉、〈古代女子教育的啟示〉、〈美國女子教育的多元性〉、《理想國》。

11. 東西方的教育思想。

12. 東西方兒童教育發展。繳交：期末報告題目。

《全球幼教發展趨勢》、《洛克與盧梭兒童教育思想》、《臺灣幼兒教育發展》。

13. 東西方教育改革與臺灣的教育改革（閱讀課本第三章第一、二、三節）。

14. 學校參訪或專題演講。

15. 期末口頭報告。

16. 課程結語，繳交期末書面報告。

參、授課方式

1. 本課程採取翻轉教育精神，鼓勵同學表達與討論。每週透過主題式分組報告，進行課堂師生討論與回饋。

2. 全班分成若干組別（建議異質分組），請各組於上課前自選下一週上課題目，於當週上課準備 5-7 頁投影片，進行小組口頭報告。報告後回答老師與同學的提問，修改內容後，下一週上課前，將投影片上傳至教學平台，供全班同學分享，並投票選出兩個最佳

報告組別，進行平常成績加分。

3. 透過同學期中及期末報告的撰寫練習，與教師批改回饋，提升大學生學術寫作訓練、口語表達與批判思考能力。

肆、評量方式

1. 上課出席及課程參與：20%。
   請假請勿超過四次，缺席超過四次以上者，學期總平均將以不及格計。

2. 平時個人小作業：20%。
   由 4-5 人組成小組，各組組長學期總平均可加一分。

3. 期中個人作業：30%。

4. 期末報告：30%。

伍、參考資料

（一）參考書目：（以下資料隨時更新，僅供參考）

1. 徐宗林、周愚文（2019）。《教育史》。台北：五南。

2. 周祝瑛（2009）。《比較教育與國際教改》。台北：三民。

3. 張瑞璠&王承緒。（1997）。《中外教育比較史綱》。濟南市：山東教育。

（二）其他教育類經典著作參考

1. John Dewey：《民主主義與教育》、《明日之學校》（*School of tomorrow*）。

2. Johan Heinrich Pestalozzi：《林哈德與葛篤德》、《葛篤德怎樣教育她的子女？》。

3. Jean-Jacques Rousseau：《愛米爾》。

4. Comenius，Johann Amos：《大教學論》。

5. John Locke：《教育漫話》(*Some Thoughts Concerning Education*)。

6. T·w·Sohultz：《教育的經濟價值》(*The Economic Value of Education*)。

7. Karl Jaspers：《大學的觀念》、《什麼是教育》。

8. 蘇霍姆林斯基：《蘇霍姆林斯基選集》。

9. 安東・謝妙諾維奇・馬卡連柯：《教育詩》、《父母必讀》。

陸、每週上課討論議題

W2：歷史上重大事件（如：新冠肺炎等傳染病、新興科技、戰爭等）

1. 從 18 世紀以來東西方曾出現哪些與近代教育發展有關的重大戰爭及疫情，或你認為影響教育發展很關鍵的發明等事件？

2. 這些重大事件對於東西方教育可能產生哪些方面的影響？例如：教育思想，教育制度，學校的教學與課程，甚至學習方式的改變等。

3. 2020 年新冠肺炎爆發後，全球教育受到哪些影響？請舉三個例子加以說明。

4. 學習教育史目的之一是爲了鑑往知來。上週課堂上所談到的學習歷史的重要性。請問針對上述疫情，從教育史角度，可以學到那些防範措施？

5. 自行命題。

W3：宗教文化與教育

1. 《比較與國際教改》該書中提到基督教、伊斯蘭教、佛教、儒家

思想、以及中國的老莊哲學對於東西方的教育（包含教育目的、
學校制度、課程與教學，以及分布地區等）有哪些影響？

提示：請說明各個宗教的基本內涵、主要人物、有哪些教育途徑
（方法）。

2. 上述的宗教與文化，對於教育公平的理念有哪些重要內容？教育
公平是否僅包含階級、貧富、種族、性別等範疇？

3. 自行命題。

W4：東西方教育的發展：大學的出現、公立學校的發展

閱讀資料：《比較教育與國際教改》第三章，瞭解各國之教育制度、
學制體系等以及自行尋找相關資訊。

1. 中國古代的大學、書院及小學，各有何樣貌與特點？（可以蒐集
圖片等資料，並附上年代）

2. 為何當代中國的大學大多模仿西方模式？為何中國傳統大學制度
未能傳承下來？

3. 自行命題。

W5：東西方教育行政制度與管理

1. 任選東西方各一國家，探討並比較其學校制度（含起源、特色與
發展過程等）。

2. 東西方政府正式介入義務教育行政管理的年代、起源、時間點；
以及原因、形式與影響為何？

3. 比較東西方教育行政體系（中央與地方）的起源。有哪些異同。

4. 自行命題。

W6：期中報告

W7：東西方人才觀與選拔的發展

1. 自西方古希臘羅馬（西元前 12 世紀～西元前 146 年），到東方諸子百家（西元前 221 年以前）至今，對於「人才」的觀念（包括人才培養目標、人才特性）有哪些？（儒家：「君子」／道家：「聖人」）經何種教育方式（包括：課程、教學、體能訓練等）培養人才？是否又因種族、性別、社會階層等層面造成差異？

2. 東西方對於人才選拔，先後建立了哪些機制？除了出生身分外，亦透過哪些學校系統（或科舉制度）選拔人才？這些選拔制度對於社會有何影響？（如：促進社會流動或社會階級複製）

3. 自行命題。

W8：東西方普通與技術職業教育發展：單軌 vs. 雙軌制

1. 何謂技藝教育（技職教育）？東西方的技職教育發展起源與形式各有何不同？

2. 何時開始學術與技職分軌？從教育史角度分析，相對於西方，為何東方家長較不鼓勵孩子接受技職教育？

3. 鄭和下西洋（1405 年～1433 年）較哥倫布（1492 年～1502 年）發現新大陸早 87 年且航海範圍廣闊。然而後來中國的技職教育卻逐漸落後，原因為何？

4. 同時，西方技職教育又於何時興起、因何而崛起？

W9：東西方教師教育的發展：從教僕到至聖先師

1. 試從教育史角度，比較東西方教師緣起（含何時出現「教師」一職？請從教師之社會地位／性別分布／工作內容／待遇／資格／任務／出身等層面），分析東西方教師圖像（形象）有何不同？

2. 東西方之教師培育有何異同（含師資培育之起源、培育機構的建

立、教師培育的社會背景）？

3. 東西方教師培育的訓練內容、課程與教學有哪些不同？由誰教？
中小學與大學之差異有哪些？

W10：東西方女子教育發展（盧梭、柏拉圖等東西方教育家的女子的緣起
等）

1. 從東西方教育發展的軌跡，女性何時開始有機會接受教育？

2. 東西方女性上學一事，發展歷程如何？過程中遭遇了哪些困難（e.g.
傳統觀念、社會制度、女子教育的目標、受教後的出路等）？

3. 從教育史的發展歷程來看，不同時代的男、女性「上學」，有哪些
差異？如教育機會（家庭教育➡高等教育機會之比較）、受教過
程、畢業出路等。（請以統計數字佐證）

4. 又男女教育機會均等的概念從何時開始？對後世產生哪些影響？
（請「舉例」，例如李清照、蘇小妹又名蘇軫等）

W11：東西方的教育思想

1. 試說明東方（中國）教育三哲人的生平、教育主張與對後世教育
之影響？

2. 試說明西方三哲人的生平、教育主張與對後世教育之影響？

3. 請舉例說明兩位東西方教育思想家的教育主張，並比較其異同？

4. 東西方教育思想對於後世在集體主義、個人主義，與知識論等的
發展上有何影響？

W12：東西方兒童教育發展

1. 從歷史發展的軌跡來看，東西方兒童教育源自何時？有哪些重點
特色？二者對於兒童教育有何不同的看法、理念及制度建立？

2. 自歷史角度觀察，兒童教育對於政治、文化、經濟等層面有何影響？

3. 歷史上有哪些重要的兒童教育思想家？他們各有何主張？對後世所產生的影響？（如西方：盧梭、蒙特梭利、福祿貝爾；東方：陳鶴琴、陶行知、熊慧英、程登吉等）。

W13：東西方教育改革與臺灣的教育改革

1. 何謂教育改革？其定義與源起分別為何？

2. 東西方教育史上有哪些重要教育改革？這些教改運動及方案又因何而起？

3. 臺灣脫離日本統治後（1945 年後），有哪些重要教育改革政策與實施成果？請舉例說明。

4. 臺灣又曾受到哪些東西方教育思潮之影響？

柒、期中報告撰寫格式

題目：訪問一位大自己半個世紀的長者，與另一位小自己半世紀的晚輩，後者請自己想像這樣一個人。用本學期所涵蓋的三個上課主題，各擬定十個問題，進行訪談。第五週繳交訪談對象與訪談大綱，第七週繳交與口頭報告。最後完成一份至少三千字左右的訪談報告，與三百字個人心得。

1. 訪談大綱〔需包含主題，時間軸，社會情境，地點（求學），對象簡介〕。

2. 訪談題目與內容。

3. 個人心得。

4. 參考資料（相片、文獻都可以）：採用 APA 格式。

捌、期末報告撰寫格式

各組選一個與課程有關感興趣的教育史題目，進行古今對照之比較研究。字數不限，但請用 APA 格式撰寫，不可抄襲，且最後要有工作分配表。期末報告字數共 3 千至 5 千字，格式如下：

1. 前言／序言〔摘要（名詞界定、研究背景／目的、預期結果）〕。
2. 文獻探討。
3. 研究方法〔研究問題 2-3 個（聚焦）、研究方法（例如：訪談、歷史資料分析）、研究步驟、研究架構〕。
4. 參考文獻（引用 APA 格式最新版）。
5. 個人心得（字數不限，不包含上述字數限制中）。
6. 工作分配。

（期末報告不可出現抄襲或寫報告時搭便車等違規情事，一經發現，一律以零分計算。）

玖、教學成效

一、學生上課心得

1. 我很慶幸有修讀教育史的課程，在課堂上我們經常要把各國教育與不同歷史時段的教育作為比較，例如：教育開端、教育改革等。因此我認為教育史是很著重歷史及知識性的課程。老師的課程非常重視歷史與其發展脈絡如何對教育產生影響一事，除了需要東方歷史知識，也需要瞭解世界史。對我而言，最大的收獲是發現，原來自己蠻喜歡歷史的，教育史讓我確立了自己的學習方向和目標。
2. 上了老師那麼多堂課，讓我獲益良多，對教育史有了更深一步的

瞭解。老師的授課方式也很新奇，讓我們分小組，並在每週進行該週主題的報告，最後再由老師進行補充與統整。這樣的教學方式更容易讓同學記得該主題的內容。由同學們先自行報告，比起老師的課堂講解，更能有效地記住關於教育史的內容。最後老師的統整能幫助同學們糾正錯誤，無疑是很棒的教學方式。雖然因為疫情的關係，沒能到 XX 國小進行參訪，但也能有幸聽到 XX 國小主管線上講解。謝謝老師這一學期的教導。

3. 經過了一整個學期的課程，我覺得受益良多。一開始以為教育史這門課程只是介紹臺灣教育或是其他各國教育的歷史脈絡，但其實不僅於此，而是學到更宏觀的用教育史的角度去解析各個事件。從教育史的視角去觀察分析。我認為這是一個很寶貴的經驗，也是我覺得受益很多的地方，超越了原本我對於教育史的想像。

4. 這學期的教育史，每週透過不同的主題、不同方向去蒐集資料並上台報告，讓我學到許多以往不會去接觸到的知識領域，收穫滿滿。雖然每週一個報告負擔有點重，但是小組內的有效分工，以及盡責、厲害的隊友讓整個過程順暢不少。謝謝老師的用心教導，讓我獲益匪淺，收穫了很多！

5. 從口語表達的能力，到思辨能力，甚至是同儕之間的合作能力，都會有所提升。老師是一位知識淵博及經驗豐富的老師。相信上了老師的課，或多或少都會有所提升。

二、教學意見調查表

「教學意見調查表」				
第一部分：榮譽宣言（需勾選「確定」後才能繼續填答） 「我願意秉持政大人的最高榮譽，以誠實與平和的態度填答此問卷，並且提出切實、中肯的評語和建議。」 確定□				
第二部分：學生學習狀況				
1. 本學期缺課（含請假及曠課）＿＿次、遲到或早退＿＿次。				
2. 本學期預期成績占全班前＿＿%。				
3. 本學期上課認真程度：非常認真□ 認真□ 不認真□ 非常不認真□。				
4. 對自己的評語與建議：				
第三部分：整體評分				
1. 授課教師在這一門課上的整體表現，你覺得如何？請勾選並且於該欄位之分數範圍內給分。【十分滿意（76-100）□】、【滿意（51-75）□】、【不滿意（26-50）□】、【十分不滿意（0-25）□】				
2. 對教師的評語與建議：＿＿＿＿＿＿＿＿＿。				
第四部分：教學意見——選項題部分（第1至10題列入計分，請務必作答）【（非常同意：76-100□）、（同意：51-75□）、（不同意：26-50□）、（非常不同意：0-25□）無法填答□】				
授課態度：				
1. 除了不可抗拒因素以外，教師從未缺課或調課。	□	□	□	□ □
2. 除了不可抗拒因素以外，教師從未遲到或早退。	□	□	□	□ □
3. 教師授課有助於我對本科目的學習興趣。	□	□	□	□ □
4. 當有同學主動發問時，教師樂於解決這些問題。	□	□	□	□ □
5. 教師鼓勵學生提問或討論。				

評語及具體建議：＿＿＿＿＿＿＿＿＿＿。					
6. 授課之教師能提供教學大綱，並說明課程需求與學期評量方式。	□	□	□	□	□
7. 教師能清楚表達授課內容。	□	□	□	□	□
8. 教師會依教學需求，調整課程規劃。	□	□	□	□	□
9. 教師不會視上課內容需要，適當使用輔助教具。	□	□	□	□	□
10. 教師能在本學期完成教學所欲之範圍。	□	□	□	□	□
第五部分：教學意見——開放填答題					
1. 請寫出你對這門課程的建議					
（1）我對本課程十分肯定。是□ 否□					
（2）我覺得從教師或課程上學到（請務必舉實例）：＿＿＿＿＿＿＿＿＿＿。					
（3）我覺得這門課還有需要改進之處：					
（4）本課程上課表現優異的前三位同學姓名（如自認很認真，也可自行推薦）					

三、課程紀錄範例

第三週課程紀錄：

課堂題目討論——東西方教育與宗教文化

第一題：

　　《比較教育與國際教改》該書中提到基督教、伊斯蘭教、佛教、儒家思想、以及中國的老莊哲學對於東西方的教育（包含教育目的、學校制度、課程與教學，以及分布地區等）有哪些影響？提示：應說明各個宗教的基本內涵、主要人物、有哪些教育途徑（方法）

　　概念集錦：

　　1. 世界主要宗教分布與發源。

　　2. 基督教開啟了女子教育（平等觀）。

3. 中世紀教會學校：改善文盲狀況、開放性、國際性。

4. 基督教：（東方）荷治時期為臺灣原住民創造文字（西方）聾盲教育。

5. （香港）伊斯蘭幼兒園。

6. 伊斯蘭教被西方影響較多，美國 911 事件後，西方國家逐漸反思文化衝突問題，也紛紛開啟許多對伊斯蘭的研究。

7. 行會：技術實作教育為主。

8. 中國書院：民間、配合科舉、深化儒家思想流傳。

9. 佛教：「聞、思、修」生活應用。

第二題：

上述的宗教與文化，對於教育公平的理念有哪些影響？教育公平包含階級、貧富、種族、性別等範疇？

概念集錦：

1. 宗教如何促進教育的發展？留存文化知識、典籍和教學場所。

2. 儒家教育：以學生為教學主體（因材施教）（但沒有女子私塾）。

3. 基督教：特殊教育（聾盲者）／普及教育、職業教育。

4. 影響層面：

貧富（儒：貧而樂、富而好禮）。

階級（不同階級也可以接受教育；佛教因反對種姓制度而興起）。

性別（斯：女性可以保有個人財產；原有女子教育、但後來權力因素而沒有）（佛：大道無男女）（儒：女性學習教材不同——三從四德、家庭觀念）。

自選題：（列舉部分題目）

1. 耶穌的宗教改革與教育家特質。

2. 宗教與教育程度的關聯。

3. 宗教對教育的負面影響。

4. 芬蘭的宗教教育。

5. 宗教教育進入臺灣。

6. 9-13 世紀東西教育發展差異。

7. 伊斯蘭幼兒園。

概念集錦：

1. 中古歐洲後期大學興起：修道院與大學在中古時期成為理性的曙光。

2. SDGs 永續發展目標：發展中國家的入學率期盼達 91%。

3. 伊斯蘭幼兒園：學生來自世界各地，包括難民身分的孩童。

4. 宗教教育：社會化更完整／平等建立於理解之上／考慮年齡、把關宗教行銷／教師屏除立場／由宗教內涵出發，不是灌輸活動而已／瞭解宗教對文化影響／世界觀與宗教觀的多元理解／人性的關懷／倫理課（無宗教色彩，以道德角度教學：人心的需要）：開心、感謝、反思。

5. 美國調查：虔誠者教育程度較（無信仰者）高。

6. 歷史負面印象：迷信——黃巾之亂與太平天國。

7. 1991（提升道德）宗教教育小組／李總統：心靈改革，促進社會和諧。

8. 教育維持中立，宗教不得在校傳教與強迫信仰。

老師對於各組報告概念提要：

1. 留意內容邏輯性。

2. 提歷史需將年代補齊。

3. 對前一組提出指正跟補充，表示有仔細聆聽和充足資訊。例如，第 2 組報告有綜合與補足他組資訊。

4. 掌握報告時間，例如第 7 組於此表現很好。

第五節　教育概論

課程說明：

　　本課程主要是針對教育初學者而來，以議題討論方式，結合學生個人的受教經驗，探討教育與個人、教育與家庭、教育與學校、教育與社會，以及教育與未來等五大方向，將教育史、教育生理學、教育心理學、教育社會學、教育科技與生態學等內容相結合，希望提供教育入門者一個嶄新的教育探索歷程。

壹、課程目標

　　本課程希望能提供教育初學者對於教育的基本認識與關注。透過每週教育議題的討論與分享，拓展到其他跨領域的專業學習，提升個人視野。課堂上課方式，採學生分組討論及報告形式，透過課堂中教師的上課補充與師生互動對話，提升同學對於教育的興趣，學習將教育的理念與知識，結合到個人的生活經驗中。另外，透過期中、期末專題作業，培養同學團隊合作、大學口語表達及學術邏輯書寫能力，增進大學生的基本能力訓練。

　　為了達到上述目標，本課程共分成五大項目，包括：序言、教育與個人、教育與家庭、教育與學校、教育與社會、教育與未來等五大方向，期望能為大一新生與教育入門者，提供新的教育探索經驗。

貳、上課進度

（一）序言（相見歡）

　　討論兩個十歲孩子的差異：一個從小在森林中被野狼領養，在野外成長（參見《森林之子》一書）；另一個是從小在大學附近社區成長的學生。比較這兩個小孩在大學校園裡相遇時，會出現哪些有趣又意外的互動？

（二）教育與個人（1）

　　從生理學角度探討自十九世紀以來，各國先後實施義務教育，為何多數都是從五、六歲開始上學的原因？義務教育向下延伸到三、四歲，為何會遭遇家長與社會人士的反彈？讓孩子提早學習（早讀）好嗎？現在的孩子普遍比以前的孩子資訊來源更多，所以小一從三、四歲開始讀起如何？

（三）教育與個人（2）

　　從心理學的角度，探討教育與個人關係。例如：為何天才兒童提早進入大學就讀之後，通常出現許多與智商無關、適應困難等問題？另外，學習理論中主張刺激反應理論，與主動學習的建構理論，對於教育界有什麼影響？

（四）教育與家庭（1）

　　首先，討論家庭的教育功能，包括：親子關係中的戀父與戀母情結；家中排行與學習資源的分配；兒子與女兒的教養態度與父母期待；原生家庭對於子女日後的影響？

（五）教育與家庭（2）

　　家庭中的文化資本，如何影響子女教育？（請參考三個文化的學前教育以及美國他山之石影片與書籍）。另外，近年來教育自由化與多元化政

策的結果，是否會讓弱勢家庭更加弱勢，進而影響他們的受教育權益？

（六）期中作業分享

訪問大我半個世紀的長輩，當年的上學經驗。

（七）教育與學校（1）

東西方是什麼時候開始有學校制度？為什麼需要學校？學校與政治及宗教之間有何關係？

（八）教育與學校（2）

許多與學校有關的項目如：教師、課程、教材與教育部門，是如何演進的？東西方學校中的精英教育，有何不同？為什麼出自名校的大學學歷，某些社會如此看重？

（九）教育與學校（3）

有人說：學校是十九世紀工業化之後，為因應大規模生產需求，而設計的產物。這套學校制度已經過時了，需要全面加以改革。為此，有些學者（如 Ulrich）甚至提出反學校社會（A de-schooling society）等論述，主張廢除當代的學校制度。學校真的落伍了嗎？傳統大學將來真的會全面被網路大學（如美國鳳凰城大學）所取代？

（十）教育與社會（1）

為何社會學中的結構功能理論與馬克斯理論，對於學校教育功能的詮釋，有如此大的差距？甚至因此而影響許多國家的教育政策？

（十一）教育與社會（2）

教育對於促進社會階層流動，有哪些影響？為什麼有臺大教授說，住

在臺北大安區的高中生，進入臺大就讀的機會，比住在臺東的高中生高出幾十倍。這是為什麼？

（十二）教育與社會（3）

不同社會對於教育目標與教育結果，也很不同的想像。曾有國際研究指出，全球最好的兩個教育制度，分別在芬蘭與南韓。然而，這兩個國家，一個強調不讓任何一個孩子落後的平等教育；另一個強調補習文化的高度升學競爭精英主義。到底是什麼社會因素，造成這兩個國家，如此不同的教育發展結果？另外，幾年前英國 BBC 廣播公司報導，中國大陸教師在英國中學教學的紀錄片，引起各國很大的迴響。中英兩國教育上的差異，跟家庭與社會有何關係？巴西男孩如果不會踢足球，將會被他人嘲笑，而臺灣的男孩子如果功課不好，很難在親友面前抬頭挺胸。巴西與臺灣社會對於體育及學科的期待為何有此大的差別？

（十三）教育與未來（1）

從個人角度，回想每個個人在受教過程中，曾經有過哪些利弊得失？並想像：如果有機會重來的話，你會如何要求自己、父母、老師，甚至工作中的上司等人，他們對於你個人的教育影響，如何重新來過？為什麼？

（十四）教育與未來（2）

從教育的生態學的角度，探討在全球氣候變遷，造成各地災情。類似2020 年所引起的新冠肺炎，一度造成全球百分之九十的學校關閉；中東戰火頻仍、俄烏戰情持續、2023 年春土耳其與敘利亞邊境的強烈大地震等災害，都對整體的教育生態環境產生影響。在這些不斷發生的新挑戰中，教育到底被賦予哪些新的時代角色與使命？

（十五）教育與未來（3）

在網路新興科技與社交媒體快速發展下，這些科技巨擘如：Emigo、Twitter、抖音等對於青少年的學習歷程與價值觀等各方面，影響力超乎想像。儘管這些發明為教育開啟更多機會與空間，但也為心智尚未成熟的青少年，帶來假訊息與誤導風險，造成終身的傷害。因此，當前的教育，如何開創出新的思維與方法，試圖提升青少年的媒體識讀與批判思考能力？面對未來，教育界又應如何說服企業大亨、科技巨擘、政府部門與家長，是否能善用新興科技的發明，創造出更理想的教育環境？

（十六）期末作業分享

五十年後的學生、家庭、教室、或學校的圖像、造型與內容。（擇一即可）

（十七）課程結語與心得分享：教學意見調查填寫

參、授課方式

本課程採翻轉教育精神，鼓勵同學表達與討論。全班分成若干小組，請選一位小組長。上課時，第一、二節課為各小組彙整當週口頭報告資料，與進行小組口頭報告。第三節課為教授講評與補充。每週事先公布下週討論題綱，每一組需事先進行資料蒐集、閱讀、與上課討論分享投影片（以七張為限，每組報告不超過十分鐘）。

肆、評量方式

1. 出席及課堂參與：20%（請假與缺席次數超過四次者，視為退選）。
2. 期中報告（個人作業）：30%。
3. 期末報告（分組報告）：30％。

4. 各週主題報告：20%。

伍、報告說明

期中報告（個人作業）

訪問一位大自己半個世紀的長者，用本學期所涵蓋的三個上課主題，擬定十個問題，進行訪談。第四週繳交訪談對象與訪談大綱，第六週繳交與口頭報告。最後完成一份至少三千字左右的訪談報告，與三百字個人心得。

期末報告

任選一個五十年後的學生、家庭、教室、或學校，進行圖像、造型的模擬說明。字數不限，但請用 APA 格式撰寫，最後要附上每個人工作項目百分比分配表。

報告皆不可出現抄襲或寫報告時搭便車等違規情形，違者以零分計。

陸、參考資料

吳清山（2021）。《教育概論》。臺北：五南。

陳榮東等（譯）（1998）。《叢林之子》。臺北市：國際少年村出版（參考影片：《野孩子》，楚浮）。

Beasley, Jennifer (2021). Introduction to Education (BETA). Haulmark Publisher, University of Arkansa. file:///C:/Users/USER/Downloads/Introduction-to-Education-1674244503._print.pdf

第六節　性別教育你我他

課程說明：

　　通識課程「性別教育你我他」，來自全校各個科系與不同年級、性向的學生。因此，教師必須擁有較高的文化與性別敏感度，更加包容與尊重的心態，才能進入學生的世界。此類似課程與一般課程最大的差異在於：多數大學的課程是以專業為基礎，強調知性的學習（左腦思維），而性別教育則主張以感性來引導學生（右腦思維）。課堂中每個人都有不同的性別相關經驗，都是自己在隨時進行性別議題的判斷與選擇。因此這門課主要以「體驗與分享」為主軸，透過各種案例與練習，來體驗生理性別有何限制與不便？為何聯合國會提出「性別不只關乎個人，也涉及公共議題」（gender is not only personal but also political）？透過體驗的教育方式，透過《翻轉性別教育》這本書裡的各種個案故事，來開啟同學們親身體驗的感受。尤其是期中報告的「模擬約會」，要求同學親自跟人進行正式的約會，來體驗兩性或者是同性之間的社交互動，並進行事後紀錄與心得分享等。

壹、課程目標

　　這是一門老師和同學一起共同來說故事的課程。透過每週一個故事的閱讀，進行角色扮演與劇情涉入，並進一步挖掘故事中的性別議題與意識。上課中需要同學帶平板電腦或手機，理由很簡單，你會需要用到這些工具，藉著它們的幫忙，完成課堂上的指定討論與角色扮演。這門課試著用故事的情節，透過師生互動過程的討論與思辨，檢視目前社會上性別平等教育的相關議題，包括：兩性生、心理發展，性別角色社會化歷程，家

庭學校職場、與社會文化中的性別關係及其所衍生的問題等。希望透過教學過程喚起同學的性別意識，學習與同性及異性的相處，進而建立性別平權的觀念與規範。本課程的教學目標包括培養學生檢視個人性別經驗的敏感度與關係、加強學生剖析社會性別議題的能力、透視教育體制中性別不平等的議題、建構多元的性別意識，尊重性別的平等觀念。另外，本學期將持續舉辦「模擬約會」活動，希望拓展同學「實體」的交友圈，提升性別平等意識與人際關係。

貳、上課進度

1. 課程簡介：Me Too 1.0 版與 2.0 版。
2. 性別與愛情：《六三水災救美記》、《心情車站》、《可惜不是你》。
3. 性別與愛情：《歸鄉》、《分手合約》、《愛上 say goodbye》。
4. 性別與身體意象：《輪椅人生》、《單車一世情》、《八仙塵爆後記》。
5. 性別與性別認同：《愛上男人的丈夫》、《和媽媽坦承》。
6. 性別與職場：《為何我只能當副手》、《校內藏鏡人》、《我害怕成功》。
7. 性別與職場：《男女薪資大不同》、《遣散後壯遊世界》。
8. 性別與網路：《跨國婚姻網路一線牽》、《幹嘛找我聊天》、《上當記》。
9. 性別主題演講。
10. 性別與暴力：《走過沼澤》、《房思琪式的遭遇》、《我們認識，你怎麼可以性侵我》。
11. 性別與婚姻：《小新娘》、《新娘偷跑記》、《萬里尋夫》。
12. 性別與婚姻：《家門換鎖後》、《裁縫車婆婆》、《當黃昏像世界末日》、《把孩子重新生下來》。

13. 模擬約會分享。

14. AI 時代中的性別教育 1：改變了什麼？

15. AI 時代中的性別教育 2：沒改變什麼？

16. 期末報告分享。

17. 結語。

參、上課方式

上課方式主要以面授與分組討論為主，依照每週上課進度，事先閱讀指定之相關文獻，並根據上課討論題綱，進行意見交流及討論。此外也視情況提供影片欣賞與討論。

肆、評量方式

1. 上課分組討論需依不同性別、年級與科系區分成，各組須選出組長與紀錄各一名，負責每次討論之主持與紀錄，及張貼小組討論與出席人數至 wm5 課程討論板內——20%。

2. 期中作業一份：個別之模擬約會心得報告——30%。

3. 期末作業一份：請各組依據上課主題或個人生活經驗，設計一份與課堂故事有關的劇本——20%。

4. 課堂出席率：上課每次以簽到代替點名，如需請假，請事後務必繳交假單以示負責。千萬勿代簽，代簽者視同欺騙，請自動退選。未請假者以曠課計，每次扣總分一分（請假與缺席勿超過四次以上，超過者以棄修計）——20%。

5. 期末自我評量——10%。

6. 平時隨堂作業酌予加分。

伍、參考資料：（以下資料隨時更新，僅供參考）

（一）指定書目

1. 陸偉明（2011）。《性別教育與生活》。臺北：雙葉。
2. 周祝瑛（2018）。《翻轉性別教育》。臺北：麗文。

（二）其他參考用書

1. 黃淑玲、游美惠（2008）。《性別向度與臺灣社會》。臺北：巨流。
2. 毛瓊英（2009）。《這樣吵好不好》。臺北：橄欖。
3. 徐西森（2003）。《兩性關係與教育》。臺北：心理。
4. 陳蒼多譯（2001）。《強暴者日記》。臺北縣：新雨。
5. 周華山（2001）。《無父無夫的國度》。香港：香港同志研究社。
6. 陳金定（2004）。《兩性關係與教育》。臺北：心理。
7. 王雅各主編（2002）。《性屬關係》〈上、下冊〉。臺北：心理。
8. 晏涵文（2004）。《性、兩性關係與性教育》。臺北：心理。
9. 羅妲·芬德琳（2006）。《忘了他，我會更好》。臺北市：小知堂。
10. 李彥良、呂泓熠等（2010）。《HD 模擬約會》。臺北：中華民國習慣領域學會。
11. 陳威任（2009）。《教師 HD，改變孩子一生的 24 篇校園故事》。臺北：稻田出版。
12. 游伯龍（2001）。《HD：習慣領域，IQ 和 EQ 沒談的人性軟體》。臺北：時報出版。

陸、期中報告撰寫說明

期中作業一份：個別之模擬約會心得報告（約 2000 字以上），內容需包括：約會前行前準備、約會對象簡介、約會過程、約會心得、與獲得約

會對象同意之約會照片。

柒、期末報告撰寫說明

請各組依據上課主題或個人生活經驗，設計一份與性別刻板印象有關之行動研究方案或實證研究（文圖不拘，創意與團隊合作為要，可依照上述組別或另找七人一組為原則）。

期末報告不可出現抄襲或寫報告時搭便車等違規情事，一經發現，一律以零分計算。

捌、平常作業撰寫說明

平常作業可根據上課的討論自訂題目，或老師指定作業，蒐集材料與回答問題。請避免自網路直接下載資料，需有個人看法，內容宜精簡清楚，每份不超過五百字，請勿抄襲。

玖、「模擬約會」教學活動

緣起與說明

近二十年來，筆者在大學講授『性別教育你我他』課程，每年都會遇到各式各樣的性別議題與困擾：有的因交友不慎感情受騙；有的因同志「出櫃」後遇到的同儕壓力；有大學學長、學妹瞞著家人同居，到童年時遭到性侵陰影猶存。其中也有不少同學因「模擬約會」慕名而來。

尤其，隨著網絡科技的興起與普遍，越來越多的同學習慣在課堂上使用 3C 產品，過去習以為常的教學內容與方法，越來越受挑戰。無論是面對一百二十人的大班，或是二、三十人的班級分組討論，對於授課教師而言，如何讓性別議題融入學生的經驗，引起共鳴與感動，進而願意主動參與學習過程，已成為越來越大的挑戰。

　　由於筆者期待性別教育的通識課程，影響深遠，因此常常花心思、想辦法，如何透過師生的共同投入、討論與觀察周遭的性別議題，將它當作是一門探討自我與他人的奇妙性別之旅！於是，為了因應網路推進的步伐，調整了上述課程教學的形式，並先後引進翻轉教室、問題導向教學（problem-based-learning）和個案導向教學（project-based-learning）等方法，嘗試改變過去上課「教師講述（甚至放許多 PPT 教材）、學生聽講（只聽不問）」的被動方式，透過許多與性別有關的故事，透過閱讀、分享與討論等形式，藉由分組教學，讓每個人各司其職（如：組長主持、副組長紀錄、成員口頭報告或表演等分工）。幾學期下來，每次上課，學生都很專注地在討論，分組報告。過程中教師不斷的提出問題加以挑戰，最後提出講解與評論。於是學生在各組同儕壓力與無形的比較中，許多人從原本被動聽講，轉為主動參與，每個人都有展示與發表的舞台。對任課教師而言，這也是一個十分有趣與有成就感的學習歷程。

　　性別教育與一般課程最大的差異，在於它是一門可以翻轉個人生命經驗的課程。課堂上討論的主題與學生生活經驗息息相關，可以鼓勵分享每個人的成長經驗，透過角色互換與模擬，分享個人不同的生命遭遇。尤其「模擬約會」期中作業，更是一大亮點。同學可以和自己正在交往的男、女朋友，班上新認識的同學，亦或是邀請自己暗戀、喜歡的國中小朋友、大學學長姐等作為『模擬約會』的邀請對象，進行一場有計畫的「正式約會」。從撰寫模擬約會行前計畫書開始，到約會後的心得報告，都有一定的步驟與規範。最後，可針對優秀的約會心得報告，給予口頭及實質獎勵。

拾、學生模擬約會心得

1. 透過模擬約會，我仍或多或少學到一些東西，感觸最深，或者最令我震驚的，便是身為大學生，卻完全不知道平常大學生花多少

經費在娛樂之上，同時也體認到，以自己的經濟能力，永遠沒辦法陪著另一個人一起在臺北市生活下去。無論是電影也好，昂貴的飲食也好，更不用說各種其他假期的娛樂活動了。我連自己的基本開銷都無法負擔了，又有什麼資格拉著別人與我一起受苦？我一直試圖想說謊以假裝陽光，假裝自己模擬約會進行的很順利，但我已經用這種方式騙過許多老師，也騙過了自己，但愈是那樣做，卻愈發現內心的陰影愈大。最近卻已豁達，每個人本來就有不同的個性，這是難以改變的，如同不可能要開朗的人裝成陰鬱。我們總是在別人面前隱藏太多自己，試圖不讓別人看清自己的懦弱，而這份心得，這份獨白，也讓我面對始終不願意面對的懦弱。

2. 模擬約會本身就是一項訓練，當然不期待因為這個活動而交到男女朋友，畢竟感情的發展是需要長時間的培養和默契，模擬約會只是提供我們一個窗口，讓我們試著去跟異性相處，從聊天或互動的過程當中，不僅可以增進對對方的瞭解，同時也讓我們自己懂得如何適當地與異性相處，並且將這堂課所學的內容具體適用在現實生活中，就算是已經有男女朋友了，卻不一定代表自己能夠正確及認知與異性相處的方式，而必須透過實地的模擬才能有所收穫。

3. 很開心能夠擁有這次的模擬約會，也覺得很幸運能夠找到聊得來的夥伴，而且我們還同鄉，最後我得到除了戀愛現實面以外，最大的心得就是「追求真愛要主動，而且要及時」，有時候等待是一場空，倒不如提起勇氣，勇敢出擊，至少過程中有努力過，而不是只徒留遺憾，雖然這是因為我是在沒有人約而被逼急了的狀況中體會到的，但卻很符合我目前為止的人生，也不是說我一直很渴望交個男朋友，只是偶爾和朋友的小抱怨說大學都沒有體驗過，

出社會就不一樣時，我自己又做過什麼努力嗎？每當我對一個人有欣賞的時候，我也只是放心裡，而且再說我又有好到別人非追我不可嗎？我的答案是「先愛自己，別人才會來愛你」，而愛自己有時候是要給自己機會，如果自己都不替自己創造機會，那麼有什麼資格要求別人呢？

4. 這次的約會讓我學習到對異性的正確心態、相互尊重，也培養了對自己的外表、內在的自信心。希望模擬約會能推廣到更多學校，因為若很多大學一起辦，不但性別教育能普及化，模擬約會的選擇也能更多元。也謝謝老師給我這次機會，讓我從中學習，謝謝！

5. 有了這次特別的模擬約會經驗，讓我對於兩性相處交往上能有健康正面的心態去面對，在人際關係交往中我也能更從容去面對各種關係。感謝教授以及我的夥伴蘇建華讓我有這個機會去接觸到有關異性的議題，我們往往會受到傳統社會中的刻板印象所影響，而在兩性相處上限制了自己的思維與行動，被那些傳統制約兩性真正的平等觀念。

拾壹、教學成效

一、課程紀錄範例

（本課程由一位志願同學擔任副班長，進行每週上課紀錄事宜，並上傳教學網站上供全班事後分享）。

以下執筆人：周 X 筌　胡 X 瀅

老師授課

孫 X 佐事件

孫 X 佐事件之於性別教育，此事件起源於美國憲法保障擁槍權，但那

是在其歷史脈絡底下而必須的公民防禦權,現代下仍否應存在,存有疑義。

孫 X 佐家庭教養:老師認為是父權教養體系下所產生,因為爸爸陪他聊、一起做這些槍枝、打打殺殺的議題,有間接的鼓勵效果,媽媽阻止無效,或許是家庭性別角色所影響。

再者,孫 X 佐做這事件可能是為了展現男子氣概,或是沒有朋友而想要彰顯存在感而做。

小評:謹言慎行,美國警察很可怕。

法定成年議題:現代經濟情況下,結婚與生育年齡往後,開銷也支出家裡的,現在世代有延後長大的情況。

二、影片分享

男護理師:堅持、熱忱,不怕別人說話,完整了開刀房的體系。

女汽車技工:女生反而更細膩、噴漆的細節很講究,配色很棒,男生反有一定比例色弱、色辨力不佳的問題。

男照護師:態度積極、熱情有決心、不放棄有毅力,不會粗手粗腳,很細心;全心全意、無微不至,贏得阿公阿嬤的信任。

女飛機長:不要被他人影響,要相信自己有勇敢飛的能力,團隊合作不會被性別影響,反而更多了一份和諧。

工作歧視影片:性別、外表、刻板印象的歧視,女性必須穿裙子、女性不犧牲家庭小孩不能跟男生競爭、女生產假、育嬰假很麻煩。

男女薪資高低關係:男生會覺得不能比女生少,影片中的女生覺得應該尊重不同行業別的差距,婚嫁公司覺得是因為沒得選,但其實從以前十對中出一對,到現在兩三對,或許能打破現在華人家庭中的性別崗位、性別角色定型化的狀況。老師點評:在家庭中重要的其實是如何運用共同的薪資,並非高低。

　　老師透過影片展示給我們看的是職場上的性別議題，但在現在的性別平等意識下，其實很多狀況都已經開始改變，正因為有影片中那些不畏阻力而勇於嘗試的追夢人，打破了既定的性別框架；男女薪資、工作待遇等問題也有漸漸獲得重視，雖然仍有女人何苦為難女人的情況存在，更證明性別意識應該要普及於整個社會，不止於男性對待女性，整體社會都應該致力於營造友善的職場環境。

三、小組分享

　　1. 為何我只能當副手

　　第一組：男性薪水通常比女性高、女性工作通常偏幕後、遇到升職機會時老闆會優先考慮男性。附近街坊鄰居的批評，說男生不夠有能力，或者女性不夠顧家。

　　2. 校內藏鏡人

　　第六組：實際做法，在工作上做的都一樣，以避免他人的閒言閒語。女性的特質較細心，所以較容易被指派相關工作，或者要搬重物時，會優先選擇男性去幫忙，即使是體型偏瘦弱的男生。

　　3. 為何我只能當副手

　　第三組：通常到較高的職位，比較多會是男性。第五題，分為丈夫的自尊心、女性的心理壓力、旁人眼光、到離婚時分配財產時較麻煩。

　　4. 校內藏鏡人

　　第二組：問前輩該如何預防諸如此問題、男性搬重物、在體適能時，男性需要跑的距離比女性高兩倍，請他繼續努力，女權近年才開始推廣，未來望能達到平等。

　　5. 為何我只能當副手

　　第四組：男性較有話語權，錯覺是男性給他人較有穩重的感覺。

文章內較沒有因為性別而受影響的議題，較多是政治操弄。

6. 我害怕成功

第五組：

（1）害怕自己太過成功，而造成另一半壓力。

（2）較老舊的觀念現在是講求才能的時代，凡事都需要金錢，所以
　　　出門工作是對的。

（3）男性以前常被灌輸需要比女性更有能力，其實可以從小做起，
　　　改變這種傳統的觀念。

第七組：

（1）天花板效應。

（2）女性勞動參與率：今年 50.97%，每年變動都不大，男生大概是
　　　66% 左右，每年大約都差 15% 以上。

（3）職場上的男尊女卑：男生比較有話語權，男生會有比較令人容
　　　易信任的感覺，還有請假的問題。

（4）我們覺得看不出來跟性別有關的工作議題，比較多的是小三的
　　　挑撥在於工作上的挑撥，讓夫妻關係不睦。

（5）老公沒信心、老公外遇、夫妻關係不睦，老公自卑的議題，家
　　　庭生產、教育議題，他人的酸言酸語。

第七節　全球教育發展趨勢：衝突國家地區的文教交流（英語授課）

課程說明：

　　「全球教育發展趨勢：衝突國家地區的文教交流」，是一門碩、博士班課程，主要是針對外籍學生而設計的跨領域英語學程。雖然學生多屬境外的國際生，但也有部分本地生選修。課程中多由教師設定每週主題進度、閱讀材料、及討論題綱。每週上課時由同學輪流擔任討論主持人（facilitator），進行各週閱讀進度的分享與討論。過程中，教師須隨時提供回饋與導引主題，以免上課失去焦點。

　　為了加強學生的學術閱讀與評論能力，透過期中與期末作業，鼓勵同學將作業修改後向國際期刊投稿。例如，期中報告採用專書評論（book review）形式，透過撰寫格式的規定，讓學生熟悉一般國際期刊的書評規範。透過學生蒐尋國際上有書評的期刊，了解投稿須知，再鼓勵他們將作業投稿，跨出學術發表的第一步。另外，期末報告則鼓勵在結合課程主題之外，透過期末報告的課堂練習，朝個人的學術論文或會議投稿方向開展。為此，多數學生對本課程的多元設計表示肯定（參件附件 5：4、5：5）。

Course Syllabus

Global Trends in Education:
Cultural and Educational Exchanges between
Rival Societies

Goals | 課程目標

1. Broaden students' vision about the impacts of cultural exchange and international student mobility from theoretical and practical perspectives.

2. Showcase how peace education and international conflict resolution can be achieved through exchange programs.

3. Encourage more two-way communication and participation in the classroom and provide hands-on experience in evaluating the cultural exchange programs of different societies.

4. Relate student educational exchange experiences and prepare them for future career development.

5. Provide students with the opportunity to produce research that can be used for publication or other academic purposes.

Overview | 課程大綱

This seminar will discuss educational issues in the context of globalization, internationalization, localization, sinicization, westernization, and cross-straitization. Our content will explore theories and examples in peace and conflict education in an age of increasing international exchange in spite of the threat from the pandemic, war, and increasing international conflicts. Starting with the case of the educational system and exchange activities between China and Taiwan in the last two most dynamic decades, this seminar also attempts to showcase some other concurrent international case studies among Asian and other states by justifying how cultural and educational exchange contributed to better understanding of some former rival societies around the globe. According to Richmond's renowned book, *Cultural Exchange and the Cold War: Raising the Iron Curtain*, the author concludes that cultural exchange has a gradual but compelling and long-lasting effect over transforming people's attitude and mind-set, and therefore, it will change the relationship between rivalry parties and enemies.

Weekly topics include cultural exchange and critical educational issues such as between North and South Korea, China and Taiwan, Israel and Palestine, etc. The seminar is designed to brainstorm a possible paradigm shift in dealing with peace and conflict education via cultural exchange in the context during the pandemic and other world crisis. By demonstrating the dynamic relationship between the above-mentioned case studies, the discussion will also compare different national strategies toward cultural exchange via in-personal or virtual practices among different sets of examples to introduce a possible new paradigm shift during the pandemic and other contingencies. These changes altogether produce multifaceted influences on people and society in the world.

Participants of this class will be able to discuss a wide-variety of concerning issues from comparative, international and even personal perspectives of educational exchanges. Classes will be conducted in a two-way and interactive format between instructor and students, which intends to invite more shared ideas inspiration and even debates about different issues. It is hoped that this class will help students understand educational theories and practices in peacemaking and conflict resolution. Moreover, they can apply this knowledge and experience in their future careers.

Teaching Methods | 教學方式

Weekly Reading Assignment and Facilitation: Students are expected to complete all of the assigned readings before class. All participants will also act as facilitators on a rotating basis. Facilitators will lead the weekly discussions and are encouraged to do a bit of extra research regarding the topic. Findings related to (1) the latest developments on the topic, (2) alternative perspectives, and (3) relevant data, are particularly welcome.

Discussion Questions, Assignments, and Syllabus can be found online.

Schedule | 上課進度

Week 1: Introduction & Impacts of Cultural and Educational Exchanges in the Covid-19 Era

1. COVID-19: Higher Education challenges and responses - IAU
   https://www.iau-aiu.net/COVID-19-Higher-Education-challenges-and-responses

2. Sustaining Higher Education in the Coronavirus Crisis
   https://www.edsurge.com/research/guides/sustaining-higher-education-in-the-coronavirus-crisis

3. From globalization to localization: the COVID-19 pandemic era https://www.thestatesman.com/features/globalization-localization-covi d-19-pandemic-era-1502944824.html

4. Richmond, Yale. (2003). Cultural Exchange and the Cold War: Raising the Iron Curtain.

University Park: Penn State University Press, "Introduction," pp. xiii-xiv.

Film:

1. Erasmus in the time of Coronavirus. Covid-19 affects Education and Erasmus+Students https://www.youtube.com/watch?v=_ZOGSHRcrns

2. Online education amid COVID-19 https://www.youtube.com/watch? v=wLbL1C3gt-E

3. What does Covid-19 mean for global higher education? https://www. youtube.com/watch?v=nEPlu-RJuUg

Week 2: Cultural and Educational Exchanges between Rival Societies: History and Theory

Facilitator: _____

1. Chou, C. P. "Preface," in Chou & Spangler, 2018, *Cultural and Educational Exchanges between Rival Societies*, pp. vii-x.

2. Spangler, Jonathan "The History and Impacts of Cultural and Educational Exchanges between Rival Societies," in Chou & Spangler, 2018, *Cultural and Educational Exchanges between Rival Societies*, pp. 1-21.

3. Deardorff, Darla K. "Theories of Cultural and Educational Exchange, Intercultural Competence, Conflict Resolution, and Peace Education," in Chou & Spangler, 2018, *Cultural and Educational Exchanges*

between Rival Societies, pp. 23-38.

Week 3: Globalization, Internationalization, Localization, and Cross-straitization in the 21st-Century Higher Education

Facilitator: _____

1. Chou, Chuing Prudence, & Ching, Gregory S. (2012). *Taiwan Education at the Crossroad: When Globalization Meets Localization.* New York: Palgrave Macmillan, Preface pp. ix-xvi

2. Chou & Ching, "Chapter 4: East Asian and Taiwan Education in the Context of Worldwide Education Reform, "in. Chou, Chuing Prudence, & Ching, Gregory S. (2012). *Taiwan Education at the Crossroad: When Globalization Meets Localization.* New York: Palgrave Macmillan, pp. 47-62 [Download: lib.nccu.edu.tw]

3. Hawkins, John N., Neubauer, Deane, & Shin, Jung Cheol, "Chapter 1: Introduction: Four Hypotheses of Higher Education Development," in Neubauer, Deane, Shin, Jung Cheol, & Hawkins, John N. (Eds.), (2013), *The Dynamics of Higher Education Development in East Asia: Asian Cultural Heritage, Western Dominance, Economic Development, and Globalization*, Palgrave Macmillan, pp. 1-8.

4. Yang, Rui (2003). "Globalization and Higher Education Development: A Critical Analysis." *International Review of Education*, 49. doi: https://doi.org/10.1023/A:1025303303245

Additional Readings

Ministry of Education Taiwan (R.O.C.) (2019) "Education in Taiwan," http://stats.moe.gov.tw/files/ebook/Education_in_Taiwan/2019-2020 _Education_in_Taiwan.pdf

Institute of International Education (2018). "Open Doors 2018: Fast Facts." https://www.iie.org/Research-and-Insights/Open-Doors/Fact-Sheets-and-Infographics/Fast-Facts [Data summary]

Eurostat (2016). "Tertiary education students from abroad by ISCED level, 2016." https://ec.europa.eu/eurostat/statistics-explained/index.php?title=File:Tertiary_education_students_from_abroad_by_ISCED_level,_2016_(number)_ET18.png#file

Kritz, M. (2012). "Globalization of Higher Education and International Student Mobility." [Presentation]

Week 4: China & Taiwan

Facilitator: _____

1. Chou & Ching, "Chapter 16: Cross-Strait Relationships Between Taiwan and China," Chou, Chuing Prudence, & and Ching, Gregory S. (2012). *Taiwan Education at the Crossroad: When Globalization Meets Localization*. New York: Palgrave Macmillan pp. 263-274.

2. Chou, C. P. & Ching, Gregory S. (2015). "Cross-Straitization of Higher Education: Voices of the Mainland Chinese Students Studying in Taiwan." *International Journal of Information and Education Technology*, 5(2). doi: 10.7763/IJIET. 2015.V5.482

3. Heyhoe, Ruth, & Liu, Jian, "China's Universities, Cross-Border Education, and Dialogue among Civilizations," in Chapman, David W., Cummings, William K. & Postiglione, Gerard A. (eds.). (2010). *Crossing Borders in East Asian Higher Education*. Springer.

4. Chou " Reaching across the strait: Contact Hypothesis in the context of Chinese University students in Taiwan", in Chou & Spangler, 2018,

Cultural and Educational Exchanges between Rival Societies, pp. 115-12

   Additional Readings

5. Hennock, Mary. (2011). "In Quest for Foreign Students, Taiwan Tries to Step Out of China's Shadow." *The Chronicle of Higher Education*, May 22. http://chronicle.com/article/In-Quest-for-Foreign-Students/127592/ [subscription]

6. Denlinger, Paul. (2010). "Can education draw Taiwan, China closer?," *Asian Correspondent*, February 27. http://asiancorrespondent.com/29328/can-education-draw-taiwan-china-closer/

Week 5: US and USSR: Cultural Exchange in the Cold War

Facilitator: _____

Richmond, Yale. (2003). Cultural Exchange and the Cold War: Raising the Iron Curtain.

University Park: Penn State University Press.

1. Richmond, "Chapter 1: Russia and the West," pp. 1-10.
2. Richmond, "Chapter 3: The Cultural Agreement," pp. 14-20.
3. Richmond, "Chapter 24: Obmen or Obman," pp. 210-225.
4. Richmond, "Chapter 25: The Future," pp. 226-228.
5. Richmond, "Chapter 4: Scholarly Exchanges," pp. 21-64.
   Optional Readings
6. Richmond, Chapters 5-23 (Optional Choose One extra chapter to read along with other readings

DUE: BOOK REVIEW CITATION AND ONE-PARAGRAPH SUMMARY

Facilitator: _____

Week 6: Sino-US Education and Cultural exchange/ Conflict

1. Li, Hongshan. (2008). *U.S.-China Educational Exchange: State, Society, and Intercultural Relations, 1905-1950*. New Brunswick: Rutgers University Press, Ch. 7: A Historical Perspective," pp. 176-201.

2. Tillman, B. (2020). *Red Scare or Red Herring: How the "China Initiative" Strategy for Non-Traditional Collectors is Stifling Innovation in the United States*. Seattle University School of Law Digital Commons.

3. *Why Ending the Justice Department's "China Initiative" is Vital to U.S. Security?* Brennan Center for Justice. 136. (2021, November 17). https://www.brennancenter.org/our-work/analysis-opinion/why-ending -justice-departments-china-initiative-vital-us-security

4. *Survey finds "chilling effect" of China Initiative*. (2021). Inside-highered.com. https://www.insidehighered.com/news/2021/10/29/survey-finds-chilling-effect-china-initiative ＃ ＃

Video

1. *The China Initiative: Origins and Consequences*. (2021, December 16). Cato Institute. https://www.cato.org/events/china-initiative-origins-consequences

Week 7: Chinese Education Models in a Global Age

Facilitator: _____

Chou, C. P. & Spangler, Jonathan. (eds.). (2016). *Chinese Education Models in a Global Age*. Singapore: Springer.

1. Hayhoe, Ruth, "Forward," in Chou & Spangler, 2016, *Chinese*

Education Models in a Global Age, pp. vii-viii.

2. Chou, C. P. & Spangler, Jonathan, "Preface," in Chou & Spangler, 2016, *Chinese Education Models in a Global Age*, pp. ix-x.

3. Spangler, Jonathan, "Chinese Education Models in a Global Age: Myth or Reality?" in Chou & Spangler, 2016, *Chinese Education Models in a Global Age*, pp. 337-354.

4. Hartig, Falk. (2012). "Confucius Institutes and the Rise of China." *Journal of Chinese Political Science*, 17, pp. 53-76. DOI: 10.1007/s11366-011-9178-7

   Additional Reading

5. Taiwan Academy. (2016). "About the Academy." http://english.moc.gov.tw/article/index.php?sn=2721

6. Poon, Aries. (2011). "Soft Power Smackdown! Confucius Institute vs. Taiwan Academy." *Wall Street Journal*, August 12. http://blogs.wsj.com/chinarealtime/2011/08/12/soft-power-smackdown-confucius-institute-vs-taiwan-academy/

Week 8: Two Koreas

Facilitator: _____

1. Shin, Gi-Wook, & Lee, Karin J. (eds.). (2011). *U.S.-DPRK Educational Exchanges: Assessment and Future Strategy*. Stanford, CA: The Walter H. Shorenstein Asia-Pacific Research Center. http://iis-db.stanford.edu/pubs/23213/US_DPRK_Educational_Exchanges.pdf

2. Robertson, Phil. (2016). "North Korea's Caste System: The Trouble with Songbun." Foreign Affairs, June 30, 2016.

3. Park, Kyung-Ae, "Lessons from North Korea's Previous Exchange Programs," in Shin & Lee, 2011, pp. 155-162.

4. Kyung-Ae Park & Mark Bennet " Engagement with the DPRK: Soft Power and Knowledge Sharing Through Educational Exchanges with the Hermit Kingdom" in Chou & Spangler, 2018, *Cultural and Educational Exchanges between Rival Societies*, pp.

DUE: BOOK REVIEW PRESENTATION

Week 9: Mid-Term Book Review Presentation

Thursday, April 21st DUE: BOOK REVIEW

Week 10: India and Pakistan

Facilitator: _____

1. Dhananjay Tripathi, Manufacturing Enemy: The Presentation of India in Pakistani Textbooks, in Chou & Spangler, 2018, *Cultural and Educational Exchanges between Rival Societies*, pp. 99-115

2. ZAIDI, S. A. (2009). A Conspicuous Absence: Teaching and Research on India in Pakistan. *Economic and Political Weekly, 44*(38), 57-68.

3. Khan, N. A. (2021). Determining the Separation Between Perpetrator and Victim: Importance of Intergenerational Family Communication. *Educational Strategies for Youth Empowerment in Conflict Zones*, 15-28. https://doi.org/10.1007/978-3-030-66226-4_2

Additional reading

4. *How can education bring India and Pakistan closer?* (2022). UNESCO MGIEP. https://mgiep.unesco.org/article/how-can-education-bring-india-and-pakistan-closer

Week 11: Brexit: Wither UK – EU educational exchanges?

Facilitator: _____

1. Alexiadou, Nafsika & Bettina Lange (2013). "Deflecting European Union Influence on National Education Policy-Making: The Case of the United Kingdom." *Journal of European Integration*, 35(1). doi: 10.1080/07036337.2012.661423

2. Cardwell, Paul James (2017). "UK students 'may be barred from Erasmus after Brexit.'" *Times Higher Education*. August 1. https://www.timeshighereducation.com/blog/uk-students-may-be-barred-erasmus-after-brexit

3. Dincă, Violeta Mihaela, et. Al (2019). "Challenges Regarding the Internationalization of Universities from Scotland, within the Brexit Landscape." *Amfiteatru Economic*, 21(50). doi: 10.24818/EA/2019/50/194

4. Ellison, Marion (2017). "Through the Looking Glass: Young People, Work and the Transition between Education and Employment in a post-Brexit UK." *Journal of Social Policy*, 46(4). doi: 10.1017/S0047279417000356

5. Giulio Marini (2018). "Higher education staff and Brexit. Is the UK losing the youngest and brightest from other EU countries?" *Tertiary Education and Management*, 24(4). doi: 10.1080/13583883.2018.1497697

Additional readings

6. Highman, Ludovic (2019). "Future EU-UK research and higher education cooperation at risk: what is at stake?" *Tertiary Education and Management*, 25(1). doi: 10.1007/s11233-018-09013-w

7. Oelkers, Jürgen (2017). "The European Crisis and Education for Democracy." *The European Legacy*, 22(7-8). doi: 10.1080/10848770. 2017.1368781

8. Weibl, Gabriel (2015). "Perceptions on the European Union's role in the Internationalisation of Higher Education and support of International Student Mobility." *Australian and New Zealand Journal of European Studies*, 7(2)

Week 12: Field Trip: Seeing is Believing

Week 13: Israel and Palestine: Peace and Conflict in the Backyard,

Facilitator: _____

1. Artzi, Itai "Changing Realities? Insights from an Israeli-Palestinian Educational Exchange." in Chou & Spangler, 2018, *Cultural and Educational Exchanges between Rival Societies*, pp. 79-97

2. Salomon, Gavriel. (2004). "Does peace education make a difference in the context of an intractable conflict?" Presented at the International Expert Meeting on Theory and Practice of Peace Education, February 9-11.

3. Podeh, Elie. (2000). "History and memory in the Israeli educational system: The portrayal of the Arab-Israeli conflict in history textbooks (1948-2000)." *History & Memory*, 12(1), pp. 65-100. DOI: 10.1353/ham.2000.0005

4. Bar-Tal, Daniel, & Rosen, Yigal. (2009). "Peace education in societies involved in intractable conflicts: Direct and indirect models." *Review of Educational Research*, 79(2), pp. 557-575. doi: 10.3102/003465430 833096

Additional Readings

5. Birthright Israel. (2016). "About Us." http://www.birthrightisrael.com/ TaglitBirthrightIsraelStory/Pages/About-Birthright-Israel.aspx

6. Schumacher, Tara. (2008). "The Education System of Israel." [Presentation]

7. Werleman, C. J. (2016). "How Israel's 'birthright' denies Palestinians their basic rights." Middle East Eye, February 10, 2016. http://www. middleeasteye.net/columns/how-israels-birthright-deny-palestinians-th eir-basic-rights-815211196

Week 14: Alternative Cultural and Educational Exchange

Facilitator: _____

1. Clarke-Habibi, S. Cultural and Educational Exchange in Post-War Bosnia and Herzegovina in Chou & Spangler, 2018, *Cultural and Educational Exchanges between Rival Societies*, pp. 55-79

2. Spangler, Jonathan & Timothy Spangler, Meteorological Educational Exchanges Between Rival States: Cuba-US and China-Taiwan-US Cooperation, in Chou & Spangler, 2018, *Cultural and Educational Exchanges between Rival Societies*, pp. 129-145

3. Åkerlund, A. Transition aid and creating economic growth: Academic exchange between Sweden and Eastern Europe through the Swedish Institute 1990-2010. Place Brand Public Dipl 12, 124-138 (2016). https://doi.org/10.1057/s41254-016-0009-7

4. Walkenhorst, Heiko (2008). "Explaining change in EU education policy." *Journal of European Public Policy*, 15(4). DOI: https://doi. org/10.1080/13501760801996741

Week 15: Future of Cultural and Educational Exchanges in the post-Covid-19 era,

Facilitator: _____

1. Liu, Leah. (2016). "China Has Its Own Birthright Tour." *Foreign Policy*, July 27. http://foreignpolicy.com/2016/07/27/china-has-its-own-birthright-tour-overseas-chinese-diaspora-soft-power/

2. Yang, Rui. (2015). "China's Soft Power Projection in Higher Education." International Higher Education, pp. 24-25. https://ejournals.bc.edu/ojs/index.php/ihe/article/download/7938/7089

3. Marconi, Gabriele. (2016). "International Doctoral and Master's Students: What the Data Tell Us." International Higher Education, 86, pp. 3-5. https://ejournals.bc.edu/ojs/index.php/ihe/article/view/9359/8369

4. Henderson, Phillip L. & Jonathan Spangler "Cultural and Educational Exchanges Between Rival Societies: Challenges in Implementation and Strategies for Success," in Chou & Spangler, 2018, *Cultural and Educational Exchanges between Rival Societies*, pp. 145-164.

FINAL PRESENTATION

Week 16: Final Oral Presentation

Week 16 Conclusion: Final Paper Due

Grading

1. **Attendance (10%)** – Students are expected to attend and arrive on time for all sessions.

2. **Participation (10%)** – Students must complete the weekly readings, be prepared to answer the relevant discussion questions, and actively

participate in the seminar.

3. **Facilitation (20%)** – Students are expected to facilitate several classes during the semester and should be prepared to lead discussions during those classes. Students must also share a cultural or educational exchange case study during one of the class sessions.

4. **Book Review (30%)** – Students must write a book review of a recently published book, find a target journal for publication, and submit their book review for consideration in that journal. (See below for regulations

5. **Final Project and Presentation (30%)** – Students must complete one of the following options for their final projects: (1) writing an academic article, conference paper, or book chapter, (2) writing a grant or research project proposal, or (3) writing a dissertation proposal. Final projects must be directly related to the content of the course.
The paper can be 10-15 pages long. (Times New Roman font size of 12, double space, APA format with proper reference)

Required Readings:

1. Chou, C. P. & Jonathan Spangler (2018). Cultural and Educational Exchanges between Rival Societies. Singapore: Springer.

2. Richmond, Yale. (2003). Cultural Exchange and the Cold War: Raising the Iron Curtain. University Park: Penn State University Press.

Recommended Readings

1. Chou, C. P. & and Ching, Gregory S. (2012). *Taiwan Education at the Crossroad: When Globalization Meets Localization*. New York: Palgrave Macmillan. [Download: lib.nccu.edu.tw]

2. DeLong, Marilyn et al. (2009) "Cultural Exchange: Evaluating an Alternative Model in Higher Education." *Journal of Studies in International Education*, 15(1). doi: https://doi.org/10.1177/1028315309334619

3. Postiglione, Gerard A., & Chapman, David W., "East Asia's Experience of Border Crossing: Assessing Future Prospects," in Chapman, Cummings, and Postiglione, 2011, pp. 377-382.

4. Kamyab, Shahrzad. (2007). "An Overview of the Educational System of Islamic Republic of Iran." [Presentation]

5. Majhanovich, S., Fox, C., & Kreso, A. P. (eds.) (2009). *Living Together: Education and Intercultural Dialogue*. Singapore: Springer.

6. Neubauer, Deane, Shin, Jung Cheol, & Hawkins, John N. (Eds.). (2013). *The Dynamics of Higher Education Development in East Asia: Asian Cultural Heritage, Western Dominance, Economic Development, and Globalization*. Palgrave Macmillan.

7. Postiglione, Gerard A., & Chapman, David W., "East Asia's Experience of Border Crossing: Assessing Future Prospects," in Chapman, Cummings, and Postiglione, 2011, pp. 377-382.

8. Walkenhorst, Heiko (2008). "Explaining change in EU education policy." *Journal of European Public Policy*, 15(4). doi: https://doi.org/10.1080/13501760801996741

Further Reading

9. Chou, Chuing Prudence, & and Ching, Gregory S. (2012). *Taiwan Education at the Crossroad: When Globalization Meets Localization*. New York: Palgrave Macmillan. [Download: lib.nccu.edu.tw]

10. Chou, Chuing Prudence & Jonathan Spangler (2018). *Cultural and Educational Exchanges between Rival Societies*. Singapore: Springer.

Sample of Weekly Discussion:

Week 1

1. Describe how higher education in your local community, wherever "local" is for you, has responded to the challenge of a global pandemic in maintaining cultural and educational exchanges? What similarities/ differences are there between your local community and the cases covered in the readings and films?

2. What are the purposes of cultural and educational exchanges?

3. How would you define "rival societies"? Are they solely used to describe nation-states? If not, what else may this term apply to?

4. What is the overall trend of cultural and educational exchanges in your "home" (while for some "home" may not solely be a single nation-state, for the purpose of this course "home" will refer to the nation-state that you have spent most time residing in)? Does your "home" predominantly receive exchange/international students or does it predominantly send them? Describe the demographics of exchange/international students.

5. In the video, Online education amid COVID-19, the guests on the program discuss positives of online education experienced by

educators and administrators of higher education institutions in China. With two years having passed since the onset of the COVID-19 pandemic, how would you evaluate online education based on your experience and the experiences of others?

6. What do you think is the future of Global Education?

7. What are some cultural and educational exchange initiatives between rival nations/societies/groups that you are aware of? If you are aware of some, please describe these initiatives. What is their purpose? Etc.

8. In the case of rival societies, what sort of consequences may there be due to the disruption of cultural and educational exchanges? May this contribute negatively to increased tensions between rival societies?

Book review

Tips, Structure, and Inquiry Email

Writing a book review is a great thing to do for many reasons:

1. It's good practice for thinking and writing critically about what we read.

2. It is useful for others working or studying in the field.

3. It's probably the shortest route to publication.

Tips

1. **Include *all* of the elements listed** in the structure section below.

2. **Make it *critical*.** Reviews that discuss both the strengths and weaknesses of the book are more useful, more interesting, and more likely to get published.

3. **Focus only on the book.** Keep the introduction and any background information to a minimum.

4. **Find 3-5 suitable journals.** They must have published book reviews recently.

5. **Read book reviews** that the journal has published recently to understand the format.

6. **Email the editors** of those journals to ask if they are willing to accept your book review. See the email format below.

7. If the editors are willing, **find the author guidelines** for the journal, **follow them exactly**, and **submit the book review**.

Structure

Try to include all of these elements in your book review. If the journal has a suggested format, follow that as well.

1. **Introduction** (highlighting the book's place and importance in the broader academic field) (1 paragraph)

2. **Brief information about author** (This should be 1-2 sentences in the first paragraph.)

3. **Structure and content** of the book

4. **Strengths** (and contribution to knowledge)

5. **Weaknesses** (and things that could be improved)

6. **Audience** (i.e., Who will the book be useful for?)

7. **Future research**

8. **Conclusion** (Audience and future research can be included in this paragraph.)

9. **References**

   a. Some journals do not require or do not allow references. Check the guidelines and past book reviews that they have published.

b. Parenthetical citations should be included in the text, often in numbers 3-5 above.

Inquiry Email

To avoid wasting time by submitting a book review to journals that won't accept it, it's best to email the editor before submission. If they aren't interested, try another journal. If they are willing to look at it, follow their guidelines exactly when submitting the review. Below is a basic template for writing an inquiry email. Make sure to change the information in [brackets].

Subject: Inquiry about book review submission for [Book Title]

Dear Dr. [Editor's Last Name],

I am writing to find out if *[Journal Name] would welcome a review of [Book Title]*, written by [Author Name] and published in [Year] by [Publisher].

I am currently at [Your University] in [City] researching [your research or dissertation topic]. Please let me know if a review of this book would be suitable for publication. I greatly appreciate your consideration and look forward to making a contribution.

Sincerely,

[Your Name]

—

[Your University]

[Your Department]

Final Paper- Requirements

The paper must be written in APA format. The length of the paper must be at least 10 pages.

Font size: 12

Font: Times New Roman

Space: Double Spacing

Structure of final paper

The paper must be written in APA format. The length of the paper must be at least 10 pages.

Font size: 12

Font: Times New Roman

Space: Double Spacing

Structure of final paper

Title Page: Title (13 t0 15 words), Author's name, register number, and institution.

Abstract page: 150 to 300 words (Background, purpose, Methodology, expected findings, and implications),

At the end of the abstract page include

Keywords: 3 to 5 words

Introduction, Literature Review ... Etc. (based on the construction of your paper)

Reference (Must be in APA format)

Apendix (if required)

附件 5：1　課堂紀錄範例

20210305 教育史

課堂題目討論

關鍵詞回顧：

　　法國大革命／英國啟蒙運動／美國獨立：公學運動（稅漲而失敗）／工業革命標準化（課表、考試）／普魯士義務教育／凱末爾改革／

　　英法聯軍：科學教育、外文教育、女子教育民族主義（國家的社會文化等教育）／國際化多元化知識（與他國合作）

　　鴉片戰爭與自強運動：教會帶來女子教育／戊戌變法／壬戌學制／公辦民營學校／線上平臺／同步授課與非同步／考試與評卷疑慮／教育不公：家庭背景與遠距設備／貧：假期飢餓（無學校供膳）／科技得以裝備教師而非取代

　　結核病／霍亂／*小兒麻痺

討論題目統計

共 8 組 （組別：1，2，4，5，6，7，8，10）	一、從 18 世紀以來東西方曾出現哪些與近代教育發展有關的重大戰爭及疫情，或你認為影響教育發展很關鍵的發明等事件？
共 2 組 （組別：6，7）	二、這些重大事件對於東西方教育可能產生哪些方面的影響？例如：教育思想，教育制度，學校的教學與課程，甚至學習方式的改變等。
共 8 組 （組別：1，3，4，5，7，8，9，10）	三、covid-19 爆發以來，對於全球教育所造成的影響有哪些？請舉三個例子加以說明。

教育史與重大事件		時間軸
東方		西方
重大事件	（西元年）	重大事件（西元年）
工業革命	（交通革新）	
義務教育	1763	
美國獨立	1786	18 世紀
法國革命	1789	
法勝普魯士	1806	
鴉片戰爭	1840	
英法聯軍	1858	
洋務運動	1861	
日明治維新	1868	19 世紀
普法戰爭	1870	
泰國拉瑪五世（朱拉隆功）	後現代化學校	1876
戊戌變法	1898	
辛亥革命	1911	
20 世紀	壬戌學制	1922
	土耳其教改	1924 起
西班牙流感	1918（第一次世界大戰）	
美援	1951	
新自由主義	1984（教育市場化）	

‧ 報告回饋（注意項目）

when 年代或期間、where 地區、how 細節事件發展、what 事情、why 原因

‧ 授課概念提要

東西方歷史年代對照／東西方三哲人／東方尊重老師（孔子、科舉）／政治權力的集散（歐洲多國 vs.中國）／18 世紀清朝鎖國——不

對外交流、國家衰弱，然此時西方正在前進思想和科技改革／19
世紀軍隊與教育

附件 5：2　學期成績案例

				110年度XXXX課程評分表						
序號	系級	學號	姓名	出席 (15%)	課堂 表現 (5%)	期中 報告 (30%)	期末 報告 (30%)	課堂小 作業 (15%)	每週最佳 報告組別 (5%)	總分 (100%)
1	教育			14.75 (遲到一次)	4	26.1	24.6	12	3.5	84.95
2	教育			14	5	26.7	27.9	14.5	4	92.1
3	教育			14	3	27.9	28.2	14.5	5	92.6
4	教育			15	5	26.7	25.8	13.5	3	89
5	教育三	108102067	林○○	14.75 (遲到一次)	3	27.9	28.2	14	5	92.85
6	教育四	107701022	陶○○	13	4	26.1		13	3	
7	外			15	4	26.1	24.6	14	3.5	87.2
8	財			14	3	26.7	26.1	13	3	85.8
9	財管			15	5	26.7	25.8	14	3	89.5
10	傳			13.75 (遲到一次)	5	28.2	27.6	13	5	92.55
11	傳			14.75 (遲到一次)	5	28.2	27.6	12	5	92.55
12	英三			12.75 (遲到一次)	3	26.7	26.1	14	3	85.55
13	心理			15	4	26.7	27.9	14.5	3	91.1

附件 5：3　抄襲事項

第七組 XXX

原分數：87

總結：四句話抄襲

　　如此情況下，XX 構如雨後春筍般的出現，XX 育的品質監督與管理則有賴政府的力量。但 XX 育長年不被政府重視，以致 XX 構的管理、XX 源的分配、XX 資權利與義務及 XX 程與教學都浮現了許多弊病

　　（抄襲來源 https://www.cyut.edu.tw/~crissa/class_file/96-2/96-2sociology/acticle/acticle6.doc）

第十組 XXX

原分數：85

總結：有一半的文獻回顧涉及抄襲

抄襲來源：https://pa.nccu.edu.tw/upload/2/publication_file/89/48-1%E9%99%B3%E6%81%86%E9%88%9E%E3%80%81%E8%A8%B1%E6%9B%BC%E6%85%A7.pdf

第四組 XXX

原分數：85

總結：四段文字抄襲

　　大多是 XX 級且接受的教育大多是以傳統教育為主，且當時的教育目的為「培養女性成為賢妻良母」，因此主要還是在傳承中國男尊女卑的禮儀。

　　XX 立了第一所官辦的女子教育機構，雖然當時就學比率不高，再加上當時總督府採取「同化」與「XX 政策」並行的態度，使得當時受教育的機會以及資源的分配不公，雖未能普及中下階層，但仍為女子教育的奠基時期。

　　XX 會菁英推廣放足運動，從 1905 年到 1920 年，纏足比例從 56.9% 降至 11.8%。但如學者 XX 言：「XX 在身體上使得女性從束縛中解脫，但缺乏思想意識上的認知與實質地位的顯著提升」。

　　日治時期末期，也是日本軍國主義以及國家權力最高漲的時期，考量當時的中日交戰以及臺灣與中國的關係，日本 XX 需臺灣人力及物資的全力支持。

以上來源：https://nccur.lib.nccu.edu.tw/bitstream/140.119/38214/1/%E3%80%8C%E7%8F%BE%E4%BB%A3%E5%8C%96%E3%80%8D%E8%88%87%E7%90%86%E6%83%B3%E5%A5%B3%E6%80%A7%E8%A7%92%E8%89%B2%E7%9A%84%E5%BB%BA%E6%A7%8B%20%E4%BB%A5%E6%97%A5%E6%B2%BB%E6%99%82%E6%9C%9F%E8%87%BA%E7%81%A3%E6%97%A5%E6%97%A5%E6%96%B0%E5%A0%B1%E5%BB%A3%E5%91%8A%E7%82%BA%E4%BE%8B(%E9%99%B3%E7%87%95%E8%93%89%E3%80%81%E5%AD%AB%E7%A7%80%E8%95%99%E3%80%81%E9%99%B3%E5%84%80%E8%8A%AC).pdf

　　在教師提出抄襲證據後，上述抄襲同學除了必須說明抄襲原因外，還需重新修改抄襲內容，並保證以後不再違規，否則將通知校方，該報告也以不及格計算。如果是碩博士學生，一旦涉及報告抄襲，該報告成績*以零分計算*。

附件 5：4 學生 Phil Henderson 的回饋

When I came to Taiwan I was excited to start a new chapter in my life. Unlike many of the colleagues I was shortly to meet at NCCU, I was already deep in a career that I loved and I knew exactly what I wanted from the program there. I began searching for a mentor that would ultimately lead me to new discoveries about myself and about my field. What I found with Dr. Chou turned out to be more rewarding than I could have expected.

My first meeting with Dr. Chou was before my first semester had started. I went to her for a simple signature, but ended up talking with her for more than an hour. She quickly put me at ease and made me feel welcome as we spoke about the joys of teaching and the fascinating topics that we would explore in her classes. Of all the courses I took at NCCU, hers were by far the most challenging and the most rewarding. The students discussed things openly in each session, learned from each other as well as from her, and shared discoveries that we made along the way. All the while Dr. Chou pushed us to improve our writing, to be precise in our communication with each other, and to question ourselves and each other respectfully and openly. When she eventually approached me about working with her as a research assistant, I knew that it would be an opportunity I should not pass up.

As an RA for Dr. Chou, I was challenged more than ever to think, to write, and to improve as a scholar. Through her guidance and support, my voice as a writer began to take shape and mature. Together we worked on several topics, none of which I would have considered myself qualified to write about, but Dr. Chou believed in my ability. She gave me the freedom to explore my own ideas, and when we discussed them in her ever growing team of protégés, we challenged each other to improve and validated each other's hard work. Her generosity and support didn't stop with her dedication to teaching, however. When we finished a project, she offered to put my name on the work that we submitted together. Nothing quite compares to the pride and confidence I gained from seeing my name alongside my mentor's on my first publications.

The relationship between a Teacher and a student is unique and impactful. A teacher must be patient as her students experience the pains of growth, but must also be firm so that her students don't become complacent. She must be open as her students explore their complex thoughts and feelings, but she must also insist that they rigorously examine their ideas. Perhaps most importantly, though, she must care for her students the way a shepherd cares for her flock. I know this because this is the teacher that Dr. Chou is for her students, and the teacher that she is for me. She believed in me when I needed it most. She saw the potential in me and challenged me to bring it to the surface. As I return to my career as a teacher, myself, I will remember the teacher that she was to me, and strive to be that for my own students. Thank you, Dr. Chou, for everything you do.

附件 5：5　學生 Anisara 的回饋

Dear professor Chou,

First of all, I would like to introduce myself, my name is Anisara Sungchuai, an IDAS student who took a course in Global Trends in Education: Cultural and Educational Exchanges between Rival Societies in 2019. I am deeply sorry that I have not contacted the Prof. since the Lunar New Year in 2020. But the memorable experiences from the class, potluck activity, the field trip at Maokong and the meal at a restaurant located in an old canteen are in my mind. The red envelope that the Prof. gave it to me, I am keeping it to remind me of the old days and the lucky day of the beginning of life in Taiwan.

Therefore, today I would like to say thank you very much for your kindness in teaching us. I wish all the best for the Professor. Honestly from the course, I could learn several aspects of education such as the rival societies, how they use education as the policy to sustain the country and so on. Especially the experiences about doing a book review, last year (2021) I sent the book review which is the final paper of the course to "Academia" (an open access). Since I have heard about how much I need to pay them, I haven't published it yet because it is too expensive (xx,xxx) . On the other hand, I found much useful feedback from the reviewers which I've read recently. Right now, I understand from them that I need to improve my English skills, a critical thinking review, the writing in a concise and precise way and the focus more on the contents rather than the other things. The most important thing is about credible sources of references as they suggested to me.

I would like to say that if I would not send it to them, I might not be able to understand well how it should be. I would like to say thank you to the Professor again for the score that you gave it to me for the course. My book review needs to be revised indeed. I totally agree that if I could not take the course, I would not know about these. I might not realize how much I need to pay more attention in the academic field. I am too young in this world, but I would love to learn and practice more.

Ps. May I ask the Professor that if I rewrite the book review and send it to another journal, is it possible? Or I do not have the right to send it to others even though I haven't paid "Academia" the money yet?

參考資料

林新發、黃秋鑾（2014）。推動校長教學領導，以提升教師專業學習社群互動之策略。**臺灣教育評論月刊**，3（1），頁 43-62。

周祝瑛、馬冀（2018）。學術不端治理的國際經驗探析。**比較教育研究**，40（9），87-94。

周祝瑛、鄭慧娟（2010）。我國高等教育學雜費政策之探究。**比較教育**，68（5）頁 1-25。

教育部（2021）。重編國語辭典修訂本。2022/11/1 取自 https://dict.revised.moe.edu.tw/news.jsp?ID=1&la=0&powerMode=0

國立臺灣大學教務處教學發展中心（2020）。椰林講堂：大學教師的教學秘笈。2022/11/01 取自 https://www.dlc.ntu.edu.tw.uploads./10

第六章　當X世代遇到Z世代的大學教學

第一節　當 X 世代遇到 Z 世代

　　大學校園不但是社會縮影，也是不同世代相互交流與碰撞的地方。當一群擅用文字抽象思考的戰後嬰兒潮（X 世代），遇到 1990 年代後期出生、常年活躍於電腦鍵盤上，熟悉各式社交媒體的年輕人（Z 世代），兩代之間截然不同的思考及互動模式，形成大學課堂中，看似矛盾，卻又和諧的奇特畫面。

　　許多研究都指出，當前（2023）的大學生多屬於 Z 世代（Gen Z）。他們出生於網路盛行的年代，成長於 3C 產品的環境中。許多人稱之為「網路原住民」，因為從出生開始，各種社交媒體與遊戲軟體，就已經圍繞在他們身邊。這些年輕人進入大學之後，自然而然的期望大學會以最新的科技概念來搭建，校園各角落都充滿先進的設備與技術支援，來提供他們悠遊於日新月異的網路世界。他們對大學，一方面期待務實的生活體驗，課程中提供與職業生涯有關的資訊與實習機會。另一方面認為大學課堂已不是獲取知識的唯一來源，可以透過網際網路的無遠弗屆，來延伸大學生的世界。在許多教師依然以「傳道、授業、解惑」為己任的時候，Z 世代有著與過去幾個世代截然不同的大學期望，他們渴望自己能夠參與決定「自己想要學什麼東西？」，甚至會要求教師提出類似「客製化」的課程設計，這些都逐漸在改變大學的校園文化教學模式。

　　為此，今日的大學教學，必須嘗試滿足學生習慣於社交平臺上的即時

互動方式，對於他們繳交的作業，給予有效回饋與評量。尤其身為 X 世代的大學教師，也必須認清科技在當今教學中的重要地位，除了讓自己熟悉與操作這些新興科技外，也需善用課堂中的 Z 世代幹部，提供大學師生參與教學的合作與訓練機會。建議在教學上，採取以下策略：

第一，學習使用一些教育軟體，熟悉教育遊戲，與互動式發表軟體。

第二，開啟一個師生對話平臺，符合 Z 世代不歡迎長篇大論的講述或文章的特質，提供多角度與重點式的上課資訊，並輪流使用各種不同的教學方法。

第三，上課中避免冗長的文字敘述或演說，善用具有視覺效果的輔助工具，透過圖形、表格、照片與影音等多元媒體，來展示教學內容。

第四，將過去常見的辦公室時間，改為線上會談形式，訂出相互認可的時間與方式，讓學生能夠即時聯繫到教師，獲得回饋。

第五，提供師生合理討論課程大綱的機會。教師保留調整的彈性，與學生溝通，爭取對課程的認同與支持。

另一方面，Z 世代學生來自更多元的背景，教師本身需要提高文化敏感度（cultural sensitivity），留意上課時的用字遣詞，避免觸及宗教、信仰、性別、族群與政治等敏感議題。

Z 世代大學生因為資訊太多、學業壓力與缺乏足夠睡眠的緣故，比較容易感到憂鬱、沮喪及焦慮，也常因情緒化而退縮與缺課。為此，大學教師首先必須具備心理諮商等知識與技能。面對學生問題時，能採取一對一的輔導方式，避免上對下的權威關係。其次，上課中儘量用正面積極的闡述方式，透過公開的口語讚賞，甚至可採取物質上的鼓勵與獎賞，作為學生表現的肯定。同時，定期檢視個人的教學風格，隨時掌握學生的回饋，並且視情況調整教學步調，如作業份量、繳交日期等。過程中，也可以鼓勵學生提出有創意的學習計畫，透過同儕間的相互合作，來實現課程目標。

　　最後，透過匿名、優秀的學生作品，提供具體、明確的參考案例，來發揮典範作用。其他如遇到棘手的學生心理問題，則需儘速轉介到心理衛生專業部門，尋求協助。

　　總之，面對 Z 世代，X 世代的大學教師，經常會面臨世代轉變的壓力與挑戰。教師本身只好不斷進修與充實，提升個人因應新時代要求的教學技能，達成「為今日的學生，預備明日的成就」等理想。

第二節　大學課堂中的世代交流

　　大學是世代交流互動最常見的地方。每年六月，教師們都會送走一批社會新鮮人，九月又迎接一群大學新鮮人進入校園。然後大學教授們，必須面對差距愈來愈大的世代，與使出渾身解數來吸引臺下的年輕目光，期望激起這些人學習的熱情與好奇心。當這群擅用文字抽象思考的 X 世代，遇到長年活躍在鍵盤與社交媒體的 Z 世代，兩代之間不斷面臨彼此調適的衝擊與融合？

　　近年來，筆者重新開設被視為冷門的教育史課程，與 Z 世代共同探討「我要上學」這一主題，嘗試去瞭解不同世代的教育經驗。教學過程中以翻轉教育理念，設計學習活動，比較古今中外教育理念、學校制度、人才選拔，課程教學與女子受教等議題。值得一提的是，平常上課除了討論議題與報告之外，還需透過期中作業，來要求學生去訪問一位比自己大五十歲的長者，以及想像去訪談一個比自己小五十歲的晚輩，去瞭解與體會這兩人的上學經驗。而筆者也具體的告訴同學這份報告的評分標準，包含：訪談題目的設計，長輩的歷史背景與人物描寫，晚輩人物的想像力，是否符合教育史的歷史脈絡等項目。透過繪製受訪者的時間軸、加上個人的訪

談心得、歷史圖片與參考資料等,來完成一段世紀教育見證旅程。完成這份報告的過程中,學生必須主動尋找家中的長輩,甚至拜託久未聯繫的中學老師、海外的年長親友、同學的父母等的同意訪談邀約。有些人還必須透過視訊與國外受訪者對話。結果透過這份作業,讓許多年輕人有了重新與高齡長者(如祖父母、失聯的老校長等)有了對話的機會。受邀參與這份作業的長輩們,大多十分欣喜有機會分享個人幾十年前上學的甘苦記憶,願意盡其所能來細數昔日的家庭、學校與師生間的記憶。透過長者回憶中的時光隧道,讓這群 Z 世代們,間接的能夠體驗到平常只有教科書或電影中才能看到的珍貴歷史鏡頭!從這群 70 歲到 102 歲受訪長輩的口述歷史中,可以看出:不同世代雖然成長環境有所差異,但對於上學這件事,依然寄予厚望,甚至許多長輩慶幸當年可以上學而改變人生,讓年輕人重新思考:上學原是一件十分難得與珍貴的事情!

　　如果說長輩的訪談是感性的世代對話,那麼想像中比自己小五十歲晚輩的上學情景,則不得不參考更多對於未來世界推測的中外文資料,與發揮個人的想像力,來創造未來世界中的上學經驗。

　　以下僅摘錄部分課堂中同學對於 2070 年「我要上學」這件事如何被人工智慧所取代的預測:(參見附件 6:1)

> 這一年的大一新生,早已進入「強」人工智慧時代,所有的事情都可經由人工智慧(AI)自動完成。相對於 2020 年的弱人工智慧時代,AI 雖能處理高速運算,但需要人類提供資料來運作,人類依然有掌握權,現在已經進入強人工智慧時代,電腦已經能夠發展出自己的意識,能夠累積經驗,自行決定行動。此時人類已經發展出與機器和諧相處的模式,其中的關鍵是高等教育。這個年代的大學,早已將重點擺在學生的自學方式上,透過 AI 高速組

織能力的協助，為每個學生規劃出專屬的學習計劃，校際間（包括國內外）更是充滿各種跨域學習機會。此時，多數教授會開放 AI 資料庫給修課同學，讓選修者從中自行安排各自的學習需求與進度，最後通過教授的多元評核，完成修課認證。例如，某系或某領域的大一新生，可以先與指導教授討論未來四年或數年的學習方向，在 A 校規劃基礎學的課程，到 B 校規劃通識課程，在 C 合作公司進行觀摩實習等。經過一定期間的課程組合學習，通過原學校的畢業條件（如：考試、專題製作、實習等），拿到文憑（王○○，2020）。

如果，未來的大學生將以 AI 自學為主，那麼傳統的大學課堂、師生關係、及校園文化，是否也將全然為之改觀？許多人認為，未來個人可以透過 AI，充分取得各種學習資源，並能隨時隨地與各地人士進行聯繫交談。為此，大學將重新賦予新的任務，轉變成提供師生交流、運動競技、藝術創作、操作實驗等人際互動場域。校園中更可透過自動清潔系統，營造舒適空間。課堂上，AI 從旁輔助，如完成演講便立即投射影像，讓學生可以即時透過立體畫面完成學習（毛彥瑜，2022）。

在上述橫跨一個世紀的教育探索中，學生對於校園將發生如此重大的改變，如：大學教師是否全部被取代這件事，態度仍然有所保留。不過，很多同學還是認為，將來的學校最重要的任務，依舊是培養學生「欣賞」、「創意」、「合作」與「內在感受」等特質的重要場所。這些都是世代間珍貴的交流意見。

第三節　大學生也渴望遇到良師

一、大學教學怎麼了？

　　教師，在每個孩子的學習歷程中，都扮演著重要角色。好的老師，可以成就一個孩子，讓他（她）在未來的道路上有比較好的發展；相反的，不夠稱職的老師，也可能影響學生一生的命運。德國早期著名教育家福祿貝爾（Friedrich Fröbel）曾過：「教育無他，愛與榜樣而已」。教師在教學的歷程中，本身就需先樹立自身榜樣，然後在教學過程中，隨時注入愛與關懷。而學生就彷彿幼苗一般，經由老師澆灌愛與熱情而成長茁壯。教師的存在對於學生來說，猶如春風化雨。這當然也包括大學教師在內！

　　多年來，不少大學生抱怨大學老師在教學上的種種缺失；相對的，教師也在目睹大學生的快速變化。這些蛻變中的師生關係，是長久以來大學教育中面臨的重大課題。其實，大學校園中多數的教師，都會認真準備教材，重視個人在課堂中的教學品質與學生反應。只是，大學生卻時常抱怨上課：「好難的作業、報告、考試」、「老師上課好無聊」、「老師上課一直丟問題，好煩」等不滿。結果大學生不是忙著做自己的事，就是索性不來上課。而當老師察覺班上學習風氣不佳時，有些會改變教學方式，增加上課的分組討論、小組報告，甚至搭配提問式教育來引導學生思考。結果有些學生卻又覺得上課中如果常被要求思考問題，再加上報告份量太多，準備課程壓力太大，許多學生會出現中途放棄修課的情形。這些大學教學現場常見的現象，也困擾著許多大學教師，並且感嘆：「大學教學怎麼了？」。

二、現代良師還是「傳道、授業、解惑」的角色嗎？

　　大學教師期望在大學殿堂中作育英才，而學生更渴望有個懂他們的良

師（mentor）。究竟什麼是大學的良師？良師又該具備什麼要的特質？大學生渴望的良師又是甚麼樣子？

韓愈《師說》中提出：教師的志業，在於傳達做人處事的道理、教授基本的知識與技能，以及在學生有疑問時解決疑惑。隨著時代的改變，大學教師的角色不再只限於傳授專業知識與素養，同時還要關注到大學生在課業以外可能遭遇的問題。從社會學中符號互動論（symbolic interactionism）的觀點來看，教學應強調個人與社會的連結（Blumer, 1969）。如果教師授課過程也能夠結合一些與社會有關的元素，並且在教學中尊重學生所處環境社會化的影響（如家庭背景與文化傳統等），或許能提升學生的自信心，與未來解決問題的能力。

在大學課堂中，除了傳授專業知識外，教師還須多加關心學生的狀況，並且針對不同學生，適時調整上課內容及難易度。課外之餘，也能隨時自我進修，不斷更新教材，避免教學一成不變。

遇到開設選修課程時，建議授課教師不用急著將所有的課程材料給學生。一開始教學大綱最好不超過兩頁，如果一開始太長與太詳細，會嚴重影響大學部同學的選課意願，畢竟 Z 世代學生是不太喜歡閱讀長篇大論的文字。最好是等到全校選課截止的那一週，才正式宣佈上課的各種詳細規定、報告形式、作業要求等。同時，在過程中提供學生問答時間。在此階段可透過課堂與課外時間，宜加強與同學的交流，瞭解彼此需求，以建立師生關係。

三、如果大學的教室像電影院？

值得注意的是，許多學生其實很在意教師能否批改自己的報告，提供修改意見，並發還。在回應學生的疑問時，即使在上課當下一時無法回答，但事後必須記得跟學生交代清楚，待釐清疑惑後，再傳遞正確知識給學生。

為了提高上課的參與度，除了隨時掌握學生的學習情況外，也可適時安排一些容易引起學生注意力的活動，如：辯論賽、觀賞短片與校外參觀等，來增加輔助。教師更可採用各種方法鼓勵學生提問，如最近流行的限時問答遊戲（Kahoot），即是透過網路上各種有獎徵答的軟體，進行類似競賽問答的方式，也是提升師生對話的機會。學生提問時，先不急著提醒他們採用適當的用語及禮節。教師在回答任何疑問時，也應當保留討論的空間，切勿一味將個人觀點，強壓加在學生身上。

最後，在期末的時候，可以自製教學意見調查表供學生填寫，並且採取匿名制，讓學生能夠用最真實的言語，對課程進行回饋，提供教師一學期教學認可度與日後改進的參考。

四、良師也可以成為學生的貴人嗎？

在課堂中，陳昭儀（1997）歸納出良師的特質如下：

學生的楷模典範；

為學生所景仰者；

能夠適時給予學生鼓勵和支持；

能拓展學生興趣及展望；

給予學生接觸真實生活的經驗。

教師的個人特質與學生的學習成效，關係密切。Good 和 Brophy（1973）研究指出，老師的親和力與老師的讚美、鼓勵行為對學生學習有正向關係。不僅如此，老師的情緒管理能力也是能否成為學生心中良師的關鍵。周世娟（2004）就曾表示，情緒管理能力較佳的老師，能夠讓班上同儕建立好的關係，也明確能夠讓學生感受到老師的關愛，建立良好的師生互動關係。最重要的，平時對學生抱持真誠與關懷的態度，但在進行成績評量時，需確保公平與公正，一視同仁。

　　良師與貴人，都需要從改善課堂中的師生關係開始，願意傾聽學生的意見，放下教師身段，學習與瞭解 Z 世代的次級文化與想法（教育部，2021）。然後教師也願意在課後協助學生的問題。因為當學生遭遇麻煩與困難時，願意回來找老師協助與商量，此時才是教師真正發揮影響年輕生命的開始（參見附件 6：2、6：3、6：4）。

五、Z 世代學生眼中的精彩課程

　　A 課程採「簡報講解」與「小組討論」上課方式。其中的小組討論、發表中，教師會先讓學生分組，並列出問題，讓各組討論完後發表看法。透過實際參與討論，讓每個組員都能發表自己的意見。

　　上課過程中還會進一步採用「小型話劇」形式，鼓勵同學一邊觀看文本，一邊站在不同視角詮釋文中角色。如：英國傳教士、胡適先生、女性作家等各種角色，分別透過話劇方式，來呈現文本角色對裹小腳的看法。課堂中隨機討論 30 分鐘後，各組要現場演出 3 分鐘。臨時演出時，雖是即興的創作方式，但必須事先對文本內容有足夠瞭解，才能快速進入狀況。這也就考驗出人文科系學生個人閱讀文獻的統整能力，與針對特定議題，進行討論的組織力。

　　另外，在小組討論後，教師會要求各組上臺舉行各種「辯論賽」。教師會準備一些時事議題讓同學討論。在分配議題時，教師先徵求正方和反方討論代表，並讓各組相互對調，讓不同組別，可以站在不同角度，進行「換位思考」。老師也會在旁邊協助，將臺上的發言做「繼續的延伸」。例如某次印象最深的辯論，是被分配到兒童保險的議題。在此之前，許多同學從未接觸過保險的相關領域，但透過教師的引導，以及閱讀文本後，全班才發現兒童領域，在社會上真的十分被忽視。透過辯論會的方式，提供了全班學生換位思考及口語表達能力訓練。

修完該課程後，同學生反映普遍非常正面，認為（黃柏諺，2022）：

> 這門課既沒有期中考，也無期末考試，那老師如何確保同學們的
> 課程吸收呢？教師會準備發表大會，讓同學在小組討論後，上臺
> 發表這段時期的課程心得。藉由心得分享，也讓其他組的同學進
> 行課程回顧。由於這堂課上課很有趣，如：話劇演出和刺激問題
> 意識的小組討論，過程中教師也會隨時參與學生的討論，展現出
> 親切的一面。學生遇到瓶頸，老師馬上提供思路，引導學生更好
> 地去思考上課內容。整體而言，這是一門促使學生思考的好課程。

B 課程的上課方式是採取文本閱讀與討論形式。在文本閱讀方面，教師上課時會先要求大家提出對文本閱讀的問題，再由教授回答。藉由回答問題時繼續延伸思考範圍，讓學生更深入地去吸收知識。相反的，如果大家問不出問題時，教授就會開始拋出許多問題來要求學生回答。假若學生答不出來，就意味著對於文本閱讀存在相當大的問題，所以同學每次上課時必須準備一、兩個問題。

課程方面並非由老師單方面主導，而是更多的師生互動。例如，教師上課時採民主方式，上課時間是經由同學們投票，決定出下課時間、考試時間、報告應該幾天後繳交，以及考試地點採現場考還是帶回家寫，甚至讓全班投票，要不要進行校外教學。整個教學過程，教師非常尊重學生的表決，不只為課堂帶來民主風氣，同時也間接地培養學生如何做出謹慎抉擇的態度，並且要對自己的選擇加以負責。

至於校外教學中，教師會請同學一起聚餐。吃飯時，老師與同學彼此談心，相互交換家鄉事、往事、生活經驗，甚至談及對未來的看法等。透過與老師的談話，聽取人生經驗，也可以作為學生日後的參考，師生間關

係因此拉近距離。

修課後學生反映（黃柏諺，2022）：

> 教授真的很有料，學生問他任何問題都問不倒，甚至還反饋出更多內容，超出學生問問題的範圍。課程彈性民主，雖然教授很嚴謹，但整體課程充實又愉快。教師就像「冷面笑匠」，時不時還會講笑話，活絡上課氣氛！

從以上 Z 世代學生眼中的精彩課程，可以看出這個世代的學生心中可望良師的形像，並不侷限於傳統中的「傳道、授業、解惑」的角色。他們更希望大學教師教學具有以下特色：

1. 教師是可以親近與民主的教學方式。
2. 懂得跟同學對話與獲取認同。
3. 善用各種多元的教學方法。
4. 教學節奏明快且多變化。
5. 師生角色可以隨時調整互換。
6. 不會有太多的文本閱讀、作業與考試負擔，而且最好這些在課堂內解決。
7. 教學內容能跟現實有所結合。
8. 上課有內容，但沒有壓力。
9. 上課氣氛是開心與活潑的。
10. 上課場地隨時可以調整，室內戶外隨需要變換。

從以上 Z 世代學生認為的精彩課程，可以看出這課程些都十分符合 Z 世代的學習特質。他們喜歡上課時有務實的生活體驗；認為大學師生的角色可以隨時變換。大學課堂也不再是獲取知識的唯一來源。由於 Z 世代在

學習過程中，對於自己要學什麼東西，相當的堅持，他們希望能夠參與課程設計，甚至會要求教師提出類似客製化的課程設計；上課最好輕鬆點，不要有太多的閱讀文本與考試壓力。這些都是大學教學必須面對的改變與挑戰。

附件6：1　教育史期中報告（第二版）── 教育一　毛彥瑜

一、題目：二戰後外省人來臺與 21 世紀後半臺灣教育經驗比較

二、訪談大綱

　　這份報告將探討和我相差正負五十歲的人們接受教育的模樣，他們的成長經歷、求學經歷以及教育對他們的意義為何？年長五十歲的受訪者是我的奶奶──錢○○，他今年 77 歲（年長我 59 歲），而小我五十歲的人我將分析經濟學人的 Podcast《The World Ahead: The Future OF Education》來推測我的孫子（小我 54 歲）的教育模式並提出我的看法，將這場橫跨一世紀的教育的對談變為可能。

三、受訪者資訊

（一）大自己半個世紀的長者：錢○○

　　出生於 1946 年（民國 35 年），祖籍浙江省定海縣，父親為船員，母親為家庭主婦，平時種田和打毛線、織衣服。16 歲時父親跟著國民政府先抵達臺灣，母親和她則是先逃到香港借住在親戚家，過了一年後才有機會逃到臺灣。來到臺灣之後，上了幾年學就和我的爺爺結婚，早上在紡織工廠裡工作，晚上幫他人帶孩子。那時錢○○的爸爸已經沒有在工作，所以收入來源只剩下爺爺的跑船薪資和錢○○在工廠的錢，生活過得非常清貧。

（二）小自己半個世紀的晚輩：孫子

　　出生於 2050 年的孫子，出生在衣食無虞的家庭裡，父親是一位法官，母親是一位老師。幼稚園、國小以前是由老師授課，而到國、高中之後一

半的課程是由 AI 人工智慧教學，另一半則是老師、學生互助共好課程，他的最佳夥伴是一隻叫做多拉 A 夢的機器人，他會回答他所有的問題，也會偵測他的身體狀況、有沒有遇到危險等等。

四、訪談內容

（一）大自己半個世紀的長者：錢○○

　　錢○○從小在中國和母親一起生活，接受教育的場所是在鄉村中的一個廟裡面的公立的小學。每個年級有一個班、男女合班，錢○○在浙江度過了小學一年級到小學六年級，教室內有課桌椅也有教科書。暑假時，老師會帶他們去田裡學習種菜和割稻；寒假因為天氣太冷了，大多都是待在家裡。為了和在臺灣的父親重聚，他們先到了香港住一年一個月，後來才來到了臺灣。到了臺灣的那一年（1963 年），她 17 歲，但因為沒有拿小學畢業證書，所以只好從小學五年級開始學習，先在基隆信義國小讀了兩年，之後在銘傳國中讀完初中。錢○○告訴我，她在中國學的是計畫字（簡體字），雖然看繁體不會看不懂，但是注音符號對她來說就比較難懂，而且因為口音帶有濃濃的外省人味，發音沒辦法發的很標準。錢○○說他們當時的老師都是較年輕的、會體罰，在他們的班上年紀和她差不多大的都是外省人，國三還沒畢業（她當年 21 歲）就因為家裡的經濟原因，嫁給了我的爺爺，從此就開始在紡織工廠工作。

（二）小自己半個世紀的晚輩：我的孫子小小毛

　　小小毛的上課分為兩種：自主學習和團體學習。

　　自主學習是在家自行運用客制化的教學助理：AI 讓同學們根據自己的速度學習，並且使用 AR/VR 頭盔瞭解數理、化學、生物模型。像是運用 AI 作業系統讓學生的錯題重複出現直到他們學會為止；運用頭盔來理

解三度空間、化學的分子結構圖、身經系統的運作。而老師和同學的團體課則著重於：透過覺察、認識、反思和行動來解決社會、自然乃至地球上的永續議題，例如：探討社會上的公平正義議題，提出政策降低貧富差距、透過實際行動關注第三世界；瞭解氣候變遷的影響並且在課堂上提出可行的改善方案。而小小毛的夢想是拯救世界，他喜歡生態中各種動物，想要盡全力去守護地球的每一種環境和生態系。（Standage, 2022, June, 27）

五、分析與統整

（一）訪談內容

1. 請問您幾年出生？在哪出生？

   答：1946 年，浙江省定海縣。

2. 請問您小學在哪裡讀的？

   答：在浙江的小廟裡面讀完小學。來臺灣又從仁愛國小的高年級開始讀。

3. 請問您國小的時候教室裡有哪些設備呢？國小是以什麼形式上課？

   答：教室內有課桌椅也有教課書，每個年級有一個班、男女合班，需要繳學費。

4. 請問您家鄉的鄰居都做什麼職業？

   答：大家都是農夫，沒讀什麼書。我們家也會種番薯。

5. 請問您的初中在哪裡讀的？

   答：基隆的銘傳國中。

6. 請問您來臺灣讀小學和初中有什麼不適應的地方？

   答：注音符號都看不懂、念課文、講話的時候會有口音。

7. 請問您為什麼會讀到國三就去工作？

答：經濟原因，因為我是獨生女，我的母親希望我結婚，所以我就去工作了。

8. 請問您初中時喜歡上學嗎？

答：不喜歡，現在都不太記得教了什麼。

9. 請問您那時候有很多女性可以上學嗎？

答：不算多，是我的母親讓我去上學的。

10. 請問您會後悔沒有繼續求學嗎？

答：沒什麼好後悔的，那時候大家都過得很苦，還好我還會打毛線，每天早上在毛線工廠做衣服，晚上回家當保母帶孩子，大家都是這樣的，那時候哪有時間想什麼後悔啊。

（二）1960 年代的臺灣教育背景

1949 年中央政府播遷來臺，以「反共抗俄」作為國家基本政策，建立威權體制，頒佈「戡亂建國教育實施綱要」，教育內容加強愛國反共意識及軍事訓練，必修三民主義課程，而有「黨化教育」之稱。此一時期，學齡兒童入學率呈急遽增加之勢，1951 年為 81.5%，1961 年增為 96%，已與一般教育發達的國家無所差異。

隨著升學風氣不斷提高，初中入學考試產生激烈之競爭。政府為滿足國民接受教育之需求，以及提高國民素質，1968 年將國民教育延長為 9 年，該年國小畢業生升學率為 74.2%。（吳文星）

（三）2050 教育型態

1. 廣泛的在家學習

   a. 提高學習內容、深度、時間的自由度。

   b. 減少支出、霸凌、同儕壓力。

   c. 數據顯示在家學習者能夠閱讀更大量的文章並且更積極參與政

治（R. Hill, 2022, Aug, 26）。

2. 個人化學習

    a. 傳統學習中，老師不會因為程度較差的同學而放慢所有進度，但個人化學習可以根據自己的步調學習。

    b. 數據顯示 93%的教育專家認同個人化學習能夠幫助學生（R. Hill, 2022, Aug, 26）。

3. 更多的電子學習平臺

    a. 新的平臺將給學生提供一個學習如何在網上協商問題和交換意見的機會。

    b. 時間、金錢成本降低。

    c. 學習、工作、家庭保持平衡。

    d. 71%的學生認為虛擬學習為課程提供了更大的靈活性和自由度。（R. Hill, 2022, Aug, 26）

4. 基於項目的學習（Project-Based Learning）和教育技術（EdTech）在課堂上的崛起。

    a. PBL 提供真實世界的連接，透過創造力和團隊合作來解決困難的問題和任務。

    b. EdTech 使評分更容易，有大量的 EdTech 工具可以實現自動評分和衡量學生的進步程度。

    c. 例如：幫助孩子編寫代碼的遊戲、教授機器人技術的器具。

    d. 86%的教師認為在課堂上使用 EdTech 是必要的；96%的教師確信 EdTech 可以提高學生的學習動機。（R. Hill, 2022, Aug, 26）

5. 老師作為指導者

    a. 教師的角色不僅僅是傳授知識，還要發掘學生的優勢，興趣和價值觀。

　　b. 教師扮演促進者的角色，支持學生發展他們的思維和學習方
　　　式。

　　c. 教師為學生制定學習計劃，讓他們獲得所有必要的技能，以適
　　　應即將出現的任何職業模式。

　　d. 根據新教師項目（The New Teacher project）的報告，教師需要
　　　「重新思考他們的教學法和課程，使學生能夠定製自己的路
　　　徑。」（R. Hill, 2022, Aug, 26）

6. 優先考慮社交和情感技能

　　a. 在課堂上，學生通過討論、小組合作、問題解決和小組反思等
　　　方式學習 SEL（Social and Emotional Lesson）技能。

　　b. 體育和音樂等課外活動可以加快 SEL 技能的獲得速度。

　　c. 根據 2011 年的一項調查分析，與沒有參加 SEL 課程的學生相
　　　比，參加 SEL 課程的學生的學業成績提高了 11%。（R. Hill, 2022,
　　　Aug, 26）

（四）傳統教育與新式教育的比較

　　傳統教育注重讀（reading）、寫（writing）、算（arithmetic）的 3R 能
力，已經不足以應付日趨複雜多元的環境、新形態的工作和生活，轉而強
調以解決問題為導向的 4C 能力，包括批判性思考與問題解決（critical
thinking and problem solving）、有效溝通（effective communication）、團隊
共創（collaboration and building）、創造與創新（creativity and innovation）。
（未來 Family，2017 年 6 月 2 日）

六、心得與反思

　　這份報告讓我可以重新透過教育的角度檢視家族史，並且嘗試從錢○

〇破碎的記憶中融入當時歷史背景，發現當時的國民政府強調的是反共抗俄、三民主義等等如今已經塵封在歷史裡的名詞，雖然錢〇〇的記憶已經模糊，但我從生活瑣事開始切入，讓錢 X 娥不把這個訪談當作一個任務，而是孫女想要瞭解他的童年。從和錢 X 娥的交流的過程中，我發現外省人求學的不易以及生在物質不豐沛的年代，女性結婚是長輩期待解決當下困境的一種方式，國中畢業即就業的刻苦精神。

而老師讓我們推測比我們小五十歲的「未來人」，他的教育型態又會是如何？這個題目讓我覺得十分新穎，我從 BBC 的經濟學人 podcast 中第一次瞭解到了何謂 personalized learning assistant，並且從可漢學院負責人的訪談中（Standage, 2022, June, 27）瞭解到透過線上學習和追蹤學習軌跡，有助於更快速、準確的顯示學生在哪些觀念仍不清楚，這樣強大的系統早已被孟加拉裔美國人 MIT 電機碩士薩爾曼‧可汗架設好，讓我可以清楚的預判這將會是未來的教育趨勢，不會再有學生因為老師需要趕進度而囫圇吞棗，因為數字不會說謊，如果你無法達成目前課程的目標，系統會自動給你更多這堂課的練習，而不是選擇放過；而如果網路電子產品能夠普及，我相信這絕對是節省開銷的方式，也可以讓偏鄉的學生和都市的學生擁有一樣的教學品質。

除此之外，未來的教育的其中一個重點是社交和情感技能，因為在到處都是 AI、機器人的時代，人們要解決的更多是心理、社交方面的問題，這也是我會想像未來的課程會有在家學習和團體課程兩個主要區塊的原因。另一個在 podcast 中提到的問題就是，那這樣的話，老師要去哪？我認為老師仍是不可取代的，除了在團體課上引導討論沒有正確答案的問題之外，老師在未來應該是一個 Guide（指導者），能夠發掘學生的潛力、瞭解學生的 learning style（學習方式）、給予心靈輔導的幫助。

鑑往知來，才能知道我們要往哪個地方去；我希望我能夠成為未來老

師的一份子，在科技日新月異的時代中，扮演好輔助學習的角色，讓學生們可以透過無遠弗屆的網路知識擴展視野，尋找適合自己的道路並且深入專業領域，不再是呆板的教科書和死板板的內容，而是加入多元的學習方式、內容，融入當代議題並且學習解決問題為導向的 4C 能力，解決未來人類的生存、經濟、社會等等問題，讓每一個人都可以從學習中獲得成就，感受真正的與生命、環境、在地、世界接軌。

七、受訪者時間軸

奶奶人生簡史

1946
奶奶出生於浙江省定海縣

1951~1960
在中國念完國小

1961~1962
逃亡到香港，停止求學一年

1963~1965
在台灣重讀基隆信義國小五六年級

1966~1969
就讀基隆仁愛國中

1969
國三還沒畢業就嫁給爺爺

1969~1996
在紡織工廠工作

2022
現年76歲

八、參考資料

1. 吳文星／中央研究院數位典藏資源網。臺灣現代教育的發展。 https://digiarch.sinica.edu.tw/content/subject/resource_content.jsp?oid =16797295&queryType=qc

2. 未來 Family（2017 年 6 月 2 日）／《未來 Family》×未來教育。 看見未來教育 21 種教室新樣貌。https://www.gvm.com.tw/article/ 38488

3. 何昕家、范巽綠、郭伯臣、劉文惠、韓善民、高志璋、賀冠豪／ 教育部。永續發展目標（SDGs）教育手冊臺灣指南。https:// daisr.asia.edu.tw/xhr/announcements/file/620b40210c41f9e54a0457f1/ %E6%B0%B8%E7%BA%8C%E7%99%BC%E5%B1%95%E7%9B %AE%E6%A8%99_SDGs_%E6%95%99%E8%82%B2%E6%89%8 B%E5%86%8A-%E8%87%BA%E7%81%A3%E6%8C%87%E5%8 D%97_%E5%B9%B3%E8%A3%9D_.pdf

4. Rachel R. Hill /Glimpse at How Education Will Possibly Look Like in 2050 (2022, Aug, 26). Study Crumb. https://studycrumb.com/future- of-education

5. Tom Standage (2022, June, 27)/The Economist Podcasts. The World Ahead: The future of education. https://podcasts.apple.com/tw/podcast/ the-world-ahead-the-future-of-education/id151230264?i=1000567146826

附件 6：2 吾愛吾師、薪火相傳

（一）貴人出現、命運改變

一九九二年八月二十五日夜晚，在即將赴美的前夕，筆者給黃炳煌老師打電話，向他報告在美留學畢業後的近況，並提到尚未找到合適的教職等情事。黃老師聽到後話鋒一轉，問到：「是否有興趣到教育系教書？因我剛剛接獲通知，即將借調到大考中心擔任副主任一職。這期間，教育部同意撥一個專任名額給政大，你可以來應徵試試看」。

黃老師依然不改愛護學生的本色，記得筆者大四畢業前夕，當時系主任的他，曾出於關懷，詢問筆者是否有意願留在系上擔任助教一事。可惜，當時少不更事的筆者，只想畢業後脫離教育行業，哪聽得出黃老師所釋出的善意。尤其後來在研究所考試意外落榜中，滿懷叛逆與不知天高地厚的未來憧憬，恨不得立刻展翅高飛，離開校園，開創個人生涯的新氣象！結果當然是選擇其他行業，試試自己的斤兩！

沒想到事隔十一年，黃老師依舊照顧我這個有些叛逆的學生。這一回，筆者終於聽進了黃老師的忠告與建議，讓這一通電話，成為改變日後命運的關鍵！隔年二月，我順利的拿到政大聘書，回國展開往後三十年的學術生涯！

如今回顧筆者生命中的境遇，從小到大幸運的遇到許許多多古道熱腸、無私我的貴人相助，提供許多年輕人可以展現身手的舞臺！儘管過程中自己免不了跌跌撞撞，甚至自以為是，但始終受到這些師長的包容與關照。像這樣的貴人，大概天底下除了父母之外，只有老師才有這樣的胸懷與雅量！這些年來，筆者經常想到，在年輕人徬徨無助或面臨人生轉捩點的當下，如能像我一樣，遇到一、兩位生命的貴人，適時受到提醒與提攜，

那是多麼珍貴的際遇與生命曙光！如果今天筆者在臺灣教育界有絲毫的立足之地，這位長期關心學生、關懷臺灣教育的學者，則是我一輩子首要的貴人。沒有黃老師的牽引，就沒有今日筆者的學術生涯發展！

（二）師生同臺、辯論教改

二〇〇三年七月，由臺大黃光國、師大吳武典教授等百餘位臺灣學術界菁英等，共同舉辦「終結教改亂象、回歸教育本質」記者會，會中提出「教改萬言書」，直指當時由中研院李遠哲院長所主導的臺灣教改（1994-6）十三項亂象，並提出檢討十年教改、終結政策亂象，追求優質教育、提振學習樂趣等四大訴求（詳見 http://www3.nccu.edu.tw/~iaezcpc/c-edu%20 reform.htm）。

同年八月，筆者出版了《誰捉弄了臺灣教改》一書，自此展開教改批判之路，也與曾任行政院教改委員的黃炳煌老師，走上截然不同的教改路線！甚至十多年後的某一個教研所所慶場合中，我們師生倆竟然在政大逸仙樓會議廳，同臺為臺灣教改政策提出不同的看法，過程中更因各自迥異的教改理念而擦出辯論火花！當時因為有黃老師的雅量，讓學生輩可以暢所欲言，憑著希臘哲人亞里斯多德似的「吾愛吾師、吾更愛真理」暴虎憑河勇氣，提出與黃老師截然不同的教改觀點。師生倆人對於當時的教改政策、課程、甚至師資等問題，都有一番激烈的辯論。

幸運的是，過程中黃老師擁有像韓愈《師說》中一般的寬大胸襟與自信：「弟子不必不如師，師不必賢於弟子，聞道有先後，術業有專攻，如是而已」。正因為如此，黃老師那份極富創意的學術風格，與平易近人的開明態度，在當時保守的教育界中，開創出獨樹一格、與眾不同的教育觀點與學術典範，這些都是值得後輩效法之處！因此，如果黃老師的學生中，出現了如筆者等以學術界「永遠的在野黨」與擁抱教改政策的「批判

主義」者自居，那或許與師承黃老師的另闢蹊徑與非主流論述的庭訓有關。

（三）海闊天空、將餅做大的人生觀

黃老師經常自稱拿「黃氏獎學金」出國留學，在美國哥倫比亞大學進修時，如何靠打工完成學業，一直到三十多歲才拿到學位，返國服務。留學過程固然艱辛，但也養成他開放的胸襟，從不與人競爭職位或資源的個性。他經常提醒學生要向外發展、不要在小池塘裡與人爭奪有限的資源。只要有本事，肯吃苦，一定可以把餅做大，開創屬於自己的天空，更可以幫助其他人。此種開拓學術圈的藍海策略，黃老師身體力行，為學生樹立最佳典範！

黃老師曾出版《教育小語》一書（註一），以短篇小品文的形式，道出其三十多年來的教育觀察，如以下這段自學生時代即耳熟能詳的摘錄，代表老師的清晰教育睿智：

教育不等於訓練：教育重「異」，訓練求「同」；教育是「長期」的，訓練是短期「短期」的；教育重「整體」，訓練則偏重「部分」；教育應是「主動」的，而訓練卻常是「被動」的（頁38）。

黃老師是課程與教學的專家，認為課程是所有教育改革的核心，在政大時推動教育系學生有服務學習的實踐課程，在當時保守風氣下仍投入心力增進學生權益，實在為系上引入活水。筆者經常挑戰現有教育制度，因此上課時與黃老師常多有許多思想的衝擊，黃老師實在滋潤了學生對各樣新知的求知若渴。

1995 年黃老師擔任大學入學考試中心副主任及行政院教育改革審議委員，為臺灣課程的基本—教科書，引入民主精神的「一綱多本」改革，同時也推動大學多元入學方案、大學校長遴選等，為臺灣教育注入深厚的民主精神。

　　有趣的是，黃老師退休後，更投入作曲等創作歷程，在常年委身學術志業後，年逾六旬後開始一圓年輕時的夢想，發揮個人的另一項才能，用音樂抒發對家鄉的深厚的情懷，成為樂曲創作新兵，為後輩留下美育教育的典範，也為後世學子見證每一個人都具有多元智能的無限潛力及教育可能性。

　　感謝黃炳煌老師，有幸成為門下，得以繼續傳承薪火、作育人才！

　　　　（摘自：吾愛吾師、薪火相傳，紀念黃炳煌老師臺灣教育評論，

　　　　　　　　　　　　　　　　　　　　　2022 年 11 月，1，245-248）

（註一）黃炳煌（2007）。**教育小語**。臺北：高等教育出版社。

附件 6：3　不要畏懼成功

就大多數女性而言，我們這一代算是相當幸運的了，出生在一個進步繁榮的社會，毋需受到裏小腳、足不出戶的約束。而且女性也逐漸擁有和男性一樣公平的機會與待遇；在家庭裡同樣受到父母的疼愛；在學校中與男同學一起學習、共同競爭；在社會上受人尊重，與男性同酬同工。此種情況在某些國家（如日、韓）就不一定如此。對一個世紀以前的女性，也是天方夜譚式的夢想。

或許是一種巧合，當年研究所碩士班上正好清一色是女性，於是我們自封為指南山城的「十一女金釵」。在這些女同學中，有的已在社會上服務，有的方從大學畢業，當時都未婚，並對未來充滿信心與希望。

記得在研一開學第一次上「教育心理學研究」課程時，曾經寫過《青年的四個大夢：人生價值、良師益友、終身志業和愛的尋求》一書的著名心理學家吳靜吉教授，當時圍著一條米白色的長條圍巾，全身散發出成熟帥氣學者風範，在步入教室時看到全班都是年輕女性的詫異表情，接著退出教室，幾秒後再進來說：今天我們改變主題，先請每位女同學說說來讀研究所的動機與心態，然後讓大家討論一個有趣的主題：「現代女性畏懼成功的心理探討」。於是那一天，我們有幸從傳統婦女的角色演變，探討到現代女性角色扮演的多元性；從社會風氣的開放、教育機會的均等，經濟生活的獨立、法律政治上的公平等方面，說明現代婦女追求個體自主的多種影響因素。

然而也就在女性尋求平等、獨立的同時，另一種矛盾心理隨之產生。尤其對接受高等教育的女性而言，學歷可能是另一種負擔。這些受過高等教育的女性而言，一方面希望在學業工作上有好的表現，發揮所長；但一方面又恐個人的學歷太高、工作上表現太好，而予旁人壓力或不良印象。

尤其是對自己的男友或配偶。至於對他人而言，有些父母傳統上會認為女兒終究要嫁為人婦、步入廚房，太多的教育可能會影響她安於做家庭主婦的心理，或者造成學非所用的浪費等。

同樣在求學時，有些男同學會以「女子無才便是德」相提醒，認為外表柔順、善解人意的女性，比精明能幹型的女人更具女性魅力。一位學有專精、工作幹練的女性，又會讓人質疑是否會不屑家務、忽略女性的天職等。於是女性在接受高等教育的學習過程中，經常出現上述的角色認知衝突，而徘徊在傳統與現代婦女角色、個人意願與他人期待中；一方面要求獨立、自主與自我實現，另一方面又畏懼「成功」所可能帶來的衝突與損失。

例如一位在大學任教的女性井教授，身兼行政、教學、研究以及家庭主婦多種角色。平日在學校中主持業務、從事研究與教學，工作相當忙碌。回到家又需侍奉公婆、照顧先生和子女，操勞家務。我請教她如何安排忙碌的一天？她說道：「白天在學校，下班後忙家務，等到夜裡全家大小就寢後，才是真正屬於自己讀書、研究的時間。」曾有人勸她放棄工作或減輕負擔，然而從學生時代，她就希望能夠在事業上有所成就。畢業後結婚，與先生經過一番協調，終於互相體諒、彼此配合。她說：「既然決定做職業婦女，就要有心理準備，認清自己的角色扮演，才不會有所偏失。」在筆者眼中，她是一位極懂得角色調適又十分有毅力的人，能隨時自我調整又善於分配時間，難怪在家庭與事業上都相當愉快而稱職。

如果一個人認為生命的意義在於發揮潛能，希望在工作中、事業上有所成就，則不妨以此為重，專心一意地道求個人的自我實現，並尋找一位能夠彼此欣賞、相互配合的人結為伴侶，組織家庭。婚後，不論純粹做家庭主婦或兼為職業婦女，都應善盡個人的職責，妥善調配時間，並重視自己在家庭中的重要地位，不忽略婦女的天職，以便善盡相夫教子與服務社會的責任。

（摘自：《中央月刊》，第 17 卷第 3 期，民國 74 年 3 月）

附件 6：4　貴人是老師的另一個名字

　　今年（2022）開學，有一個學生跑來找我，說是他的母親也修過我的課，今年他上了大學，母親建議他來此修課。儘管學生母親的名字已是記憶久遠，如今還能夠教到學生的子女，對於筆者真是一大安慰與鼓勵！

　　回想從小到大，老師像大隊接力棒一般，一站一站的傳承他們的師道使命。大學系主任胡教授，曾以七十歲的高齡，站在課堂中講授心理學。期末時，還請全班到他的宿舍包水餃。看著同樣花白頭髮的師母忙進忙出，兩老頗有「含飴弄孫」的喜悅。最重要的是這位老主任，十分關懷學生就業。當年，還無電腦打字，所有推薦信都靠胡老師一個人慢慢撰寫。筆者的第一份工作，就是受惠於老師的推薦。

　　高中階段，雖然不是預期的學校，卻也驚喜連連。高一暑假數學陳老師把我從電子工廠叫回去，義務補習協助通過補考。期間還勸我看清自己的興趣與志向，讓我打消兒時夢想，成了改變筆者人生的重要貴人！到了高三導師曹老師，一次做父母職業調查時，看我不願回答後，很有耐心的提醒我：只要是父母正正當當的工作，你都應以他們為榮！十年之後，筆者寫了一本描述父母工作的《豬肉攤上的教育家》一書，就是受曹老師的影響。

　　到了高三下學期，那位帶著朗朗笑聲的地理課管老師，喜歡在黑板上畫彩色地圖，講笑話鼓勵大家。為了激勵眾人，管老師還發下豪語：如果全班能夠有 10 個人考上最高學府，他就在學校附近餐廳開流水席宴請大家。雖然後來沒有讓老師如願，但這一奇招，卻激勵了許多同學！20 年後，我們師生在電話中重聚，相約隔年春暖花開時節，在桃花樹下喝咖啡。沒想到因事錯過，等到回頭打聽，管老師已經作古！

　　至於在國中階段，當時除了上學交通不便，還遇到家境困頓危機。幸

好遇到的這所外號流氓學校，竟招聘到許多具教育熱忱的老師，對青少年的叛逆很有一套。儘管校園很小，但所有課程都正常教學，師生間的名字幾乎都耳熟能詳。兩任鄭姓與劉姓校長，也很疼愛與體諒學生家裡的處境。尤其，那位外型嬌小、聲音宏亮的歐陽老師，上地理課絕不含糊，大大開拓我們的視野。而英文的錢姓與賈姓老師，常用英文歌曲、簡單英詩與小說等多元形式，來提升學習興趣。另一位教歷史的蘇老師，他的四川國語，直到後來聽懂後，才發現他很會講故事，全班成績從此突飛猛進。

　　這些老師分別在筆者不同的人生階段，拉人一把，成為改變生命歷程的貴人。因為有他們樹立愛與榜樣，才能讓許多人在前進的過程中，願意同樣付出與幫助下一代。

（摘自：《聯合報》，十三版，2022.09.27）

參考資料

王柱勝（2020）。教育史期末報告，未出版。

毛彥瑜（2022）。教育史期末報告，未出版。

黃柏諺（2022）。我印象最深刻的大學部課程，未出版。。

周世娟（2004）。屏東縣國小級任教師情緒管理與班級氣氛關係之研究。
　　國立屏東師範學院碩士論文，未出版。

張媛甯（2020）。運用分組合作學習教學法在大學課程之教學實踐研究，
　　大學教學實務與研究學刊，4（1），35-76。

陳昭儀（1997）。良師典範與資優教育。**資優教育季刊**，62（2），pp. 11-
　　14。

教育部（2021）。共創優良的師生指導關係（教師篇）。**教育部學術倫理電
　　子報**，2022/11/02 取自 https://ethics.moe.edu.tw/files/resource/epaper/
　　epaper_moe_202111.pdf

Blumer, H. (1969). *Symbolic Interactionism: Perspective and Method*. New
　　Jersey: Prentice-Hall, Inc.

Good, T. L., & Brophy, J. E. (1973). *Looking in classrooms*. New York: Harper
　　& Row.

附錄一　大學教學其他相關書籍

洪貞玲（2015）。**臺大教學傑出教師的故事 8**。臺北市：國立臺灣大學出版中心。

師大教學發展中心（2015）。**樂耕師大‧大師耘集：教學精進創新與專業社群**。臺北市：國立臺灣師範大學出版中心。

陳偉（2008）。**西方大學教師專業化**。中國：北京大學出版社。

臺大教學發展中心（2010）。**椰林講堂：大學老師的教學秘笈**。臺北市；國立臺灣大學出版中心。

黃政傑等人（2014）。**大學課程與教學的改革與創新**。臺北市；五南。

蔡培村等（2009）。**教大學了沒？大學教師增能秘笈**。臺北市：高等教育。

Bain K. (2004). *What the Best College Teachers Do*. Harvard University Press.

McKeachie. S.J. (2013). *McKeachie's Teaching Tips 14th Edition*. Cengage Learning.

附錄二

一、從秦子到秦教授──為作育英才而寫

（一）楔子

　　根據大專校院學術人力統計，90 學年（2001）大專校院專任教師年齡大多集中在 35-39 歲；十年後的 100 學年（2011）增加到 45-49 歲。106 學年（2017）持續移至 50-54 歲，到了 111 學年（2022）年齡超過 55 歲者占全體教師之比率達五成四。二十多年來，臺灣整體大專校院教師年齡分布結構趨向老化，某些大學與科系甚至在近五年內，出現半數到三分之二左右的教師 65 歲退休潮。在現行教授延退門檻過高的情形下，許多身體依然健朗、學術根基深厚、仍有教學與研究熱忱的教授們，只好選擇退休，或者為其他地區挖角，另謀出路。大學學術人才的斷層，已經正在發生。但與歐美國家，甚至對岸的中國大陸，許多傑出的高齡教授，依然孜孜不倦的在學術界耕耘，臺灣的留才政策，就顯得格外僵硬與未顧及學術斷層問題。

　　在上述教授退休的大潮中，回顧數十年前，筆者曾在大一迎新晚會中，臺上表演與致詞的學長姐們，出現一位言談舉止優雅，好像從古詩詞裡走出來的翩翩君子。後來才知道他的綽號叫「秦子」。據說他不只出自名門之後，也因為才華洋溢，在當時的大學校園中享有盛名，與其他三位學長，包括當年「龍的傳人」歌曲作者侯德建，並稱「校園四大才子」。這次的相遇，開啟了我們往後近半個世紀的同校之誼。

（二）長廊詩社的啟迪

　　可能是秦子的緣故，讓筆者的大學生活充滿著各種學習挑戰。後來才知道秦子在大一學生中尋找參加新生杯新詩朗誦與辯論賽的人選。但過程中筆者是如何被他看中的，至今依然是個謎團。不過，接下來這位大學長，對我們一行四、五個菜鳥展開魔鬼般訓練，除了上課外，其餘的時間幾乎都在他的集訓中度過。每天早上一進校門，就趕緊跑去溫習前一日秦子示範的新詩朗誦技巧，然後對著校園後山，大聲的朗誦學長為我們所選的新詩。我有幸選到楊牧的「延凌季子掛劍」：

> 我總是聽到這山岡沉沉的怨恨，
> 最初的飄泊是蓄意的，
> 怎能解釋多少聚散的冷漠？
> 罷了，罷了⋯⋯，
> 水草的蕭瑟和新月的寒涼，
> 異邦晚來的搞衣緊追着我的身影，
> 嘲弄我荒廢的劍術⋯⋯。

　　對一個年僅 18 歲的新鮮人來說，這首詩確實稍嫌沉重。但秦子認為這首詩適合筆者的低沉嗓音與老成的外表。於是我也不疑有他，拿著他交下來的手稿，開始努力模仿學長對新詩意境的詮釋。同組的另一位熊姓女同學，則因嗓音清脆溫潤，秦子為他選了鄭愁予的「美麗的錯誤」新詩：

> 我打江南走過，
> 那等在季節裡的容顏如蓮花般開落⋯⋯
> 我達達的馬蹄是美麗的錯誤，

我不是歸人，

是個過客。

可見他當時不但對新詩頗有造詣，看人準確，且對學弟妹指導有方，經常曉以大義，激勵我們努力為系上爭光，還以身作則，讓我們心悅誠服，忍受集訓之苦。在他的嚴格調教下，比賽當晚我抽中第一號上臺，原本緊張的情緒，看到臺下秦子從容堅定的眼神，似乎在為我打氣加油，頓時鎮定不少，依照平常的練習發揮。當晚宣佈成績時，筆者竟意外獲得名次，全場歡呼，也贏得秦子的讚賞與肯定。

接下來，新生盃辯論比賽即將登場，這是一場更加艱難的唇槍舌戰比賽。可能是科系的緣故，我們都比較溫良恭儉讓，不喜歡在辯論場上與人據理力爭、一較長短。結果，第一場就遇到辯論賽常勝軍的政治系，裡面還有一位超級選手：國臺語俱佳的吳同學（後來當過立委），讓我們一開始就吃了敗仗。原以為秦子會怪罪大家不夠用心等。沒想到他只淡淡的說：對手太強，沒有關係。事後還帶我們去吃紅豆冰，安撫大家的失望情懷。原來秦子看似犀利的外表下，藏著一顆溫暖的心。我們當時都感受到他努力爭取團體榮譽，照顧學弟妹，懂得因材施教的赤子之心！

（三）北國留學

大學時代的秦子不僅是功課優異，課外活動也精彩有加。我們經常跟在他的後面，一起到學校對面的冰店聚會，聆聽他與其他政大才子的嬉笑怒罵，暢談人生與國家大事。就這樣他大學畢業之後順利進入研究所就讀。研究所一年級時又考上教育部公費留考，還沒讀完，就負笈美國，跨領域念電腦與教育雙碩士。然後又前往威斯康辛州，攻讀博士。當時我們都不懂為何他偏愛在寒冷的北國求學？收到他從國外寄來的明信片，雖然

是充滿冰天雪地的美景，但當時公費只有兩年，且金額微薄，真不知他是如何熬過那漫長的寒冷歲月？不過，由於他考上教育部公費，激勵了系上學弟妹，包括筆者等都追隨他的腳步，拿國家獎學金出國深造。

（四）學成歸鄉

幾年後，秦子終於學成歸國，順利的在大學任教。當時還不到 30 歲的他，確實為校園吹起一股年輕的景象。由於擁有資訊背景，一開始兼任電算中心的行政與教學職務，也在系上負責與行政有關的課程。這時的秦子已經變成了秦教授，迎向他的是前程似錦的學術生涯，等著他去開疆闢地與自由揮灑！

六年後筆者好不容易完成國外學業，跟隨秦教授的腳步，回到同一所大學任教。這一次終於有機會跟秦教授成為同事，不過此時的他已經寫了好幾本著作，在學術界嶄露頭角，逐漸聲名遠播。當時他曾親自餽贈一本專書，在前言中提到北國留學歲月點滴，不但文字優雅、筆梢帶有感情，且全書內容活潑生動，論述鞭辟入裡，令人讀來渾然遺忘是教科書！難怪該書後來成為臺灣該領域的重要著作。

那幾年，由於研究室空間無法滿足新進同仁，有一回正逢秦教授休假出國研究，筆者大膽提出借用研究室的請求。沒想到他慷慨應允，直到日後他回國，我們還持續輪流使用一段時日。由此可見他的宅心仁厚，隨時隨地都願意伸出援手，幫助他人。近年來也聽說他不遺餘力得在照顧年邁的父親，孝心令人感佩。

（五）開創新局

第三次與秦子的相遇，是在他擔任研究所所長的期間。當時，他為了爭取學院的成立，不惜與校方全力周旋，終於說服上層提供經費改建，將一個原本年久失修的老舊建築，改頭換面成為全校最美的白色半月型大

樓。也將許多原本散居各處的學院同仁，逐一遷回自己的院館，研究與上課。

　　而後學院中的許多新措施一一實現，這些都要歸功於秦教授一展行政長才。當年如果不是他的忍辱負重與折衝尊俎，恐怕也很難締造出全臺灣高等教育中罕見的一條龍學校。

（六）跨界展才

　　秦教授堪稱是學校的招牌與名牌。他不僅在學術界奉獻，因為興趣的緣故，也很早就跨足擔任廣播節目主持人。他曾經出了多本與親子教養及情感解析等著作。身為他忠實的聽眾之一，筆者喜歡他在廣播中優雅的嗓音，介紹各種新知，訪問來賓，播放好聽的音樂，甚至分享他的音樂鑑賞人生等。無獨有偶，他的弟弟也是一位充滿音樂才華的廣播名人，在夜深人靜時分，主持西洋老歌節目。他們兄弟在各自的天空，揮灑繽紛色彩。

（七）迎接新頁

　　對許多人而言，退休雖是卸下長年的工作重擔，但也是面對嶄新人生的開始。翻開秦教授過去的煙塵往事，處處充滿科技理性與人文關懷的彩色人生。無論是聰明才智、學識閱歷、眼光視野、行動能力、生活品味、與提攜後進等各方面，秦教授堪稱出類拔萃。至於接下來的歲月，如何找回當年秦子的書生本色，關心他的朋友們都衷心獻上祝福，希望他接下來多為自己而活，讓平安喜樂永遠相隨！

（摘自：風傳媒 2022/07/22）

二、恩師群像一生情

（周祝瑛，2020 年 9 月 29 日 — Ettodayhttps://forum.ettoday.net/news/
1820698）

　　論語有云：師者傳道授業解惑也。西方教育家福祿貝爾也說過：教育
無他，唯愛與榜樣而已。回首往事，份外感念這群伴我成長的教師師。猶
記得剛入小學時，在聽不懂國語的年代，剛從師範學校畢業的高老師，能
教出我們一口標準的國語。也是她的一巴掌，教會我永遠不可恃才而驕！
四年級的陳老師，常告訴我們要抬頭看遠山，預防近視，心胸寬大。五年
級換了殺手型老師，成績不到標準，全班一起體罰，還讓當班長的我來執
行。也因為這位老師，讓我提前體會到人間的冷暖，激發努力向上的鬥志。

　　國中時在號稱流氓學校，遇到出人意表的恩師，當時一個班動輒五、
六十人的大班，他們能夠因材施教，有的帶領我們看英文小說《安妮日
記》，有的領著大家神遊大陸與世界。右手臂受傷的數學老師，能夠左手
夾著粉筆，在黑板上演算公式。國三時的賈姓班導平時嚴厲，雖大腹便便，
仍不眠不休砥礪眾人努力衝刺。

　　高一的導師是位虔誠的基督徒，因她的教誨，讓我們在面臨學姐遭性
侵遇害後，學會向社會呼籲發聲。以全英語上課的老師，讓臺下的我們，
當頭棒喝外語的重要。能把課文內容倒背如流的歷史老師，上課令人驚
嘆！還有那位改變筆者一生的陳友仁老師，規勸我從電子工廠回來，自理
科轉到文組，還義務幫我補習數學，讓家境困難的筆者免於留級。

　　當時民風保守，公民任老師卻帶我們校外參觀國安單位，上課時能針
對時事分析與評論，鼓勵大家關心國事。至於教地理的管式訓老師，經常
用彩色筆畫出國內外地圖，幽默風趣的帶領大家放眼看天下。

　　好不容易考進大學，校園內身穿長袍馬褂的教授，望之儼然。大學教師授課方式與高中迥異，學生好像被送進一座森林中，教授們負責佈置其中的種子與果實，學生則自行找尋知識的養分。例如，剛從英國回來的李緒武老師，以紳士般的優雅冷靜，帶領大家觀察與批判社會現象。而老系主任胡教授，以七十餘的高齡，面對臺下小毛頭，能夠站立滔滔不絕三小時，其教育家風範，令人讚嘆敬佩。也有上課喜歡照本宣科的老師，有學生為此自學，並發下將來要取而代之的豪語！

　　在大學熙攘人群中，不乏能在生命關頭，拉人一把的貴人，如心理學吳教授，在學生失落中，能提醒如何面對挫折，轉換心情及重新出發。劉興漢老師經常鼓勵學生跨出舒適圈，出國讀書。因此日後筆者負笈海外，加入美國名校 John Hawkins 教授子弟行列，在教授引領下，開啟追求學術之路。

　　多年後，筆者站在講臺上，發現許多地方都在模仿上述老師。因他們的愛與榜樣，不斷受啟迪，各個像大樹與明燈，庇護著每一個生命腳步。

　　謝謝您，老師！

國家圖書館出版品預行編目(CIP) 資料

當X世代遇到Z世代的大學教學 / 周祝瑛著. -- 初
  版.-- 臺北市 : 元華文創股份有限公司,2023.08
  面 ; 公分

  ISBN 978-957-711-314-6 （平裝）

  1.CST: 高等教育 2.CST: 教學設計 3.CST: 教學研
  究
525.3   112008014

當X世代遇到Z世代的大學教學

周祝瑛 著

發 行 人：賴洋助
出 版 者：元華文創股份有限公司
聯絡地址：100 臺北市中正區重慶南路二段 51 號 5 樓
公司地址：新竹縣竹北市台元一街 8 號 5 樓之 7
電　　話：(02) 2351-1607　　傳　　真：(02) 2351-1549
網　　址：www.eculture.com.tw
E - m a i l：service@eculture.com.tw
主　　編：李欣芳
責任編輯：立欣
行銷業務：林宜葶
出版年月：2023 年 08 月 初版
定　　價：新臺幣 520 元

ISBN：978-957-711-314-6 (平裝)

總經銷：聯合發行股份有限公司
地　址：231 新北市新店區寶橋路 235 巷 6 弄 6 號 4F
電 話：(02)2917-8022　　　　傳　真：(02)2915-6275